Gender Mainstreaming – Durchbruch der Frauenpolitik oder deren Ende?

Frauen, Forschung und Wirtschaft

Herausgegeben von
Regine Bendl, Karin Heitzmann und Angelika Schmidt

im Namen der
*AG Frauen in Forschung und Lehre
an der Wirtschaftsuniversität
Wien*

Band 17

PETER LANG
Frankfurt am Main · Berlin · Bern · Bruxelles · New York · Oxford · Wien

Luise Gubitzer
Susanne Schunter-Kleemann
(Hrsg.)

Gender Mainstreaming – Durchbruch der Frauenpolitik oder deren Ende?

Kritische Reflexionen
einer weltweiten Strategie

PETER LANG
Europäischer Verlag der Wissenschaften

Bibliografische Information Der Deutschen Bibliothek
Die Deutsche Bibliothek verzeichnet diese Publikation in der
Deutschen Nationalbibliografie; detaillierte bibliografische
Daten sind im Internet über <http://dnb.ddb.de> abrufbar.

Gedruckt mit Unterstützung des Bundesministeriums
für Bildung, Wissenschaft und Kultur in Wien.

Gedruckt auf alterungsbeständigem,
säurefreiem Papier.

ISSN 1433-4658
ISBN 3-631-53251-2
© Peter Lang GmbH
Europäischer Verlag der Wissenschaften
Frankfurt am Main 2006
Alle Rechte vorbehalten.

Das Werk einschließlich aller seiner Teile ist urheberrechtlich
geschützt. Jede Verwertung außerhalb der engen Grenzen des
Urheberrechtsgesetzes ist ohne Zustimmung des Verlages
unzulässig und strafbar. Das gilt insbesondere für
Vervielfältigungen, Übersetzungen, Mikroverfilmungen und die
Einspeicherung und Verarbeitung in elektronischen Systemen.

Printed in Germany 1 2 3 4 6 7

www.peterlang.de

Zu diesem Band –
Vorwort der Reihenherausgeberinnen

Dieses Buch zu Gender Mainstreaming bietet einen sehr differenzierten und vielschichtigen Einblick in die Diskussion zur Gleichstellungspolitik. Die genauere Analyse sowohl aus verschiedenen theoretischen, als auch praktischen Perspektiven macht sichtbar, dass auch bei der Konzeptionierung und Umsetzung dieses Politikansatzes die diskursive Reproduktion von geschlechtsspezifischen Normen und Prozessen nicht nur zu beachten, sondern auch aufzudecken ist, um tatsächlich der Chancengleichheit und Gleichstellung von Frauen und Männern dienende Gender Mainstreaming Projekte entwickeln und umsetzen zu können.

Wir freuen uns, dass Luise Gubitzer und Susanne Schunter-Kleemann diesen Band mit Beiträgen von AutorInnen mit unterschiedlichem disziplinären und Praxis-Hintergrund gestaltet haben, die zum Einen die kritische Auseinandersetzung mit dem Konzept des Gender Mainstreaming dokumentieren, zum Anderen aber auch zu dieser kritischen Auseinandersetzung anregen. Wir sind davon überzeugt, dass dieser 17. Band der Schriftenreihe „Frauen, Forschung und Wirtschaft" das Interesse vieler Leserinnen und Leser wecken wird.

Regine Bendl, Karin Heitzmann und Angelika Schmidt
Herausgeberinnen der Schriftenreihe Frauen, Forschung und Wirtschaft

Inhalt

Einleitung   9

Gabriele Michalitsch
Gleichheit, Differenz, Gerechtigkeit.
Gender-Mainstreaming im Spiegel feministischer Theorien   15

Susanne Schunter-Kleemann
Gender Mainstreaming und die Ziele der Neuen Frauenbewegung(en) –
Uneindeutigkeiten und der Verlust des Politischen   39

Regine Bendl
Gender Theory Goes Business –
Geschlechtertheorien als Ausgangspunkt zur Umsetzung von Gender
Mainstreaming in verschiedenen Organisationskulturen   69

Ursula Rosenbichler
Frauenpolitische Betrachtungen zum Thema
(Un-)Gleichstellung der Geschlechter am Arbeitsmarkt,
oder: Wie und wem nutzt Gender Mainstreaming?   105

Barbara Fuchs
Gender Mainstreaming (GM) im technologiepolitischen Umfeld.
Eine Analyse mit Schwerpunkt Informations- und
Kommunikationstechnologie (IKT) 91

Elfriede Fritz
Gender Mainstreaming im Bundesministerium für Finanzen –
Eine Strategie auf dem Weg 145

Christine Roloff
Gender Mainstreaming – Ein Beitrag zur Hochschulreform 159

Anne Rösgen
Männerbeteiligung und Gender Mainstreaming (GeM):
„Garant für Erfolg oder neuer Mythos?" 91

Karl Schörghuber
Gender Mainstreaming und Männerbeteiligung –
„Garant für Erfolg oder neuer Mythos?" 91

Nadja Bergmann
Gender Mainstreaming als Berufsfeld 91

Ulli Gschwandtner, Birgit Buchinger
Gendern heißt ändern!
Standards und Qualitätskriterien für Gender Mainstreaming-Prozesse 91

Kurzbiografien 91

Einleitung

Gender Mainstreaming ist seit der UN-Frauenkonferenz in Peking (1995) ein internationales Instrument der Gleichstellung. Als solches wurde es in der EU und ihren Mitgliedsländern eingeführt. Auf Bundes-, Landes- und Gemeindeebene wurden in den letzten Jahren Beschlüsse gefasst und erste Umsetzungsschritte gesetzt. Firmen lassen gender sensible Benchmarkings durchführen und viele Frauen und (einige) Männer sind als Gender Mainstreaming-ExpertInnen tätig.

Parallel dazu äußern Theoretikerinnen und auch Praktikerinnen in vielen europäischen Ländern Unbehagen gegenüber diesem neuen Politikansatz. Es betrifft vor allem die Un-Eindeutigkeit des Konzeptes und die damit verbundenen unterschiedlichen Formen seiner Umsetzung.

Dies war Anlass, bei der 24. Frauenringvorlesung an der Wirtschaftsuniversität Wien im Jahr 2004 erneut eine wissenschaftliche Debatte um Gender Mainstreaming im deutschsprachigen Raum zu eröffnen und der Frage nachzugehen: „Gender Mainstreaming – Durchbruch der Frauenpolitik oder deren Ende?" In Verfolgung dieser provokativen Frage wurden sehr kontroverse Einschätzungen des Politikansatzes vorgetragen. Im vorliegenden Band der Schriftenreihe „Frauen, Forschung und Wirtschaft" sind die

Einleitung

Beiträge zum Thema abgedruckt. In ihnen wird in sehr unterschiedlicher Weise eine theoretische und politische Verortung der Gender Mainstreaming-Strategie vorgenommen und ihre Reichweite für organisatorische Veränderungen unterschiedlich eingeschätzt.

Die Politologin und Ökonomin *Gabriele Michalitsch* bindet Gender Mainstreaming in den Kontext feministischer Theorie ein. Damit gelingt es ihr, auf Grundlagen, Problemstellungen und Ausblendungen von Gender Mainstreaming hinzuweisen und eine Basis für die Einschätzung von Potentialen und Defiziten, Erfolgschancen und Grenzen von Gender Mainstreaming zu schaffen. Michalitsch sieht das Problem, dass Gender Mainstreaming jeweils bestehende institutionelle Kontexte voraussetzt, innerhalb derer es sich auf die Transformation organisatorischer Entscheidungsprozesse beschränke. Systemkritik werde dabei vorweg ausgeschaltet. Als auf Schaffung fairer Ausgangspositionen für Wettbewerb in Organisationen gerichtetes Konzept entspreche Gender Mainstreaming eher einem individualistischen Konzept von Chancengleichheit als umfassenden gesellschaftspolitischen Gerechtigkeitskonzeptionen.

Die Betriebswirtin *Regine Bendl* untersucht, aufbauend auf verschiedenen Geschlechtertheorien, welche Geschlechtsbegriffe im Rahmen der Umsetzung von Gender Mainstreaming in verschiedenen Organisationskulturen verhandelt und (re)produziert werden. Bendl unterstreicht, dass Erfolgsprognosen über Gender Mainstreaming bei der Veränderung von Organisationskulturen mit großer Unsicherheit behaftet seien. Evident sei, dass ohne eine fundierte theoretisch-konzeptionelle Auseinandersetzung mit dem Begriff „Geschlecht" Gender Mainstreaming Prozesse zu einer sehr laien- und lainnenhaften Beschäftigung in Organisationen werden könnten. Es bestehe sogar die große Gefahr, eine duale, wenn nicht sogar hierarchische Positionierung der Geschlechter fortzuschreiben.

Die Expertin für EU-Frauenpolitik, *Susanne Schunter-Kleemann* verortet in ihrem Beitrag Gender Mainstreaming innerhalb der ca. 35-jährigen Geschichte der Neuen Frauenbewegung. Sie untersucht, ob Gender Mainstreaming wichtige Ziele und Forderungen der Internationalen Frauenbewegung aufnimmt oder ob es sie in einem herrschaftskonformen und neoliberalen Sinne verflacht und „umbiegt". Sie unterstreicht, dass die Gender Mainstreaming Politik Mitte der 90er Jahre, also zu einem Zeitpunkt lanciert wurde, in dem die Maastrichter Wirtschafts- und Währungspolitik mit ihrem rücksichtslosen Raubbau der Wohlfahrtssysteme und dem Einsatz von arbeitsmarktpolitischen Zwangs- und Workfare-Programmen startete. Angesichts der krass geschlechterhierarchisierenden Wirkungen neoliberaler Wirtschafts- und Währungspolitik, in deren Sog viele Tätigkeitsfelder von Frauen sowohl ökonomische wie soziale Abwertung erfahren, erscheint es folgerichtig, ein auf die europäischen Frauen ausgerichtetes konsensuales Projekt auf den Weg zu bringen, das dazu beitragen soll, die nun forcierten marktförmigen Modernisierungs- und Privatisierungsstrategien zu konsolidieren und abzusichern.

In den folgenden Beiträgen schreiben Gender Mainstreaming-ExpertInnen, die in unterschiedlichen organisatorischen Kontexten in der Umsetzung von Gender Mainstreaming tätig sind, dazu aber auch publizieren und an Universitäten lehren, über die transformatorische Reichweite von Gender Mainstreaming.

Die Beraterin und Trainerin *Ursula Rosenbichler* reflektiert, welchen Beitrag Gender Mainstreaming bei der Zielerreichung von „Gleichstellung der Geschlechter am Arbeitsmarkt" leisten kann. Sie zeigt, dass dabei entscheidend ist, in wieweit sich Arbeitsmarktpolitik für gesellschaftliche Entwicklungen verantwortlich fühlt und nicht nur für die kurzfristige Veränderung von Zahlen, Benchmarkings und Rankings im internationalen Zusammenhang.

Die Ökonomin und Beraterin für internationale Technologiefirmen, *Barbara Fuchs*, bietet eine Bestandsaufnahme von Gender Mainstreaming in der österreichischen Technologiepolitik. Aufbauend auf Ansätzen der (Re-)Produktion von Geschlechterdifferenz im Technikumfeld, prüft sie die politische Techniksteuerung auf ihre Wirksamkeit hinsichtlich der Gleichstellung

Einleitung

der Geschlechter, insbesondere in der Informations- und Kommunikationstechnologie (IKT).

Die Abteilungsleiterin und Gender Mainstreaming Beauftragte des österreichischen Bundesministeriums für Finanzen (BMF), *Elfriede Fritz*, gibt einen Überblick über die Einführung von Gender Mainstreaming im BMF. Eine der Konkretisierungen von Gender Mainstreaming im BMF ist Engendering Budgets im Bereich Steuerreform.

Die Frauenforscherin *Christine Roloff* zeigt, welchen Beitrag Gender Mainstreaming zur Hochschulreform leisten kann. Konkretisiert wird dies an einem Hochschulreformprojekt an der Universität Dortmund mit dem Ziel, Gleichstellungsaspekte systematisch in die aktuellen Reformprozesse zu integrieren. Gender Mainstreaming wird nicht nur als Modernisierung der Gleichstellungspolitik, sondern auch als Schritt zu einer systematischen Organisationsentwicklung gesehen, wenn ungleiche Motivation, Beteiligung und Entfaltungschancen von Frauen zum Anlass genommen werden, strukturelle Organisationsdefizite der Hochschule aufzuzeigen und zu verringern. Schlussfolgernd werden Eckpunkte für einen geschlechtergerechten Reformprozess an Hochschulen formuliert.

In den folgenden beiden Beiträgen wird geklärt, ob die Männerbeteiligung an Gender Mainstreaming ein Garant für Erfolg oder ein Mythos ist.
Die Diplompädagogin und Organisationsberaterin *Anne Rösgen* geht davon aus, dass das Thema „Männerbeteiligung" in der Gleichstellungspolitik bisher unterbelichtet ist. Männer müssen eine eigenständige Zielgruppe von Gleichstellungspolitik sein. Zum einen sind sie Akteure des top down Ansatzes Gender Mainstreaming, da sie on top sind, zum anderen haben auch Männer Interesse an Gleichstellung. „Männerbeteiligung ist daher kein neuer Mythos!"

Der Sportwissenschafter, Berater und Gender Trainer *Karl Schörghuber* geht folgenden Fragen nach: „Welchen Sinn macht es, wenn Männer an Gleichstellungs-Strategien beteiligt werden? Welche anderen Aspekte und

Einleitung

Sichtweisen bringen Männer in den Prozess des Gender Mainstreaming ein? Welche Annahmen über Männer, deren Rollen, Handeln, Kompetenzen, Wirkungen, Rechte" fließen in Theorie und Praxis von Gender Training Programmen ein?

Die Mitarbeiterin bei der Koordinationsstelle für Gender Mainstreaming im Europäischen Sozialfonds in Österreich, *Nadja Bergmann*, beschäftigt sich mit Gender Mainstreaming als neuem Berufsfeld. Auch wenn „Gender Mainstreaming ExpertIn" bislang keine festgelegte Berufsbezeichnung ist, hat sich in den letzten Jahren ein vielschichtiges und interessantes Berufsfeld entwickelt, in dem spezifisches Know how und Expertise zu Gleichstellungsfragen vermehrt nachgefragt werden. Bergmann umreißt das komplexe Aufgabenspektrum, die Erwartungen und Qualifikationsanforderungen, mit denen sich Gender ExpertInnen konfrontiert sehen und verweist auf die Schwierigkeiten, dem allen zu entsprechen. Auch Bergmanns Bewertung des Konzepts fällt ambivalent aus: Sie unterstreicht, dass Gender Trainings durchaus zur Reflexion über geschlechtsspezifische Rollenzuschreibungen und das bestehende Rollenverständnis anregen können, andererseits sieht sie die in der Organisations- und Verwaltungspraxis die Tendenz, dass die Umsetzung von Gender Mainstreaming mit einem kurzen Training „abgehackt" werden soll.

Die Inhaberinnen der sozialwissenschaftlichen Beratungsfirma Solution, *Ulrike Gschwandtner* und *Birgit Buchinger*, stellen in ihrem Beitrag ihre vielfältigen Erfahrungen aus Gender Mainstreaming-Forschungsprojekten, Gender Trainings und Gender Mainstreaming-Beratungsprozessen zur Diskussion und schlagen Qualitätskriterien für die Umsetzung von Gender Mainstreaming-Prozessen vor. Diese Standards seien für Gender Mainstreaming-Prozesse, generell anwendbar, unabhängig davon, ob sie im öffentlichen Dienst, in der Privatwirtschaft oder im Non-Profit-Bereich durchgeführt werden. Wenn Gschwandtner und Buchinger auch vielfältige Gefahren des Gender Mainstreaming Ansatzes sehen, vor allem, dass in Organisationen von feministischen Forderungen nur so viel übrig bleibe, wie in das Denken nach Effizienzkriterien passt und unter ökonomischen Gesichtspunkten

Einleitung

machbar ist, bewerten sie doch insgesamt die kontroversielle Auseinandersetzung um das Konzept als positiv für die Weiterentwicklung frauenspezifischer und emanzipatorischer Anliegen.

Wir wünschen Ihnen Freude beim Lesen, weiterbringende Erkenntnisse und danken für Ihr Interesse.

Unser Dank gilt auch allen Autorinnen sowie Frau Mag.[a] Brigitte Parnigoni für die umfassende Unterstützung bei der Organisation, Frau Anita Lang und Frau Dagmar Kautz für vielfältige Unterstützungen, insbesondere jenen bei der Bearbeitung der Beiträge sowie Rainer Eppel für das Layout.

Wir danken dem Bundesministerium für Bildung, Wissenschaft und Kultur für die finanzielle Unterstützung der Publikation, sowie folgenden SponsorInnen, die die 24. Frauenringvorlesung durch ihre finanziellen Beiträge möglich gemacht haben: MA 57 – Frauenbüro der Stadt Wien, Bank Austria Creditanstalt, Wirtschaftsuniversität Wien, Österreichische Hochschülerschaft an der Wirtschaftsuniversität Wien, Bundesministerium für Gesundheit und Frauen.

Wien, im August 2005   Luise Gubitzer
                                                                       Susanne Schunter-Kleemann

Gleichheit, Differenz, Gerechtigkeit.
Gender-Mainstreaming im Spiegel feministischer Theorien

Gabriele Michalitsch

Gerechtigkeit, Gleichheit und Differenz bilden jene Kategorien, in deren Spannungsfeld sich Geschlechterdiskurs wie -politik bewegen. Auch Gender-Mainstreaming impliziert, auf Gleichheit durch Überwindung *und* Anerkennung von Differenz zielend, Streben nach Gerechtigkeit.[1] Wie aber sind die Begriffe von Gleichheit, Differenz und Gerechtigkeit zu deuten?

Der vorliegende Beitrag analysiert diese kategoriale Trias im Rahmen feministischer Geschlechter- und Gerechtigkeitsentwürfe, über die Dualität von Gleichheit und Differenz verknüpft, und eröffnet damit den theoretischen Kontext von Gender-Mainstreaming. Gender-Mainstreaming solcherart an feministische Theoriebildung rückzubinden, lässt dessen Grundlagen, Annahmen, Problemstellungen und Ausblendungen deutlich werden und erlaubt, Potentiale wie Defizite, Erfolgschancen wie Grenzen einzuschätzen.

---

[1] Zum breiten und überaus rege geführten Gender-Mainstreaming-Diskurs siehe z. B. Hafner-Burton/Pollack 2001; Bothfeld 2002; Huschke 2002; Nohr 2002; Rai 2003; Schacherl 2003; Stiegler 2003.

1 Geschlecht: Zwischen Gleichheit und Differenz

Die scheinbare Eindeutigkeit des Begriffs Geschlecht, der zwei gesellschaftliche Gruppen, Männer und Frauen, konstituiert, ist längst einer labyrinthischen Vieldeutigkeit gewichen. Die Vielzahl der Stimmen im Diskurs um die Bestimmung von Geschlecht – etwa als Ideologie, Symbolsystem, Machtdifferenz oder gesellschaftliches Ordnungsprinzip – wird hier vereinfachend auf gendertheoretische, differenztheoretische und konstruktivistische Ansätze reduziert.[2]

Ausgehend von der Frage nach dem Subjekt von Feminismus kreist die Auseinandersetzung um eine Bestimmung der Kategorie Geschlecht seit den siebziger Jahren um die Unterscheidung von biologischem und sozialem Geschlecht, Sex und Gender. Während Sex anatomische, hormonale und genetische Unterschiede bezeichnet, repräsentiert Gender[3] einen durch geschlechtsspezifische Zuweisungen erworbenen Status.

Die *gendertheoretische* Fassung von Geschlecht als gesellschaftliche Konstruktion und historisches Produkt widersetzt sich der Naturalisierung von Geschlechterdifferenzen, begreift diese als relationales Phänomen und gibt den Weg für neue gesellschaftliche Geschlechter-Arrangements frei, indem es mit der begrifflichen Unterscheidung von „Natur" und „Kultur" bestehende Geschlechterhierarchien der Kritik zugänglich macht. *Differenztheorien* wenden sich jedoch gegen mit Trennung von Sex und Gender verbundene Spaltungen des Subjekts sowie Ausgrenzung und Verdrängung von Leiblichkeit. Von einer an „Natur" gebundenen Geschlechtsidentität ausgehend, letztlich mit stereotypen Imaginationen von Weiblichkeit konvergierend, suchen sie „authentische" Unterschiede der Geschlechter, deren essentiell-ontologische Bestimmung zu erfassen (vgl. Rosenberger 1996, S. 67ff).

---

[2] Angesichts der überaus umfangreichen Literatur sei hier nur auf einige Beispiele verwiesen, die im Wesentlichen einen Überblick über den herrschenden Diskurs bieten: England 1993; Wobbe/Lindemann 1994; Evans 1995; Fox Keller/Longino 1996; Rosenberger 1996; Gould 1997; Waniek/Stoller 2001.

[3] Gender bezeichnet im Englischen auch das grammatische Geschlecht und konnotiert folglich die sprachliche Verfasstheit von Geschlechtsidentität.

Gleichheit, Differenz, Gerechtigkeit.
Gender-Mainstreaming im Spiegel feministischer Theorien

Konstruktivistische Theoretikerinnen hingegen stellen die Differenzierung von Sex und Gender in Frage, da diese zwar Gender historisiert und politisiert, Sex aber als statische, unpolitische, „natürliche" Komponente erhält. Sie verweisen auf Gefahren erneuter Naturalisierung des Geschlechtlichen und latenten Biologismus, den die Separierung von Sex und Gender zu bannen suchte, und hinterfragen Annahmen einer „vorsozialen Unterscheidungsmöglichkeit von Frauen und Männern" (Gildemeister/Wetterer 1992, S. 206), wie sie dem Begriff Sex zugrundeliegen. Sex bedeutet in konstruktivistischer Perspektive demnach ebensowenig „Natur" wie Gender „Kultur", vielmehr werden sowohl soziale wie biologische Dimensionen von Geschlecht kulturell erzeugt. Historische Veränderungen biologischer und medizinischer Definitionen des menschlichen Körpers und dessen differente Bedeutungen in Abhängigkeit von kulturellen Kontexten machen Variationen von „Natur" deutlich. Körper existieren nicht außerhalb der Gesellschaft, sondern erhalten erst durch diese ihre spezifische Bedeutung. Sie konstituieren sich durch Sprache innerhalb eines historisch gegebenen Wissenshorizonts und werden kulturspezifisch vergeschlechtlicht, indem jeweils verfügbares Körperwissen leibliche Dimensionen und Erfahrungen strukturiert (vgl. Sgier 1994).

Vergeschlechtlichung des Körpers ist eng mit dominanten Vorstellungen von Heterosexualität verwoben, sie begründet die Wahrnehmung von Körpern als ausschließlich männlich oder weiblich. Innerhalb gegebener kultureller Kontexte erscheint Sexualität demnach nicht geschlechterindifferent, sondern als für Geschlecht konstitutive Heterosexualität. Geschlecht ist folglich als diskursives Produkt, als Effekt heterosexuell organisierter Macht-Wissen-Formationen zu verstehen. Eben darin, dass Leiblichkeit in ein vordiskursives Feld gedrängt und zwei natürlich gegebene sexuelle Körper vorausgesetzt werden, zeigt sich deren Effekt. Demnach umfasst die Kategorie Gender „auch jene diskursiven/kulturellen Mittel, durch die eine ‚geschlechtliche Natur' oder ein ‚natürliches Geschlecht' als ‚vordiskursiv', d. h. als der Kultur vorgelagert oder als politisch neutrale Oberfläche, auf der sich die Kultur einschreibt, hergestellt und etabliert wird" (Butler 1991, S. 24). Solcherart als kulturelle Konstruktion verstanden, folgt Geschlechtsidentität nicht zwingend dem biologischen Geschlecht, Reduktion auf zwei Geschlechtsidentitäten wird folglich fragwürdig. Sex unhinterfragt zu lassen, verschleiert daher Funktionsweisen gegenwärtiger Machtverhältnisse und stützt entsprechend Reproduktion von Unterdrückungsstrukturen. Da Fragen nach leiblicher Vergeschlechtlichung somit jene nach Zweigeschlechtlichkeit und Heterosexualität einschließen, lässt erst die Auflösung auf kohärenter binärer Einheit von Sex und Gender beruhender Zwangsheterosexualität Geschlechterhierarchien entgegenwirken (vgl. Butler 1991).

2 Geschlecht und Gender-Mainstreaming: Gleichheit in Differenz

Mit dem Beschluss des Europäischen Rates vom Dezember 1995 über ein mittelfristiges Aktionsprogramm der Gemeinschaft für Chancengleichheit von Männern und Frauen (1996-2000) wurde Gender-Mainstreaming als „Grundsatz der Einbeziehung der Dimension der Chancengleichheit von Männern und Frauen in alle Politiken und Aktionen" (Europäischer Rat 1995) erstmals innerhalb der Europäischen Union verankert. Gender-Mainstreaming sollte in „Konzeption, Durchführung und Begleitung" (Europäischer Rat 1995) sämtlicher Politiken auf Ebene der Union wie der Mitgliedstaaten einbezogen werden. Im Hinblick auf eine Stärkung der Wettbewerbsfähigkeit der europäischen Wirtschaft und bessere Integration von Frauen in den Arbeitsmarkt wurden hierbei die Bereiche Bildung, Berufswahl und Frauenerwerbstätigkeit sowie Vereinbarkeit von Familie und Beruf besonders betont. Aber auch ausgewogene Mitwirkung an Entscheidungsprozessen sowie verbesserte Voraussetzungen für die Einforderung von Gleichstellung werden im Ratsbeschluss hervorgehoben.

In ihrer Mitteilung vom Februar 1996 zu Chancengleichheit von Männern und Frauen definiert die Europäische Kommission Gender-Mainstreaming: „Das Prinzip des ‚Gender Mainstreaming' besteht darin, die Unterschiede zwischen den Lebensverhältnissen, den Situationen und den Bedürfnissen von Frauen und Männern systematisch auf allen Politik- und Aktionsfeldern der Gemeinschaft zu berücksichtigen" (Europäische Kommission 1996). Etwaige geschlechtsspezifische Effekte von politischen Maßnahmen sollen „bereits in der Konzeptionsphase aktiv und erkennbar integriert werden" (Europäische Kommission 1996). Obgleich die „Mobilisierung sämtlicher Politiken" eingefordert wird, betont auch die Kommission die Bereiche Beschäftigung, Arbeitsmarkt und Bildung, aber auch Forschung, Wissenschaft und EU-Personalpolitik.

Beide für Gender-Mainstreaming in der Europäischen Union grundlegenden Dokumente zielen auf Chancengleichheit und rücken hierbei vor allem „Humanressourcenentwicklung" in den Vordergrund, beide rekurrieren explizit auf Frauen und Männer, Gender beschränkt sich auf den Titel. Dies gilt im Wesentlichen auch für spätere Mitteilungen und Beschlüsse europäischer Gremien (vgl. Europäische Kommission 2000). Sie reduzieren Geschlechtergleichheit auf tendenziell formale Chancengleichheit. Gleichheit schließt demnach Differenzen ein, mehr noch, der kontinuierliche Rekurs auf Frauen und Männer deutet auf fundamentale Geschlechtdifferenzen hin, auf eine dem Titel „Gender Mainstreaming" widersprechende Interpretation von Geschlecht als natürliche Kategorie.

Im Gegensatz zu den vielfach unbestimmten, begrifflich sogar in sich kontradiktorischen Dokumenten der Europäischen Union expliziert der als wesentlicher Referenzpunkt der diskursiven Auseinandersetzung dienende Gender-Mainstreaming-Bericht des Europarats Geschlechtergleichheit als Ziel von Gender-Mainstreaming eingehend als

„(...) equal visibility, empowerment and participation of both sexes in all spheres of public and private life. Gender equality is the opposite of gender inequality, not of gender difference, and aims to promote the full participation of women and men in society. (...) Gender equality is not synonymous with sameness, with establishing men, their life style and conditions as the norm" (Europarat 1998, S. 7).

Dies impliziert ein Verständnis von Gleichheit, das Differenzen nicht nur zulässt, sondern anerkennt. Gender-Mainstreaming bezeichnet demnach eine politische Strategie, die Geschlechtergleichheit durch Überwindung wie Anerkennung von Differenz anstrebt. Gleichheit schließt demnach Differenzen ein: „Gender equality includes the right to be different. (...) The quintessence is to assure that the social construction of gender leaves room for diffe-

19

rence and does not contain a notion of hierarchy placing men higher than women" (Europarat 1998, S. 8).

Gender-Mainstreaming soll folglich nicht Differenzen, sondern mit diesen verbundene Hierarchien auflösen. Der Europaratsbericht betont daher die im Gegensatz zu traditioneller, frauenzentrierter Gleichstellungspolitik stehende Fokussierung von Gender-Mainstreaming auf *Relationen* zwischen Frauen und Männern.[4] Gleichheit bedeutet im Rahmen von Gender-Mainstreaming entsprechend nicht Identität, sondern Gleichheit in Differenz, damit verbindet sich die Überwindung sozialer Ungleichheit jenseits substantieller Gleichheit. Diese Form von Gleichheit in Differenz geht mit der gendertheoretischen Konzeptionalisierung von Geschlecht einher. Der Bezug auf „both sexes" deutet zwar zunächst auch hier auf naturalisiertes Geschlecht hin, Gleichheit bezieht sich im genannten Bericht jedoch ausdrücklich auf „social construction of gender" und „relationship between the sexes", wobei Gender als „social design of a biological sex" (Europarat 1998, S. 7) verstanden wird. Gender wird demnach als dem „natürlichen" Geschlecht folgend und als mit diesem übereinstimmend gedeutet.

Aus der Trennung von Sex und Gender resultieren die schon skizzierten Gefahren erneuter Naturalisierung von Geschlecht, zumal als Bezugspunkt von Gender-Mainstreaming stets Männer und Frauen dienen und diese im allgemeinen als „natürliche" Kategorien interpretiert werden, während Sex-Gender-Distinktionen politisch kaum vermittelt werden. Die gendertheoretische Deutung von Geschlecht – und damit Differenz – als teils „natürlich", teils künstlich" verbindet sich mit der geschlechterpolitischen Notwendigkeit, ohne nähere Differenzierung auf Frauen und Männer als gesellschaftliche Gruppen zu rekurrieren, zum grundlegenden Dilemma von Gender-Mainstreaming: Es setzt die Anerkennung „ungerechtfertigter" sozialer Geschlechterdifferenzen voraus und zielt auf deren Überwindung durch ausgleichende politische Intervention. Darüber hinaus impliziert Gender-Mainstreaming Anerkennung von nicht näher bestimmten, offensichtlich bio-

---

[4] Während traditionelle, eigenen Institutionen obliegende Frauenpolitik darüber hinaus spezifische Probleme als Folge von Ungleichheit durch Entwicklung entsprechender Politiken zu lösen trachtet, zielt Gender-Mainstreaming auf Veränderung bereits bestehender Politiken und involviert sämtliche jeweils herkömmlich zuständigen Akteure.

Gleichheit, Differenz, Gerechtigkeit.
Gender-Mainstreaming im Spiegel feministischer Theorien

logische, aber wohl auch soziale Komponenten einschließenden, „gerechtfertigten" Geschlechterdifferenzen und deren Enthierarchisierung. Gleichheit in Differenz aber erwies sich historisch stets als problematisch, denn an Setzungen von Differenz knüpfen sich Devianz und Exklusion. Verschärft wird diese Problematik durch Unbestimmtheit des Differenz-Begriffs, der Stereotypisierungen nicht ausschließt.

Neben grundlegenden Einwänden gegen dessen inhärente gendertheoretische Spaltung des Subjekts läuft Gender-Mainstreaming aufgrund seiner Einbettung in den herrschenden Kontext von Staat und Politik aus differenztheoretischer Perspektive außerdem Gefahr, die maskuline symbolische Ordnung letztlich zu affirmieren. Verwoben in patriarchale politische Institutionen scheint Gender-Mainstreaming eher deren Spiegel denn Transformationsstrategie. Selbst wenn es mittels Gender-Mainstreaming gelingt, einzelne Politiken zu verändern, bleibt fragwürdig, ob damit Grundstrukturen von Staat wie Gesellschaft und deren inhärenter Androzentrismus subvertiert werden können.

Die von Differenztheoretikerinnen eingeforderte Entwicklung selbstbestimmter, „genuiner" Weiblichkeit und deren damit einhergehende Neubewertung von Geschlecht scheinen kaum möglich, zumal Gender-Mainstreaming jede Rückbindung an Frauenbewegungen als Basis entsprechender Selbstbestimmung fehlt. Ansätze zur Schaffung von weiblichen Gegenräumen und Entfaltungsmöglichkeiten, um einen solchen Prozess voranzutreiben, sind zwar nicht ausgeschlossen, fehlen konzeptionell jedoch. Gender-Mainstreaming obliegt traditionellen politischen Akteuren, die eine solche Neubestimmung und fundamentale Neubewertung per definitionem nicht durchführen können. Ohne Neubewertung von Geschlecht aber besteht die Gefahr, dass die von Gender-Mainstreaming grundsätzlich angestrebte Anerkennung von Differenzen letztlich lediglich der Bekräftigung patriarchaler Zuschreibungen dient.

Aus konstruktivistischer Sicht lässt sich gegen Gender-Mainstreaming schließlich einwenden, dass Sex nicht überwunden, Pluralisierung von Geschlechterentwürfen mit der Koppelung von sozialem und biologischem Geschlecht ausgeschlossen, Zwangsheterosexualität nicht angetastet und folglich die binäre Geschlechter-Matrix reifiziert wird. Gender-Mainstreaming trachtet wohl danach, langfristig politische und gesellschaftliche Strukturen zu verändern, ob in Staat wie Gesellschaft eingeschriebene hegemoniale Männlichkeit durch Gender-Mainstreaming jedoch überwunden werden kann, bleibt wie auch aus differenztheoretischer Sicht fragwürdig. Vielmehr fügt sich Gender-Mainstreaming dominanten Macht-Wissen-Formationen, indem es etwa Sprache und Formung gesellschaftlicher Bedeutungen, wie sie mit der Produktion von Körper verknüpft sind, unangetastet lässt.

3 Gerechtigkeit: Gleichheit statt Differenz

Aristoteles' berühmtes Diktum, wonach Gleiches gleich, Ungleiches aber ungleich zu behandeln sei, machte „natürliche" Sklaverei zur „gerechten". (Aristoteles 1972, S. 159ff; 1993, S. 82ff) Gleichheit und Differenz wurden Maß und Grenze von Gerechtigkeit. „The defensibility of unequal relations between people" (Barry 1989, S. 3) stellt seither die Kernfrage jeder Gerechtigkeitstheorie dar. Gerechtigkeit impliziert demnach stets Gleichheit. Nicht als egalitäre Verteilung, sondern als gleicher Stellenwert der Interessen jedes Gesellschaftsmitgliedes verstanden, bildet Gleichheit *den* Grundwert *jeder* modernen politischen Theorie (Dworkin 1977, S. 179ff; 1986, S. 296ff). Diese gemeinsame Basis ermögliche rationale Verständigung zwischen gerechtigkeitstheoretischen Konzeptionen mit scheinbar höchst unterschiedlichen Bezugspunkten und Werten. „Whereas the traditional view tells us that the fundamental argument in political theory is whether to accept equality as a value, this revised view tells us that the fundamental argument is not whether to accept equality, but how best to interpret it" (Kymlicka 1990, S. 5).

Selbst eine solche bestmögliche Interpretation überwindet jedoch die in der politischen Theorie- und Ideengeschichte stets binäre Setzung von Gleichheit und Differenz, die als Devianz zum Ausschluss bestimmt, nicht. Durch Jahrhunderte gehen etwa liberale Entwürfe von Freiheit und Gleichheit *aller* mit Konstruktionen von Geschlechterdifferenz und Exklusion von Frauen Hand in Hand. Obgleich etwa bereits John Stuart Mill und Harriet Taylor auf diesen Widerspruch verwiesen und folgerten, dass „das Prinzip, nach welchem die jetzt existierenden sozialen Beziehungen zwischen den

Gleichheit, Differenz, Gerechtigkeit.
Gender-Mainstreaming im Spiegel feministischer Theorien

beiden Geschlechtern geregelt werden (...), an und für sich ein Unrecht und gegenwärtig eines der wesentlichsten Hindernisse für eine höhere Vervollkommnung der Menschheit sei und dass es deshalb geboten erscheine, an die Stelle dieses Prinzips das der vollkommenen Gleichheit zu setzen" (Mill/Taylor Mill/Taylor 1991/1869, S. 5), blieb das Problem von Differenz und Ausschluss virulent und manifestiert sich nicht zuletzt in zeitgenössischen Gerechtigkeitstheorien.

Auch der aktuelle Diskurs über Gerechtigkeit beantwortet die Frage der Inklusion von Frauen oft uneindeutig, bloß rhetorisch oder negiert die Kategorie Geschlecht gänzlich. Ausgehend von John Rawls' überaus einflussreicher Gerechtigkeitstheorie werden im folgenden feministische Gerechtigkeitskonzeptionen mit liberalem, sozialdemokratisch-kulturtheoretischem und sozialistischem Hintergrund skizziert und schließlich zu Gender-Mainstreaming in Beziehung gesetzt.

Obwohl Gender-Mainstreaming im Allgemeinen nicht explizit mit Gerechtigkeit verknüpft wird, bilden letztlich auch feministische Ideen von und Forderungen nach Gerechtigkeit seine Grundlage.[5] Das für Gender-Mainstreaming charakteristische Spannungsverhältnis von Gleichheit und Differenz, Streben nach Geschlechtergleichstellung birgt immer auch Fragen nach Gerechtigkeit. So nennt auch der zitierte Europaratsbericht zwar nicht Gerechtigkeit, sondern Geschlechtergleichheit als Ziel von Gender-Mainstreaming, versteht diese jedoch als integrale Komponente von Menschenrechten und verknüpft Gender-Mainstreaming damit explizit mit einer fundamentalen Dimension von Gerechtigkeit (Europarat 1998, S. 8).

---

[5] Ursprünge und Hintergründe von Gender-Mainstreaming werden sehr unterschiedlich gedeutet: Einerseits entspricht Gender-Mainstreaming feministischen Forderungen – etwa der 3. Weltfrauenkonferenz der Vereinten Nationen in Nairobi 1985 –, andererseits wird auf Verbindungen von Gender-Mainstreaming zu Managing Diversity verwiesen, einem in den achtziger Jahren in den USA entwickelten Konzept der Personal- und Organisationsentwicklung (vgl. Schunter-Kleemann 2003, 2004 sowie in diesem Band).

3.1 Fairness und Unwissenheit

Der gegenwärtige Gerechtigkeitsdiskurs zentriert sich um Rawls' gegen die utilitaristische Tradition gerichtete *Theory of Justice* (1971). Rawls entwickelt sein Modell im Hinblick auf die Struktur eines modernen demokratischen Verfassungsstaates, dessen Grundsätze, Grundrechte und Grundfreiheiten sowie dessen basale politische, soziale und ökonomische Institutionen.[6] Zwei Gerechtigkeitsprinzipien sollen der institutionellen Verwirklichung von Freiheit und Gleichheit dienen: der Grundsatz der Primärgütergleichheit und das Differenzprinzip. „Jede Person hat ein gleiches Recht auf ein völlig adäquates System gleicher Grundrechte und Grundfreiheiten, das mit dem gleichen System für alle anderen vereinbar ist" (Rawls 1994, S. 261). Soziale und ökonomische Ungleichheiten sind nur gerechtfertigt, sofern „sie mit Ämtern und Positionen verbunden" sind, „die allen unter Bedingungen fairer Chancengleichheit offenstehen" und „zum größten Vorteil der am wenigsten begünstigten Mitglieder der Gesellschaft" gereichen (Rawls 1994, S. 261). Dem ersten dieser Grundsätze kommt Vorrang gegenüber dem zweiten zu.

Auf diese Gerechtigkeitsprinzipien einigen sich in einer als Urzustand modellierten Ausgangssituation alle freien und gleichen Bürger unter einem Schleier von Unwissenheit, der ihre jeweiligen individuellen Charakteristika und ihre soziale Position umfasst, nicht aber allgemeines Wissen über die Gesellschaft. Dieser Schleier der Unwissenheit soll eine faire, von Einzelheiten des allumfassenden Hintergrundrahmens losgelöste Übereinkunft, „Versöhnung durch öffentlichen Vernunftgebrauch" (Rawls 1994, S. 265), ermöglichen. Verhandlungsvorteile und Zwang ausschließend, repräsentiert der Urzustand eine Situation fairer Bedingungen für eine rationale Übereinkunft freier und gleicher, über Gerechtigkeitssinn verfügender Personen. Ausei-

---

[6] Da nur wenige Fragen politischer Gerechtigkeit gelöst werden können, gilt es nach Rawls, Institutionen so zu gestalten, dass unbeantwortbare Fragen möglichst nicht aufkommen. (Rawls 1994, S. 259).

nandersetzungen aufgrund unterschiedlicher Konzeptionen des Guten werden durch das Toleranzprinzip weitgehend ausgeschlossen.[7]

Carole Pateman formuliert in *The Sexual Contract* (1991/1988) grundsätzliche Kritik an der vertragstheoretischen Form der Rawls'schen Konzeption. Kontrakttheorien entwerfen den Gesellschaftsvertrag als brüderlichen Vertrag männlicher, wirtschaftlich unabhängiger Individuen, dessen verdeckte Kehrseite, der Geschlechtervertrag, die patriarchale Ordnung verankert. „The brothers make the agreement to secure their natural liberty, part of which consists in the patriarchal right of men (...)" (Pateman 1991, S. 225). Männliche Freiheit impliziert somit weibliche Unterwerfung, „contract is the means through which modern patriarchy is constituted" (Pateman 1991, S. 2).

Während Pateman Rawls' Gerechtigkeitstheorie demnach als in ihrer Grundstruktur androzentrisch ablehnt, lassen sich Okin (1989) zufolge Fragen nach Gerechtigkeit zwischen den Geschlechtern in Rawls' Ansatz integrieren. Widersprüche und Unklarheiten über die Inklusion von Frauen in Rawls' Konzeption kritisiert auch Okin. Um das Wohl der folgenden Generationen in den Grundvertrag einzubeziehen, treffen in Rawls' Modell etwa nicht Individuen, sondern Familienoberhäupter die grundlegende Übereinkunft. Zwar sind Frauen als Repräsentantinnen von Familien denkbar, doch Rawls bezieht sich explizit auf Väter: „(I)magining themselves to be fathers, say, they are to ascertain how much they should set aside for their sons by noting what they would believe themselves entitled to claim of their fathers" (Rawls 1971, S. 289). Die Familie versteht Rawls in *A Theory of Justice* ebenso als Teil der sozialen Grundstruktur der Gesellschaft wie die Verfas-

---

[7] Rawls versteht seine Konzeption als politisch, nicht metaphysisch: „Angesichts der tiefgehenden Differenzen, die zwischen Überzeugungen und Vorstellungen über das Gute zumindest seit der Reformation bestehen, müssen wir erkennen, dass eine öffentliche Übereinstimmung über grundlegende philosophische Fragen ebensowenig ohne die staatliche Verletzung von Grundfreiheiten erreicht werden kann wie über Fragen religiöser oder moralischer Lehren" (Rawls 1994, S. 264). Er versucht daher, diese Fragen möglichst auszuklammern. Kommunitaristische Ansätze hingegen stellen eben diese Konzeptionen des Guten in den Vordergrund (vgl. z. B. MacIntyre 1987). Der Frage, wie weit die Ausrichtung seiner Theorie auf einen modernen demokratischen Verfassungsstaat eine Konzeption des Guten impliziert, stellt sich Rawls nicht.

sung, kompetitive Märkte oder Privateigentum (Rawls 1971, S. 462f), ohne in weiterer Folge jedoch die Frage nach Gerechtigkeit innerhalb der Familie zu stellen. In seinen späteren Veröffentlichungen erwähnt Rawls die Familie als Teil der gesellschaftlichen Grundstruktur nicht mehr (Okin 1989, S. 93). Für Rawls ist die Familie einerseits aufgrund der ihr inhärenten Ungleichheit Hindernis für Chancengleichheit, andererseits aber versteht er sie – Gerechtigkeit innerhalb der Familie voraussetzend – als erste Schule des Individuums, der zentraler Stellenwert in der Entwicklung von moralischem Bewusstsein und Gerechtigkeitssinn zukommt. Wie aber kann Rawls' Grundsätzen folgend innerhalb der Familie Gerechtigkeit erreicht werden, wenn lediglich männliche Familienvorstände über Gerechtigkeitsprinzipien der sozialen Grundstruktur entscheiden? Geschlechtsspezifische Segmentation bezahlter wie unbezahlter Arbeit, soziale Ungleichheit der Geschlechter und patriachale Gesellschaftsstrukturen werden von Rawls nicht über eine rhetorische Ablehnung von Diskriminierung hinausgehend thematisiert (vgl. Okin 1989, S. 89ff).

Dennoch sieht Okin in Rawls' Entwurf geeignete Anknüpfungspunkte für eine Geschlechterverhältnisse inkludierende Gerechtigkeitskonzeption, sofern alle Erwachsenen den Urvertrag schließen, der Schleier der Unwissenheit sich auf Geschlechtszugehörigkeit erstreckt, allgemeines Wissen über die Gesellschaft auch deren geschlechtliche Strukturierung umfasst und die Familie als Objekt von Gerechtigkeitstheorien inkorporiert wird[8] (Okin 1989, S. 170ff).

3.2 Herrschaft und Unterdrückung

In *Justice and the Politics of Difference* (1990) kritisiert Iris Marion Young Rawls als Vertreter des den Gerechtigkeitsdiskurs dominierenden distributiven Paradigmas, das soziale Gerechtigkeit als moralisch richtige Verteilung von sozialen Vorteilen und Lasten zwischen den Mitgliedern einer Gesellschaft definiert. Wenn Rawls Gerechtigkeit etwa über „the way in which the major social institutions distribute fundamental rights and duties" (Rawls

---

[8] Zur feministischen Kritik an Okin vgl. Appelt 1997, S. 130ff.

1971, S. 7) bestimmt, werden Rechte und Pflichten – in weiterer Folge auch Entscheidungsprozesse, Macht, Prestige, Selbstachtung, Autorität oder Entwicklungschancen – der Logik der Distribution unterworfen. Soziale Gerechtigkeit wird damit auf berechtigten Besitz und dessen Verteilung reduziert. Rechte aber stellen Beziehungen dar, institutionell definierte Regeln, die Handlungsspielräume festlegen. Auch Macht, Lebenschancen oder Selbstachtung sind nicht als in unterschiedlichen Mengen verteilbare Güter, sondern nur als Beziehungen adäquat zu erfassen.[9] Darüber hinaus konstituiert sich das Subjekt keineswegs unabhängig von alternativen Verteilungen über soziale Prozesse und Beziehungen. Das distributive Paradigma hingegen setzt das Subjekt nur zu dessen Besitz in Relation und erfasst menschliche Beziehungen lediglich über den quantitativen Vergleich individueller Besitztümer. Dieser statische wie ahistorische soziale Atomismus beschränkt Gerechtigkeit auf Ergebnisse und abstrahiert von eben jenem institutionellen Kontext, der die materielle Verteilung hervorbringt (Young 1990, S. 15ff).

Young argumentiert, dass jede Gerechtigkeitstheorie Fragen der Verteilung materieller Güter einschließen müsse, ein lediglich distributiver Ansatz jedoch die Bedeutung von Entscheidungsprozessen, Arbeitsformen, kulturellen Vorstellungswelten oder Symbolen übersehe und den Blick auf strukturelle Phänomene verstelle. „Justice should refer not only to distribution, but also to the institutional conditions necessary for the development and exercise of individual capacities and collective communication and cooperation" (Young 1990, S. 39). Individuelle Handlungs-, Entwicklungs- und Ausdrucksmöglichkeiten werden von dem als Struktur von Praktiken, Regeln und Normen zu verstehenden, Sprache und Symbole umfassenden institutionellen Kontext determiniert. Herrschaft, institutionelle Beschränkung von Selbstbestimmung, und Unterdrückung, institutionelle Beschränkung von Selbstentwicklung, definieren folglich soziale Ungerechtigkeit (Young 1990, S. 37).

---

[9] Im Anschluss an Walzers (1992, S. 30ff) Theorie der Güter verweist Young auch darauf, dass materielle Güter ebenso durch Benennung, Bedeutungsgebung und Kontextualisierung kollektiv entwickelt werden und folglich Beziehungen vergegenständlichen (Young 1990, S. 22).

Young bezieht Herrschaft und Unterdrückung nicht auf Individuen, sondern auf soziale Gruppen, die sich „from at least one other group by cultural forms, practices, or way of life" (Young 1990, S. 43) unterscheiden. Gruppenzugehörigkeit konstituiert individuelle Identität, soziale Gruppen sind daher nicht als freiwillige Assoziationen oder Aggregate zu verstehen (Young 1990, S. 44). Young differenziert fünf Formen der Unterdrückung, die, in Normen, Gewohnheiten, Symbole und implizite Annahmen eingebettet, systematisch durch ökonomische, politische und kulturelle Institutionen reproduziert werden: Ausbeutung, Marginalisierung, Machtlosigkeit, kulturellen Imperialismus und Gewalt. Ausbeutung, an der Marx'schen Konzeption orientiert, bedeutet den kontinuierlichen Transfer von Arbeitsergebnissen einer sozialen Gruppe zum Nutzen einer anderen, schließt aber auch Fragen der Anerkennung, Bewertung und Entlohnung von Arbeit ein. Marginalisierung bezeichnet den Ausschluss von sinnvoller Partizipation am sozialen Leben, während Machtlosigkeit heißt, Macht unterworfen zu sein, ohne selbst Macht auszuüben. Kultureller Imperialismus verweist auf die Stereotypisierung sozialer Gruppen, die, von Kommunikations- und Interpretationsweisen ausgeschlossen, der Normsetzung herrschender Gruppen unterliegen und von diesen als deviant markiert werden. Systematische Aggression und Bedrohung charakterisieren Gewalt gegen soziale Gruppen (vgl. Young 1990, S. 39ff).

Die Verknüpfung von Herrschaft, Unterdrückung und Gruppendifferenzen mit Gerechtigkeit mündet in Fragen nach demokratischen Formen von Entscheidungsfindung. Unterstützung von Selbstorganisation sowie Anhörungs-, Vorschlags- und Vetorechte in jenen Politikbereichen, die für einzelne unterdrückte Gruppen von besonderer Bedeutung sind, bilden die Basis der von Young geforderten Differenzpolitik, die nicht auf Eliminierung und Transzendierung, sondern auf Anerkennung von Gruppendifferenzen zielt (vgl. Young 1989). Mit dem Entwurf eines Modells kommunikativer Demokratie, das die Bedeutung von Sprache, Rhetorik und symbolischen Akten für die Anerkennung unterdrückter sozialer Gruppen hervorhebt, skizziert Young die Voraussetzungen gerechter demokratischer Entscheidungsprozesse[10] (vgl. Young 1996).

---

[10] Zum Diskurs über Demokratiemodelle vgl. z. B. Benhabib 1996.

3.3 Affirmation und Transformation

Während Young die Anerkennung von kultureller Differenz in den Vordergrund rückt, strebt Nancy Frasers (1997) gerechtigkeitstheoretisches Konzept nach Verbindung von Kultur und Ökonomie hinsichtlich der (Re-)Produktion von Ungerechtigkeit sowie nach Integration von Forderungen nach Redistribution und kultureller Anerkennung.

„(A)n absence of any credible overarching emancipatory project despite the proliferation of fronts of struggle, a general decoupling of the cultural politics of recognition from the social politics of redistribution; and a decentering of claims for equality in the face of aggressive marketization and sharply rising material inequality" (Fraser 1997, S. 3) charakterisieren Fraser zufolge die postsozialistische Ära, in der sich Gerechtigkeitsforderungen mehr und mehr auf Anerkennung kultureller Differenzen beschränken. Während sich empirisch eng verflochtene ökonomische und kulturelle Ungerechtigkeiten wechselseitig verstärken, stehen Forderungen nach Redistribution und Anerkennung zueinander in einem Spannungsverhältnis, denn Umverteilung intendiert die Abschwächung von Gruppendifferenzen, kulturelle Anerkennung betont diese. Hierin liegt Fraser zufolge das fundamentale Dilemma der postsozialistischen Epoche, das sie durch die Einbettung von Redistribution und Anerkennung in ein Konzept von Affirmation und Transformation zu lösen sucht. Affirmation zielt auf die Korrektur von „inequitable outcomes of social arrangements without disturbing the underlying framework generating them", Transformation hingegen auf „inequitable outcomes precisely by restructuring the underlying generative framework" (Fraser 1996, S. 82).

Affirmative Strategien kultureller Anerkennung bedeuten positive Besetzung abgewerteter Gruppenidentitäten, ohne diese selbst in Frage zu stellen. Transformative Ansätze jedoch implizieren Dekonstruktion eben dieser Identitäten und Gruppendifferenzen durch Veränderung bewertender kultureller Strukturen, sodass Identitätsentwürfe und Selbstdefinitionen generell neu formiert werden. Affirmative homosexuelle Identitätspolitik etwa basiert auf einem Entwurf von Homosexualität als substantiellem, kulturellem Positiv der Identifikation und kämpft um dessen Anerkennung, transformatives Queering versteht im Gegensatz dazu Homosexualität als konstruiertes und abgewertetes Korrelat von Heterosexualität und zielt auf die Auflösung der hierarchischen Dichotomie von Homo- und Heterosexualität, um ein Feld multipler, fließender und sich verändernder Sexualität zu eröffnen (Fraser 1996, S. 82f).

Sozialtransfers und spezifische Formen öffentlicher Unterstützung benachteiligter Gruppen stellen affirmative Strategien der Redistribution dar, denn trotz ihrer universalistischen Konzeption lösen sie langfristig vielfach anti-universalistische Anerkennungsdynamiken aus. So lindert öffentliche Unterstützung bestimmter sozialer Gruppen zwar deren materielle Not, verstärkt jedoch Differenzierung und führt in weiterer Folge vermehrt zu Abwehr. Der Versuch, distributive Ungerechtigkeit auszugleichen, kann so in neue Ungerechtigkeiten der Anerkennung münden (Fraser 1996, S. 85). Transformative Strategien hingegen entsprechen einem reformorientierten sozialistischen Projekt, das etwa wohlfahrtsstaatliche Programme, progressive Besteuerung, Erweiterungen des öffentlichen Sektors und Vollbeschäftigungspolitik mit demokratischen Entscheidungen über sozioökonomische Prioritäten kombiniert, um Gruppendifferenzen zu verringern (Fraser 1996, S. 84f).

Da die Verknüpfung affirmativer und transformativer Strategien in das Dilemma von Redistribution und Anerkennung führt, schlägt Fraser vor, ausschließlich transformative, Gruppendifferenzen subvertierende Strategien zu kombinieren, um dem Spannungsverhältnis von Gleichheit und Differenz zu entgehen (Fraser 1996, S. 88). Eine solche Kombination transformativer Strategien im Hinblick auf Gerechtigkeit zwischen den Geschlechtern hieße, sozialistischen und dekonstruktivistischen Feminismus zu verknüpfen, um langfristig strukturelle sozioökonomische Gleichstellung zu erreichen und herrschende Geschlechterkonstruktionen zu destabilisieren. Einer Bündelung von affirmativen Strategien entspräche demgegenüber die Allianz von liberalem und kulturellem Feminismus, die Forderungen nach Chancengleichheitsprogrammen und Neubewertung von Weiblichkeit verbindet, ohne Grundstrukturen von Ökonomie und Kultur anzutasten. Differenzierungen werden so jedoch verstärkt, Frauen als defizitär und bedürftig markiert und deren kulturelle Anerkennung gefährdet (Fraser 1996, S. 88ff).

4 Gerechtigkeit und Gender-Mainstreaming: Jenseits von Gleichheit und Differenz

Vor dem Hintergrund von Rawls' Theorie werden konzeptionelle Problematiken von Gender-Mainstreaming deutlich. Während Rawls etwa Gerechtigkeit über hinreichend abstrakte Prinzipien zu konkretisieren sucht, fehlt Gender-Mainstreaming eine solche nähere inhaltliche Bestimmung weitgehend. Definitionen von Gender-Mainstreaming beschränken sich in erster Linie auf formale Charakteristika. EU-Dokumente heben insbesondere ökonomische Aspekte und Entscheidungsprozesse hervor, der Europaratsbericht nennt demgegenüber als gegenwärtig wichtigste Ziele von Geschlechtergleichheit die Anerkennung und Durchsetzung von Frauenrechten als Menschenrechte, gleiche Teilhabe von Frauen und Männern am politischen und öffentlichen Leben, individuelle ökonomische Unabhängigkeit und emanzipatorische Erziehung sowie gemeinsame Verantwortung von Frauen und Männern für Überwindung gesellschaftlicher Ungleichgewichte. Spezifische inhaltliche Anforderungen an Gender-Mainstreaming werden jedoch nicht festgeschrieben. Rawls' Primärgütergleichheit oder Differenzprinzip vergleichbare Grundsätze oder Minimalstandards fehlen, sodass Qualität und mögliche Erfolge von Gender-Mainstreaming jeweils von dessen spezifischer Konkretisierung und Umsetzung abhängen (vgl. Schunter-Kleemann 2003). Daraus resultieren aber auch Gefahren politischer Beliebigkeit und Vereinnahmung durch Aushöhlung und Wendung von Gender-Mainstreaming gegen emanzipatorische Intentionen.

Rawls' Gerechtigkeitstheorie basiert auf – aus feministischer Sicht infolge eingeschriebener Männlichkeit höchst problematischen – Voraussetzungen eines modernen demokratischen Verfassungsstaates samt entsprechenden Grundsätzen, -rechten und -freiheiten sowie fundamentalen politischen, sozialen und ökonomischen Institutionen. Ähnlich setzt auch Gender-Mainstreaming bestehende institutionelle Kontexte voraus, innerhalb derer es sich auf die Transformation politischer Entscheidungsprozesse und Politiken beschränkt. Damit wird nicht nur Systemkritik vorweg ausgeschaltet, auch eine Interpretation individueller Handlungs-, Entwicklungs- und Ausdrucksmöglichkeiten – etwa im Anschluss an Young – als von ihrem institutionellen Kontext determiniert lässt an grundlegenden Erfolgschancen von Gender-Mainstreaming zweifeln, denn genau dieser Kontext bleibt unangetastet. Okins Forderung nach Inklusion des Privaten in Gerechtigkeitsentwürfe deckt sich zwar mit Gender-Mainstreaming, das sich auf alle Politikbereiche und explizit auf privates wie öffentliches Leben bezieht, da der Privatbereich jedoch traditionellerweise – und im neoliberalen Kontext verstärkt – als unabhängig von politischer Regulation jenseits des Öffentlichen definiert wird, dürfte deren Umsetzung auf beträchtliche Widerstände stoßen (vgl. Michalitsch 2004).

Doch auch eine Okins Forderung entsprechende bloße Erweiterung des Rawlsschen Modells um den Bereich der Familie reicht für dessen feministische Revision letztlich nicht aus, da Rawls' Theorie von maskulinistischem institutionellen Kontext ausgehend auf androzentrischen Konzepten von Universalität, homogener Öffentlichkeit, Allgemeinheit, Rationalität und Körperlosigkeit basiert. Differenzen, wie sie Youngs und Frasers Gerechtigkeitsentwürfe betonen, vermag Rawls aus eben diesem Grund nicht zu erfassen. Demnach widersetzt sich Rawls' Modell einer feministischen Adaption, wie sie Okin vorschlägt, denn Kategorien, Begriffssysteme und Konzepte umfassen Regeln der Verknüpfung, die bereits „den Sinn der Wirklichkeit" (Kreisky/Sauer 1997, S. 25) festlegen. Das Ringen um *die* legitime Wahrnehmungsweise, der „Kampf um Macht zum Erhalt oder zur Veränderung der herrschenden sozialen Welt durch Erhalt oder Veränderung der herrschenden Kategorien" (Bourdieu 1985 S. 18f), rückt Sprache, Begriff und Begriffsbildung, Definition und Definitionsmacht ins Zentrum des Gerechtigkeitstopos.

Feministische Theoretikerinnen etwa stellten in den achtziger Jahren einer „ethic of justice" eine „ethic of care"[11] gegenüber, im neoliberalen Kontext hingegen wird Gerechtigkeit zunehmend durch Fairness ersetzt. Fairness aber bezieht sich vorrangig auf gleiche Regeln zwischen Individuen, ver-

---

[11] Ansatzpunkt der Care-Ethik bildet nicht die Frage „What are the best principles?", sondern „How will individuals best be equipped to act morally?" (Tronto 1987, S. 657). Anstelle abstrakter Gerechtigkeitsprinzipien tritt die Entwicklung moralischer Disposition in den Vordergrund. Nicht universell anwendbare Gerechtigkeitsgrundsätze, sondern angemessenes Verhalten im Einzelfall, nicht Rechte, sondern Verantwortung in Beziehungen zu anderen stellen die zentralen Bezugspunkte des Konzepts dar (vgl. Gilligan 1986; Tronto 1987).

deckt etwa Verteilungsfragen und abstrahiert entpolitisierend von gesellschaftlichen Kontexten. Im Gegensatz zu Gerechtigkeit bezieht sich Fairness nicht auf strukturelle, sondern individuelle Bedingungen und konnotiert Wettkampf und Konkurrenz (vgl. Michalitsch 2003a, 2003b). Auf Schaffung fairer Ausgangspositionen für Wettbewerb gerichtete Chancengleichheit, deklariertes Ziel von Gender-Mainstreaming in der EU, entspricht diesem individualistischen Konzept von Fairness deutlich besser als umfassenden Gerechtigkeitskonzeptionen.

Gender-Mainstreaming, das weitgehend herkömmlichen politischen und administrativen Akteuren obliegt, ist weder geeignet, noch mit der Intention verbunden, bestehende Definitionsmacht zu unterlaufen. Fragen nach Definitionsmacht kommt jedoch gerade im Hinblick auf die Fassung von Differenz zentrale Bedeutung zu. Diesbezüglich wird das Fehlen vor allem jener von Young betonten demokratischen Komponenten im Gender-Mainstreaming-Kontext virulent: Förderung von Selbstorganisation, Einbeziehung von Betroffenen in Entscheidungsprozesse, gruppenspezifische Vorschlags- und Vetorechte oder gar Sanktionsmöglichkeiten fehlen Gender-Mainstreaming gänzlich. Es stellt primär eine an Bürokratie gebundene Top-down-Strategie dar, von Entscheidungsprozessen Betroffenen bleibt Mitbestimmung verwehrt (vgl. Schunter-Kleemann 2003, 2004).

Im Gegensatz zu Youngs Gerechtigkeitsentwurf zielt Gender-Mainstreaming nicht vorrangig auf Anerkennung von Differenzen, sondern auf Gleichheit und Differenz. Frasers Gerechtigkeitskonzeption macht das damit verbundene grundsätzliche Dilemma von Affirmation und Transformation deutlich, in dem sich auch Gender-Mainstreaming befindet: Es vereint in sich widersprüchliche Ansätze. Dies gilt auch hinsichtlich der Kombination von Gender-Mainstreaming mit anderen geschlechterpolitischen Strategien, denn Gender-Mainstreaming wurde innerhalb der Europäischen Union nicht als Ersatz, sondern Ergänzung von Gleichbehandlungspolitik und Frauenförderung konzipiert[12]: „Mainstreaming and specific equality policy are not only dual and complementary strategies, they form a 'twin track' strategy" (Euro-

---

[12] Dass die Umsetzung von Gender-Mainstreaming zuweilen mit Beschneidungen anderer geschlechterpolitischer Strategien einhergeht, lässt vielfach vergessen, dass Gender-Mainstreaming als bloß *eine* in einer Reihe von Gleichstellungsstregien gedacht ist.

parat 1998, S. 17). Einzelne geschlechterpolitische Strategien müssen deshalb im Hinblick auf die von Fraser skizzierte Problematik von Affirmation und Transformation aufeinander abgestimmt werden. Mit dem Ziel der Verringerung von Gruppendifferenzen plädiert Fraser für wohlfahrtsstaatliche Programme, progressive Besteuerung, Erweiterungen des öffentlichen Sektors, Vollbeschäftigungspolitik und demokratische Entscheidungen über sozioökonomische Prioritäten bei gleichzeitiger konstruktivistischer Pluralisierung von Geschlecht.

Geschlecht dekonstruktivistisch die Basis von „Naturwüchsigkeit" zu entziehen, bedeutet, starre Identitätskonzepte zu öffnen. Ein fließender Begriff geschlechtlicher Identität ermöglicht, die binäre Geschlechtermatrix dekonstruierend, dem Körper seine eindeutige Signifikation zu nehmen und die Performanz von Geschlecht zu pluralisieren. Geschlecht und Sexualität als soziale Konstrukte zu begreifen, macht den Prozess sozialen, kulturellen, politischen und ökonomischen Strebens nach Definitionsmacht über die Identität anderer sichtbar und die Konstruktion von Identität selbst zur Frage von Gerechtigkeit. Das mit der Denaturalisierung der Geschlechter verbundene „Ende der Eindeutigkeit" (Bauman 1992) überschreitet den binären Bezugsrahmen von Gleichheit und Differenz und impliziert die Notwendigkeit gerechtigkeitstheoretischer Entwürfe wie geschlechterpolitischer Strategien *jenseits* von Gleichheit und Differenz, der Gender-Mainstreaming jedoch nicht gerecht wird.

Literatur

Appelt, Erna (1997): Familialismus. Eine verdeckte Struktur im Gesellschaftsvertrag In: Kreisky, Eva/Sauer, Birgit (Hrsg.): Das geheime Glossar der Politikwissenschaft. Geschlechtskritische Inspektion der Kategorien einer Disziplin. Frankfurt/New York, S. 114-136.
Aristoteles (1972): Die Nikomachische Ethik. München.
Aristoteles (1993): Politik. Schriften zur Staatstheorie. Stuttgart.
Barry, Brian (1989): Theories of Justice. A Treatise on Social Justice. Vol. I, Berkeley/Los Angeles.

Bauman, Zygmunt (1992): Moderne und Ambivalenz. Das Ende der Eindeutigkeit. Hamburg.
Benhabib, Seyla (1996, Hrsg.): Democracy and Difference. Contesting the Boundaries of the Political. Princeton.
Bourdieu, Pierre (1985): Sozialer Raum und „Klassen". Leçon sur la leçon. Zwei Vorlesungen. Frankfurt/M.
Bothfeld, Silke (2002, Hrsg.): Gender Mainstreaming. Eine Innovation in der Gleichstellungspolitik. Frankfurt/M.
Butler, Judith (1991): Das Unbehagen der Geschlechter. Frankfurt/M.
Dworkin, Ronald (1977): Taking Rights Seriously. Cambridge.
Dworkin, Ronald (1986): Law's Empire. Cambridge.
England, Paula (1993, Hrsg.): Theory on Gender/Feminism on Theory. New York.
Evans, Judith (1995): Feminist Theory Today. An Introduction to Second-Wave Feminism. London/Thousand Oaks/New Delhi.
Europäischer Rat (1995): Beschluß des Rates vom 22. Dezember 1995 über ein mittelfristiges Aktionsprogramm der Gemeinschaft für die Chancengleichheit von Männern und Frauen (1996-2000) (95/593/EG). Brüssel.
Europäische Kommission (1996): Mitteilung der Kommission vom 21. Februar 1996: „Einbindung der Chancengleichheit von Männern und Frauen in sämtliche politischen Konzepte und Maßnahmen der Gemeinschaft". Brüssel.
Europäische Kommission (2002): Mitteilung der Kommission vom 20.12.2002: Implementierung des Gender-Mainstreaming in den Strukturfonds-Programmplanungsdokumenten 2000-2006 (KOM(2002) 748 endgültig). Brüssel.
Europarat (1998): Gender Mainstreaming. Conceptual framework, methodology and presentation of good practices. Strasbourg.
Fox Keller, Evelyn/Longino, Helen E. (1996, Hrsg.): Feminism and Science. Oxford/New York.
Fraser, Nancy (1997): Justice Interruptus. Critical Reflections on the "Postsocialist" Condition. New York/London.

Fraser, Nancy (1996): From Redistribution to Recognition? Dilemmas of Justice in a „Post-Socialist" Age. In: New Left Review, Februar/März 1996, S. 68-93.

Gilligan, Carol (1982): In a Different Voice. Psychological Theory and Women's Development. Cambridge.

Gildemeister, Regine (1992): Die soziale Konstruktion von Geschlechtlichkeit. In: Ostner, Ilona/Lichtblau, Klaus (Hrsg.): Feministische Vernunftkritik. Ansätze und Traditionen. Frankfurt/New York, S. 220-239.

Gildemeister, Regine/Wetterer, Angelika (1992): Wie Geschlechter gemacht werden. Die soziale Konstruktion der Zweigeschlechtlichkeit und ihre Reifizierung in der Frauenforschung. In: Knapp, Gudrun-Axeli/Wetterer, Angelika (Hrsg.): Traditionen, Brüche. Entwicklungen feministischer Theorie. Freiburg, S. 201-254.

Gould, Carol C. (1997, Hrsg.): Gender. Key Concepts in Critical Theory. New Jersey.

Hafner-Burton, Emilie/Pollack, Mark A. (2001): Mainstreaming Gender in Global Governance. EUI Working Papers. San Domenico.

Huschke, Jenny (2002): Gender Mainstreaming. Eine neue frauenpolitische Initiative der EU oder nur ein weiteres Schlagwort? Osnabrück.

Kreisky, Eva/Sauer, Birgit (1997): Heimlichkeit und Kanonisierung, Einführende Bemerkungen zur Begriffsbildung in der Politikwissenschaft. In: Kreisky, Eva/Sauer, Birgit (Hrsg.): Das geheime Glossar der Politikwissenschaft. Geschlechtskritische Inspektion der Kategorien einer Disziplin. Frankfurt/New York, S. 7-45.

Kymlicka, Will (1990): Contemporary Political Philosophy. An Introduction. Oxford.

MacIntyre, Alasdair (1987): Der Verlust der Tugend: Zur moralischen Krise der Gegenwart. Frankfurt/New York.

Michalitsch, Gabriele (2003a): Mann gegen Mann. Maskulinismen des neoklassischen Konkurrenzprinzips. In: zfwu. Zeitschrift für Wirtschafts- und Unternehmensethik 1/2003, S. 73-81.

Michalitsch, Gabriele (2003b): Krieg mit friedlichen Mitteln. Über die maskuline Ökonomie der Konkurrenz. In: Neissl, Julia/Arzt, Silvia (Hrsg.):

Männer-Krieg und Frauen-Frieden? Geschlechterdimensionen in kriegerischen Konflikten. München, S. 47-62.

Michalitsch, Gabriele (2004): Private Liebe statt öffentliche Leistung. Geschlechterimplikationen von Privatisierung. In: Kurswechsel 3/2004, S. 75-84.

Mill, John Stuart/Taylor Mill, Harriet/Taylor, Helen (1991/1869): Die Hörigkeit der Frau. Frankfurt/M.

Okin, Susan Moller (1989): Justice, Gender, and the Family. New York.

Ostner, Ilona (1992): Einleitung: Differenzen – unendlich ungleiche? In: Ostner, Ilona/Lichtblau, Klaus (Hrsg.): Feministische Vernunftkritik. Ansätze und Traditionen. Frankfurt/New York, S. 7-28.

Pateman, Carole (1991): The Sexual Contract. Stanford.

Nohr, Barbara (2002, Hrsg.): Gender Mainstreaming. Kritische Reflexionen einer neuen Strategie. Berlin.

Rai, Shirin (2003): Mainstreaming Gender, Democratizing the State? Institutional Mechanisms for the Advancement of Women. Manchester.

Rawls, John (1971): A Theory of Justice. Cambridge.

Rawls, John (1994): Die Idee des politischen Liberalismus: Aufsätze 1978-1989. Frankfurt/M.

Rosenberger, Sieglinde (1996): Geschlechter, Gleichheiten, Differenzen. Eine Denk- und Politikbeziehung. Wien.

Schacherl, Ingrid (2003, Hrsg.): Gender Mainstreaming. Kritische Reflexionen. Innsbruck.

Schunter-Kleemann, Susanne (2003): Gender Mainstreaming und das unsichtbare Geschlecht der Europa. Wissenschaftliche Einheit Frauenstudien und Frauenforschung an der Hochschule Bremen. Discussion Papers 5/2003. Bremen.

Schunter-Kleemann, Susanne (2004): Gender Mainstreaming – Ein doppelbödiges Konzept. In: Gubitzer, Luise/Trukeschitz, Birgit (Hrsg.): Frauen und Budgets. Frankfurt/Wien/Berlin, S. 85-113.

Sgier, Irena (1994): Aus eins mach zehn und zwei lass gehen. Bern.

Stiegler, Barbara (2003): Gender Mainstreaming. Postmoderner Schmusekurs oder geschlechterpolitische Chance? Bonn.

Tronto, Joan (1987): Beyond Gender Difference to a Theory of Care. In: Signs 12/4, S. 644-663.
Walzer, Michael (1992): Sphären der Gerechtigkeit: Ein Plädoyer für Pluralität und Gleichheit. Frankfurt/New York.
Waniek, Eva/Stoller, Silvia (2001, Hrsg.): Verhandlungen des Geschlechts. Zur Konstruktivismusdebatte in der Gender-Theorie. Wien.
Wobbe, Theresa/Lindemann, Gesa (1994, Hrsg.): Denkachsen. Zur theoretischen und institutionellen Rede vom Geschlecht. Frankfurt/M.
Young, Iris Marion (1989): Polity and Group Difference: A Critique of the Ideal of Universal Citizenship. In: Ethics, Jänner, S. 250-274.
Young, Iris Marion (1990): Justice and the Politics of Difference. Princeton.
Young, Iris Marion (1996): Communication and the Other: Beyond Deliberative Democracy. In: Benhabib, Seyla (Hrsg.): Democracy and Difference. Contesting the Boundaries of the Political. Princeton, S. 120-135.

Gender Mainstreaming und die Ziele der Neuen Frauenbewegung(en) – Uneindeutigkeiten und der Verlust des Politischen

Susanne Schunter-Kleemann

Einleitung

Im folgenden Beitrag geht es darum, das Gender Mainstreaming-Konzept innerhalb der nun rund 35 jährigen Geschichte der Neuen Frauenbewegung und ihrer Theoriebildung zu verorten.

Stellt das von den EU- Behörden und Expertengremien des Europarats entwickelte Gender Mainstreaming-Konzept, das die Geschlechterfrage in allen Entscheidungsprozessen von Politik, Wirtschaft und Gesellschaft berücksichtigt sehen will, ein „bahnbrechendes, ja revolutionäres Konzept der Geschlechtergleichstellung" dar, wie die Sozialwissenschaftlerin Ute Behning (Behning 2001, S. 18) meint? Knüpft das Gender Mainstreaming an wichtige Diskurse, Positionen und Denkfiguren der Internationalen Frauenbewegung(en) an, nimmt es wichtige Zielvorstellungen auf und entwickelt sie weiter oder fällt es eher hinter den Stand der Theorieentwicklung, der Ergebnisse und der Forderungen der Neuen Frauenbewegung zurück? Wie unterscheiden sich die auf öffentliche Wirksamkeit abzielenden Machtstrategien und -politiken der Frauenbewegung von den Methoden und Verfahrensschritten des Gender Mainstreaming-Konzepts?

Sind Gender Mainstreaming und Gleichstellungspolitik zu Beginn des Dritten Jahrtausends mehr oder weniger deckungsgleich, so dass geschlechterpolitische Fragen derzeit vor allem auf einer pragmatischen und umsetzungsorientierten Ebene verhandelt werden (Wetterer/Saupe 2004, S. 3) oder handelt es sich beim Gender Mainstreaming um einen Politikansatz, der zwar zentrale Begriffe und Diskurse der Neuen Frauenbewegung aufnimmt, diese aber in einem herrschaftskonformen und neoliberalen Sinne verflacht und umbiegt?

Der folgende Beitrag nähert sich den aufgeworfenen Fragen in zwei Schritten: Im ersten Hauptteil wird nachgezeichnet, dass von der Neuen Frauenbewegung kaum zu sprechen ist, vielmehr lassen sich in Westeuropa und in den Vereinigten Staaten eine Fülle unterschiedlicher feministischer Diskurse und Politikansätze unterscheiden. Kennzeichnend für die Neue Internationale Frauenbewegung der 70er, 80er und 90er Jahre ist die Ausdifferenzierung immer neuer Initiativen und die stetige Entwicklung und Veränderung der politischen Themen, Theorien und Praxen. Gleichwohl gibt es eine gewisse Traditionslinie und Kontinuitäten, die es ermöglichen unterschiedliche Strömungen und Organisationsansätze zu unterscheiden, um die sich die vielfältigen feministischen Aktivitäten kristallisierten. Meines Erachtens lassen sich hinsichtlich der *politischen Ausrichtung* zumindest drei Hauptströmungen in der internationalen feministischen Bewegung unterscheiden, die ich als die autonome, die sozialistisch/marxistische und die liberale Strömung bezeichne (vgl. ähnlich Dackweiler 1995, S. 120; Krause 2003, S. 28)[1]. Grundlage dieser idealtypischen Klassifikation sind zum einen der jeweils identifizierte Erklärungsansatz der Ursachen der Frauenunterdrückung, zum anderen die auf dem jeweiligen Politikverständnis aufruhenden spezifischen Organisationsformen, Praxen und Zielvorstellungen.

Geprüft wird dann im zweiten Hauptteil, welche Berührungspunkte und Schnittmengen der Gender Mainstreaming-Ansatz mit den Problemhorizon-

---

[1] Regina Dackweiler führt verschiedene Ansätze der Klassifikation von Strömungen innerhalb der Neuen Internationalen Frauenbewegung an: So unterscheidet Riedmüller (1983) – in Anlehnung an die US-amerikanische Diskussion „Karrierefeminismus", „radikalen", „liberalen", „linken" und kulturellen Feminismus; Frigga Haug differenziert nach „sozialistischem" und „autonomen" Feminismus; Knäpper (1984) zwischen „feministischen" , „sozialistischen" und „Ökofeministinnen und Beer/Rhode (1986) nennen einen „autonom-separatistischen" und einen „partizipierenden" Fügel (Dackweiler 1995, S. 120).

ten und Zielvorstellungen dieser drei Strömungen des Internationalen Feminismus hat. Es wird einerseits ausgelotet, wo die Chancen und Veränderungspotentiale des Gender Mainstreaming liegen, andererseits wo die theoretischen, die methodischen und die strategischen Schwachstellen des Konzepts zu finden sind.

Im Schlusskapitel wird dargestellt, warum es sich beim Gender Mainstreaming meines Erachtens um einen neoliberalen Politikansatz handelt.

1 Unterschiedliche Strömungen in der Internationalen Neuen Frauenbewegung

1.1 Die liberale Strömung

Die älteste feministische Strömung ist verwurzelt in der liberalen Vertragstheorie mit der Forderung nach gleichen Rechten für Männer und Frauen. Wesentliche Grundannahmen sind die Rationalität des Einzelnen, die Gesellschaft als eine Summe von Individuen und konkurrierenden Einzelinteressen und – ganz zentral – die gesellschaftliche Sphärentrennung von privat und öffentlich. Entsprechend zielte der frühe liberale Feminismus darauf, rechtliche und formale Zugangssperren für Frauen zu beseitigen. Der Kampf für Berufsfreiheit, das Wahlrecht und für eine verbesserte Rechtsstellung von Frauen in Ehe und Familie stand im Zentrum der frühliberalen frauenpolitischen Debatte (de Gouges 1981; Mill/Mill/Taylor 1976/1869).

Das *„legalistische Gleichheitsparadigma"*, wonach Menschen als vernunftbegabte Wesen unterschiedslos Rechte und Zugangschancen in alle Bereiche des gesellschaftlichen Lebens haben sollten, ist auch für den modernen liberalen Feminismus prägend (Friedan 1963; Kanter 1977; Eisenstein 1986; Mossuz-Laveau 1987). Die vorrangige Strategie gegen *Ausgrenzung* von Frauen ist dementsprechend eine Gleichstellungspolitik. Die zentralen Denkfiguren lauten: *Partizipation, Teilhabe, Gleichbehandlung und Integration*. Adressat dieser Forderungen sind die Gesetzgeber und die Gerichte, von daher ist bei der liberalen Strömung der Frauenbewegung – und das stellt sicher ein gewisses Paradox dar – immer auch eine gewisse Staatsnähe gegeben. Eine grundlegende Systemveränderung wird nicht für notwendig erachtet. Mit Hilfe rechtlicher und gesetzlicher Instrumente und auf dem Wege der Aufklärung, Information und Sensibilisierung, auch männlicher Bündnispartner, sollen patriarchalische Rechtsbestimmungen und benachteiligende Praktiken zurückgedrängt werden. Durch ein Zusammenspiel von Frauenbewegung und „aufgeklärten Staatsmännern" kann gesellschaftlicher Wandel angestoßen werden (vgl. auch Hernes 1989). Die auch heute noch immer unzureichende Partizipation von Frauen in Spitzenstellungen der Politik und Wirtschaft wird als fundamentaler Verstoß gegen Frauenrechte, dennoch als ein schrittweise und quantitativ zu lösendes Problem gesehen (Meyer 1992, S. 11). Diese (neo) liberalen Rechtsvorstellungen sind auch weithin für die EU-Behörden kennzeichnend, insbesondere für den Gleichbehandlungsansatz des Europäischen Gerichtshofes.

Gemeinsamkeiten mit der autonomen und der sozialistischen Strömung scheint es auf den ersten Blick in Bezug auf das Ziel der ökonomischen Unabhängigkeit der Frauen zu geben. Denn auch für die VertreterInnen der liberalen Strömung ist Frauenerwerbsarbeit zu einem unverzichtbaren Bestandteil des ökonomischen Entwicklungsprozesses geworden. Für leistungsbewusste Frauen wird eine langfristige Berufsperspektive und beruflicher Aufstieg als selbstverständlich akzeptiert. Man appelliert an die Unternehmen verstärkt in die Arbeitskraft „Frau" zu investieren, so dass bisher immer noch verschleuderte Begabungsreserven und weibliche Talente im weltweiten Wettbewerb besser genutzt werden. Durch *Feminisierung,* ein ausgewogeneres Verhältnis der Geschlechter in den Parlamenten, Parteien, Unternehmen und Medien kann gesellschaftlicher Fortschritt erreicht werden, weil nun auch den Perspektiven und den Lebensbedingungen des zweiten Geschlechts Rechnung getragen wird. Aktuelle Forderungen zur besseren Repräsentanz von Frauen zielen auf *gendervisibility, Geschlechterbalance* oder auf *Geschlechterparität* (in Frankreich: *parite´*). Nur wenn die andere Hälfte der Gesellschaft, die Frauen, gleichermaßen in der Politik und wirtschaftlichen Machtbastionen vertreten sind, können die Ideale der Bürgergesellschaft verwirklicht werden (Lemke 2002, S. 6). Es wird im liberalen Ansatz also unterstellt, das Frauen und Männer generell unterschiedliche Sichtweisen und Einstellungen haben, und dass beide Geschlechter vertreten sein sollten.

Die zweite Annahme ist, dass „Frauen" und „Männer" als je homogene Kategorien behandelt werden können. Der Einsatz des Instruments Quote zur Beschleunigung der Herstellung einer ausgewogenen Geschlechterrepräsentanz wird von liberalen PolitikerInnen zumeist abgelehnt. Denn Frauen werden keineswegs als schutzbedürftiges Geschlecht eingeschätzt. Unausgesprochenes Leitbild ist eher die „Karrierefrau", die in Politik, Wirtschaft und Militär *„ihren Mann steht"*. Aus diesem Grunde wurde der liberale Feminismus schon häufig kritisiert. Eine formalrechtliche Gleichstellung könne mit einer Gleichmachung einhergehen, also mit einer Anpassung von Frauen an männlich geprägte Werte, Normen und Institutionen. Sie laufe Gefahr zu einer *Maskulinisierungsstrategie* zu werden, da die gegebene hegemoniale Geschlechterordnung nicht hinterfragt werde, sondern durch die Teilhabe von Frauen vielleicht sogar gestärkt werde (Dingler/Frey 2002, S. 145).

Entsprechend sind auch die aktuellen Vorstellungen des neoliberalen Feminismus im Bereich des Arbeitsmarkts und der sozialen Sicherung der Frau durch ein marktliberales Programm der Egalisierung der Geschlechter geprägt. Die politischen Diskurse und Denkfiguren kreisen um:

- Individuelle Freiheit statt sozialstaatlicher Bevormundung
- Eigenverantwortung statt sozialstaatlicher Absicherung
- Wirtschaftliche Unabhängigkeit statt Ernährerprinzip
- Freies Spiel der Kräfte anstelle von Frauenschutzrechten
- Mobilität und Freizügigkeit als individuelles Bürgerrecht auch für die Frau

Das Neue ist der Appell an Frauen als unternehmerisches Selbst zu agieren und sich für den Markt vorzubereiten. Frauen sollen die abgeschirmte Lebenswelt des Privaten hinter sich lassen und im freien Wettbewerb mit dem Mann ihre Kräfte messen. Wenn auch die Gruppe der Frauen von dem vitalisierenden Geist des Wettbewerbs ergriffen sei, dann werde die Welt freier und gleicher. Faktisch handelt es sich bei der (neo) liberalen Strömung des Feminismus um ein Elitenkonzept, ein Projekt der selektiven Chancengleichheit. Im Fokus der Aufmerksamkeit stehen hochqualifizierte professionelle Berufsfrauen.

1.2 Die autonome Frauenbewegung (Radical Feminism)

Die autonome Strömung der Frauenbewegung entwickelte sich im Kontext der weltweiten Studentenbewegung, die sich nahezu zeitgleich in allen westlichen Ländern Ende der sechziger/Anfang der siebziger Jahre herausbildete. Sie stellte sozusagen, eine „Revolte in der Revolte" dar. Bekanntlich waren es die ganz gewöhnlichen Alltagsfragen der Kinderbetreuung, die damit einher gehende Verbreitung antiautoritärer und emanzipatorischer Erziehungsmodelle, die in eine intensive Frauenbefreiungsdiskussion einmündeten. Begleitet von einer Rezeption italienischer, französischer und amerikanischer feministischer Literatur (Firestone 1974, Brownmiller 1976; Rossanda 1980) kam es auch in Deutschland und Österreich zu einer Übernahme und Adaption von autonomen Selbsterfahrungs-, Selbsthilfe- und Bildungsprojekten. Frauen wandten sich mit provokativen Protestformen gegen das stereotype Frauenbild, das Frauen traditionelle Rollen zuschrieb, Diskriminierungen aber weithin ignorierte. Mit der Losung „Das Private ist Politisch" wurde die frauenfeindliche Sexualmoral angegriffen und vor allem die Institution Ehe als Ort patriarchaler Unterdrückung kritisiert (Firestone 1974; Delphy 1984). Die öffentliche Thematisierung von Gewalt in der Ehe, die Forderung nach Selbstbestimmung über den eigenen Körper und die Legalisierung des Schwangerschaftsabbruchs waren die Kernthemen dieser Strömung der Frauenbewegung. Mit der verstärkten Diskussion über Fragen der sexuellen Gewalt, des Missbrauchs und der Pornographie rückte der Geschlechtergegensatz zunehmend ins Zentrum des politischen Diskurses der Autonomen. Vergewaltigung, besonders im Krieg, wurde und wird als das Unterdrückungsmittel gegenüber Frauen schlechthin angesehen (Brownmiller 1976; Dworkin 1981). Im Prozess der Radikalisierung dieser Weltsicht lehnte ein nicht unerheblicher Teil der autonomen Frauen es überhaupt ab, mit männlich geprägten Institutionen zu kooperieren. Entsprechend war die Selbstausgrenzung und Selbstorganisation in nur von Frauen getragenen Selbsterfahrungs- und Selbsthilfeprojekten unübersehbarer Ausdruck des neu gewachsenen Selbstbewusstseins, das oft eine unversöhnliche Aggressivität gegenüber sogenannten „Männerorganisationen", also Parteien, Staat und Gewerkschaften zum Ausdruck brachte (Konto 1981).

Eine der Kernforderungen im ökonomischen Bereich, die etwa ab Anfang der 80 Jahre erhoben wurde, war die Forderung nach einem Hausfraueneinkommen, eine Forderung, die in vielen westlichen Ländern und auch bei der UN-Weltfrauenkonferenz in Nairobi (1985) Verbreitung fand. Die Kampagne „Lohn für Hausarbeit" wurde als Ansatz einer globalen, weltweiten Offensive zur Befreiung der Frau ausgegeben. Diese Strömung innerhalb des autonomen Feminismus fokussiert also weniger auf die sexuelle Unterdrückung als auf die ökonomische Unterdrückung der Hausfrau und daraus resultierende psychische und sexuelle Abhängigkeitsverhältnisse in der Ehe. Die *unbezahlten Dienste* der Hausfrau wurden zum Kern des Unterdrückungsverhältnisses der Frau erklärt. Mit der Bezahlung bisher gratis geleisteter Arbeiten würden einerseits die materiellen Grundlagen für eine Veränderung des Bewusstseins der Frauen geschaffen, würde andererseits das Ansehen der Hausfrauen gesellschaftlich aufgewertet.

Zentrale Mängel in der Theoriebildung der autonomen Frauenbewegung wurden von Kritikerinnen darin gesehen, dass diese Gefahr laufe, Probleme der sozialen Herrschaft und Unterdrückung, in anderen Formen (also Klasse und Ethnie) als der Patriarchalischen außer Acht zu lassen und dass sie mit der angestrebten Aufwertung der Rolle der Hausfrau dazu beitrage, die gegebene geschlechtshierarchische Arbeitsteilung zu zementieren und einer Stereotypisierung der Geschlechter Vorschub leiste (Nadig 1978).

1.3 Die sozialistisch/marxistische Strömung des Feminismus

Wie die liberale so knüpft auch die Strömung des sozialistisch/marxistischen Feminismus an frauenpolitische Bestrebungen des 19. und 20. Jahrhunderts an. Als wichtige Vorläuferin wird die internationale proletarische Frauenbewegung gesehen. Anders als die autonomen Feministinnen, die epochenübergreifend die patriarchale Unterdrückung im privaten Reproduktionsbereich und die Fragen der direkten Männergewalt zum Thema machten, steht bei den Sozialistinnen die Überlappung der Formen struktureller (staatlicher und ökonomischer) Gewalt und patriarchaler/personaler Unterdrückung im Zentrum der politischen Debatte. Allerdings geht es ihnen darum, den ökonomischen Gehalt des Sexismus, die Verfügungsgewalt von Männern über weibliches Arbeitsvermögen und physische Reproduktionskraft der Frau in den unterschiedlichen Gesellschaftsformationen und Epochen und in den je klassen-/schichtenspezifischen Formen auszuloten. Vertreterinnen des sozialistischen/marxistischen Feminismus vertreten die These, dass Frauen *im Kapitalismus* in allen Bereichen weiblicher Arbeit und weiblichen Lebens mit Strukturen und Mechanismen konfrontiert sind, in denen Kapitalinteressen mit patriarchalen Momenten untrennbar durchsetzt sind (Hartmann 1979; Eisenstein 1981; Barrett 1982 ; IMSF 1985; Hoskyns 1996; Knapp 1987).

Ein zentraler Argumentationsstrang kreist um die Denkfigur der geschlechtshierarchischen Arbeitsteilung (Beer 1984). Diese habe in allen bekannten Gesellschaftsformen existiert, aber historisch sehr unterschiedliche Muster der Ausgrenzung, Abwertung und Diskriminierung des weiblichen Geschlechts hervorgebracht, die in ihren jeweiligen sozialen und kulturellen Kontexten zu analysieren seien. Die besondere Ausprägung der geschlechtlichen Arbeitsteilung in der kapitalistischen Gesellschaft bestehe darin, dass diese an der Trennung von Produktions- und Reproduktionssphäre ansetze und damit die Voraussetzungen für die doppelte Unterdrückung von Frauen als disponibler häuslicher und außerhäuslicher Arbeitskraft geschaffen habe. Der spezifische Ausbeutungsmechanismus, dem Frauen im Kapitalismus unterliegen, bestehe nicht nur in verschiedenen Mustern der Diskriminierung und Entwertung im Bereich der Erwerbsarbeit, sondern auch in der kulturellen Zuweisung der alleinigen Verantwortlichkeit für die Familien- und Pflegearbeiten. Unentgeltliche Hausarbeit wie außerhalb der Familie verrichtete Erwerbsarbeit stehen in einem Wechselverhältnis, beide Arbeitsbereiche der Frauen sind durch doppelte (kapitalistische und patriarchale) Gewaltverhältnisse geprägt. Entsprechend betont der sozialistisch/marxistische Feminismus, dass die heute weltweit zu beobachtende Ausgrenzung des weiblichen Geschlechts aus ökonomischen, politischen und kulturellen Machtzentren nicht losgelöst von den ökonomischen Funktionsmechanismen der kapitalistischen Gesellschaft zu analysieren ist.

Aus dem Gesagten folgt, dass es dem sozialistischen Feminismus nicht nur um „mehr Frauen in der Politik" und in den ökonomischen und militärischen Entscheidungspositionen geht, sondern es geht vielmehr um eine radikale gesellschaftliche Demokratisierung und die Zurückdrängung des Profitprinzips. Anstelle einer weiteren Vermarktlichung und Kommerzialisierung der gesellschaftlichen Beziehungen und einer immer strikteren Unterwerfung aller Lebensbereiche unter das Effizienzprinzip gelte es die sozial- und wohlfahrtsstaatlichen Garantien zu erhalten oder überhaupt erst aufzubauen, die allein einen Spielraum für die Sicherung einer unabhängigen Lebensführung von Frauen gewährleisten könnten. Langfristig-strategische Ziele sind die Revolutionierung der Eigentums- und Produktionsverhältnisse, die Herstellung, Vertiefung und Sicherung der Demokratie und des Wohlfahrtsstaats, die Umgestaltung der ungerechten Wirtschaftsbeziehungen der Industrieländer zur Dritten Welt. Kurzfristige Forderungen beziehen sich weltweit auf die Sicherung der ökonomischen Unabhängigkeit der Frauen. Von daher stehen die gewerkschaftlichen Ziele der Bekämpfung der Lohndiskriminierung, der Existenz sichernden Beschäftigung, der tariflichen Aufwertung weiblicher Arbeiten und der individuellen Absicherung im Alter im Zentrum der sozialpolitischen Debatte. Politische Forderungen, die vor allem von den sozialistischen und marxistischen Süd-Frauen-Netzwerken erhoben wurden, zielen auf Empowerment, auf die Vision von Selbstermächtigung, Zugewinn an Gestaltungsmacht und Transformation der ungerechten Weltwirtschaftsordnung. Emanzipatorische Politik muss demnach institutionen- und kultursensibel sein für die unterschiedlichen historisch gewachsenen Diskriminierungspraktiken und Benachteilungsmuster, denen Frauen überall in der Welt noch unterliegen. Insofern fordert der sozialistische/marxistische Feminismus sowohl Rechtsgleichheit als auch die Anerkennung oder Berücksichtigung der besonderen benachteiligten Situation von Frauen in Recht, Politik, Ökonomie und Kultur. Die Unterrepräsentation von Frauen in politischen Entscheidungsgremien, in Parteien und Gewerkschaften wird auch von dieser Strömung des Feminismus angeprangert, weil dies als eine eklatante politische Verletzung des Gleichheitsprinzips gesehen wird. Sie steht allerdings nicht im Zentrum des politischen Diskurses wie bei der liberalen Strömung.

Ein neuerer Diskussionsstrang des sozialistischen Feminismus betont die soziokulturelle Heterogenität zwischen Frauen (vgl. Davis 1981). Dieses auch als Class-Race-Gender-Ansatz bezeichnete Konzept richtet sich gegen alle vereinheitlichenden Aussagen zu Situation und Bewusstsein der Frauen.

Der radikal-feministische Blick auf das Geschlechterverhältnis als zentrale gesellschaftliche Konfliktlinie vernachlässige – so die Kritik – häufig andere wichtige Konfliktlinien und damit auch wesentliche Differenzen zwischen Frauen. Die Annahme einer gemeinsamen Unterdrückungserfahrung aller Frauen habe einen gravierenden Verdunklungseffekt, der Anteil weißer privilegierter Frauen an sozialer Unterdrückung und Rassismus werde verschleiert (Davis 1981; Lenz 1993, S. 96). Die Debatte kreist also um die Frage, welche Gewichtung den verschiedenen Kategorien sozialer Ungleichheit (class, race, gender) beigemessen wird. Aktuelle Diskurse der sozialistischen Strömung des Feminismus beziehen sich auf Fragen der Transformation der Wohlfahrtsstaaten und der Geschlechterverhältnisse unter Bedingungen der Globalisierung und der Internationalisierung des Welthandels (Sassen 1998; Schunter-Kleemann 1998; Sauer 2003). Thematisiert werden in diesem Zusammenhang das neue Gesicht der Migration und die Ausbildung eines globalen Frauenhandels, wo die Arbeitskraft der Peripherie für das Zentrum der Weltwirtschaft ausgebeutet wird. Die weit ausgreifenden Ziele des sozialistisch/marxistischen Feminismus können nur in einem breiten internationalen Bündnis verschiedener internationaler Sozialbewegungen unter Einschluss der Gewerkschaften, der Kirchen, der Umweltbewegungen erreicht werden. Männer werden nicht prinzipiell als Gegner gesehen, sondern gesellschaftlicher Fortschritt lässt sich nur durch langfristig angelegte Kooperationen und Bündelung aller jener gesellschaftlichen Kräfte erreichen, die global gegen soziale Ungleichheiten und Diskriminierungen antreten.

Untersuchen wir nun im zweiten Hauptteil vor dieser Folie der Kernthemen der Neuen Internationalen Frauenbewegung die gesellschaftspolitische Reichweite des Gender Mainstreaming Konzeptes.

2 Uneindeutigkeiten und Unschärfen des Gender Mainstreaming Ansatzes

2.1 Unklarer Begriff

Zunächst ist zu unterstreichen, dass Gender Mainstreaming selbst keine geglückte Wortprägung darstellt. Gender Mainstreaming bringt unverkennbar eine bürokratische Perspektive auf das Geschlechterverhältnis zum Ausdruck. Von den zündenden Kampflosungen der Aufbruchszeit der Neuen Frauenbewegung, die es vermochten, wütende Frauen hinter sich zu scharen, ist Gender Mainstreaming weit entfernt. Joan Scott hat eine Entwicklung skizziert, die dazu beigetragen hat, dass der Bezug auf *Gender* heute anderes signalisiert als der Bezug auf *Feminism* (Scott 2001). Scott fragt nach dem analytischen Potential, das den beiden Begriffen heute innewohnt, und nach der politischen Positionierung, auf die sie implizit verweisen. Ihr Fazit lautet, dass der Begriff *Gender*, der zu Beginn der Frauen- und Geschlechterforschung von außerordentlichem Nutzen war, inzwischen durch seine unterschiedslose Verwendung derart bedeutungslos und nichts sagend geworden ist, dass er sein analytisches Potential ebenso verloren habe wie seine politische Sprengkraft. Wahlweise verwendet als Synonym für Sex, Frauen, Frauen und Männer oder schlicht geschlechtsspezifische Unterschiede, tauge er nicht länger als effektives Werkzeug und Ausgangspunkt der Kritik:

„(...) der Kategorie gender ist ihre einstmals radikale, akademische und politische Aktions- und Wirkungsmacht abhanden gekommen" (Scott 2001, S. 59).

Durch die Verkoppelung der Kategorie *gender* mit dem Begriff *mainstreaming* werden diese Probleme nicht aus dem Weg geräumt. Im Gegenteil, eher werden die Probleme potenziert. Denn der „mainstream"- Begriff ist in der wissenschaftlichen Diskussion schon mit einer klaren Bedeutung belegt und bezieht sich auf die herrschenden Theorien, die ihre Sichtweisen und Paradigmen gegenüber kritischen Perspektiven rücksichtslos durchsetzen. Dieser Sachverhalt macht den Gender Mainstreaming-Begriff gerade in der wissenschaftlichen Debatte so überaus missverständlich, weil mit „mainstream" gerade die Ausgrenzung kritischer Perspektiven – die doch angeblich durch Gender Mainstreaming hereingeholt werden sollen – konnotiert wird (Roloff 2001, S. 58).

2.2 Unklare Zielsetzungen

Gravierender noch sind die Unklarheiten und Unbestimmtheiten bezüglich der gesellschaftlichen Zielsetzungen von Gender Mainstreaming. Dies kommt bereits in höchst unterschiedlichen Definitionen des Gender Mainstreaming zum Ausdruck. Während die einen summarisch „die Gleichstellung von Frauen und Männern in allen Bereichen auf allen Ebenen" zum Ziel erklären, fordern die anderen lediglich den Einbezug einer „geschlechterbezogenen Sichtweise mit Blick auf die Förderung der Gleichberechtigung von Männern und Frauen" (EU-Kommission 1996; Expertenbericht des Europarats 1998), womit aber die Richtung, in die das Geschlechterverhältnis verändert werden soll, unbestimmt und unklar bleibt. In wieder anderen Definitionen wird das Vorantreiben der „Geschlechterdemokratie" oder der „Chancengleichheit" (Weg 2001, S. 4; Schmidt 2001) gefordert, wobei aber unklar bleibt, ob es nur um das Ziel einer liberalen Chancengleichheit im Sinne von gleichen Startbedingungen oder um materielle Chancengleichheit im Sinne von Verteilungsgerechtigkeit bzw. Ergebnisgleichheit geht (Forbes 1991, S. 17). Eine vierte Sichtweise sieht die „qualitative Veränderung der Lebensweisen von Frauen und Männern" und den „Machtausgleich zwischen Männern und Frauen" als Ziel (Schaeffer-Hegel 1999, S. 38).

Noch weitreichender ist schließlich eine fünfte Definition, in der durch die „Integration der Gleichstellungsperspektive die Transformation von Zielen, Strukturen und Abläufen aller Politikfelder und Handlungskontexte" erreicht werden soll (Behning 2001, S. 18).

Die unterschiedlichen Definitionen verweisen auf hoch kontroverse Geschlechterkonzepte, die jeweils zu unterschiedlichen Zielvorgaben bei der Umsetzung des Gender Mainstreaming-Konzeptes führen können. Es liegt auf der Hand, dass jede Organisation, die Gender Mainstreaming umsetzen will, sich zunächst mit den unterschiedlichen Geschlechtertheorien auseinander setzen müsste, um eine eigene klare Vorstellung zu entwickeln, welche

Ziele man eigentlich anstrebt. (vgl. dazu den Aufsatz von Regine Bendl in diesem Band). Anzunehmen ist, dass eine solche zeitintensive Auseinandersetzung in der Regel unterbleibt und eine theoretische und methodische Klarheit vorgetäuscht wird, die überhaupt nicht gegeben ist.

Entsprechend weist die Frauenpolitikerin Marianne Weg darauf hin, dass viele Feministinnen *„vor der Euphorie warnen, nun läge das ultimative Instrument vor"* (Weg 2001, S. 5). Und es stimmt ihre Warnung, dass Gender Mainstreaming eine komplexe Methode und keine inhaltlich gefüllte Vision und Zielbestimmung ist. Vielmehr ist der „amöbenhaften Charakter" des Begriffs zu unterstreichen – seine Konturen verschwinden, er ist schwer fassbar und kann mit beliebigen Inhalten gefüllt werden

In Anlehnung an Foucaults „Governementalitätsstudien" kann Gender Mainstreaming als neoliberales Dispositiv charakterisiert werden, als gemeinsames Dach für eine Vielzahl von Ideen, Hintergrundannahmen und Handlungsvorschlägen, die für jede und jeden das Richtige bereithält.[2]

---

[2] In diesem Kontext wundert es nicht, dass im Umfeld der Gender Mainstreaming-Politik überhaupt nicht mehr vom Instrument der Quote zur Herstellung einer ausgeglichenen Geschlechterrepräsentanz die Rede ist, aber viel von „Chancengleichheit" gesprochen wird. Faktisch hat sich heute in der Personalpolitik – mit wenigen Ausnahmen – wieder die (neo)liberale Ansicht durchgesetzt, dass Leistung objektiv messbar sei, so dass sich wirklich gute Frauen von selber durchsetzten (Nohr 2001, S. 9). Gegen den neoliberalen Zeitgeist handeln derzeit nur noch wenige wohlfahrtsstaatlich orientierte Regierungen. Interessant ist in diesem Zusammenhang eine Pressemeldung, dass börsennotierte Unternehmen in dem Nicht-EU-Land Norwegen künftig 40 % ihrer Sitze im Aufsichtsrat oder Verwaltungsrat mit Frauen besetzen müssen. Die rund 600 an der Börse gehandelten norwegischen Firmen haben bis Anfang September 2005 Zeit, ihre Aufsichtsräte entsprechend anzupassen. Bisher beträgt der Frauenanteil nur magere 7 Prozent. Sollten die Firmen die Quote nicht erfüllen, verlieren sie ab 2007 die Zertifizierung der Börsenaufsicht. Damit setzt der egalitäre Wohlfahrtsstaat Norwegen, der größte Akteur an der Börse ist, als erstes Land der Welt eine Quote für Aufsichtsräte durch (O.A. 2004, S. 5). Eine solche politische Klarheit bezüglich der Zielvisionen und der Richtung der gewünschten Veränderung lässt das Gender Mainstreaming-Konzept vermissen.

2.3 Expertokratischer Ansatz

Würde Gender Mainstreaming in der Organisations- und Verwaltungspraxis entsprechend den Vorgaben des Expertengremiums des Europarats (Council of Europe 1998) richtig umgesetzt, dann müsste es ein Mix von kosten- und personalintensiven Forschungs-, Management-, Trainings- und Evaluationsmethoden sein. Das Konzept setzt eine ganze Kette von analytischen, statistischen und von organisationspolitischen Verfahrensschritten voraus. Dazu gehören die Bestandsaufnahme der Ist-Situation bezüglich der Geschlechterrepräsentanz und der Ressourcenverwendung, Zieldefinition und Planung von Maßnahmen zur Geschlechtergleichstellung, Umsetzung durch (Personal)Entscheidungen und geänderte Ressourcenverteilung, Entwicklung von Instrumenten zur institutionellen Verankerung wie Leitlinien, Geschäftsordnungen und Pilotprojekte. Unerlässlich ist schließlich eine institutionalisierte Begleitforschung, die die Bewertung der Maßnahmen nach Prüfkriterien und Checklisten ermöglicht. Und insofern ist zu unterstreichen: Gender Mainstreaming ist zunächst völlig inhaltsleer, die neue Qualität des Instruments besteht in der Anwendung von analytischen und personalwirtschaftlichen Verfahren und in geschlechterbezogenen Schulungsmethoden. Kriterien zur Anwendung dieser Verfahren müssen von innen aus der jeweiligen Organisation heraus (Organisations-, Prozess- und Verfahrenswissen) und von außen (theoretisches Wissen über Frauenunterdrückung und Geschlechterverhältnisse) zusammengeführt werden. Gender Mainstreaming ist somit ein kontextabhängiges Konzept, das zunächst die Bedingungsfaktoren der Ausgrenzung und Diskriminierung von Frauen in den jeweiligen Organisationen herausfinden und dabei auch die Interessenlagen der Frauen und Männer auf den unterschiedlichen Hierarchieebenen einer Organisation oder Verwaltung berücksichtigen müsste.

In der organisationspolitischen Praxis wird anstelle eines solchen umfangreichen Instrumenteneinsatzes häufig auf die einprägsame schwedische 3-R-Methode (Tondorf 2001, S. 274) oder die erweiterte 5-R-Methode zurückgegriffen, die mit den Fragen nach Repräsentation, Ressourcen, Recht, Realität und Resultaten die unterschiedlichen Ausgangslagen von Männern und Frauen in einer Organisation erfassen und organisatorische Veränderungen einleiten will.

Der zentrale Kritikpunkt an der Verwendung dieser Instrumente ist meines Erachtens der, dass diese Methoden unterstellen, dass sich der Erfolg des Gender Mainstreaming Konzepts schon daraus ergebe, dass man in der Praxis nun diese drei oder fünf Verfahrensschritte (die 5 Rs) top down und Punkt für Punkt hintereinander zielgerichtet abarbeiten müsse (vgl. etwa Schmidt 2001, S. 58). Ausgeblendet wird in der Regel, dass in jeder Organisation und in jeder Verwaltung Machtstrukturen herrschen und deswegen jedes einzelne dieser 5 Rs: (Analyse der Repräsentation der Geschlechter, die (Neu)Verteilung der Ressourcen und die Schritte der Personalbesetzung (Recruitment), die Interpretation der Rechtsverhältnisse, die Geschlechterdisparitäten zugrundeliegen und schließlich die Beurteilung der erzielten Ergebnisse (Results) aufgrund der herrschenden komplexen Machtasymmetrien zwischen Organisationsleitung und (begleitender) frauenpolitischer Basis überaus strittig sein dürfte.

Kontrovers dürfte schon in vielen Fällen die Bewertung der Ausgangssituation sein, die als Frage der Repräsentation der Geschlechter auf den verschiedenen Hierarchiestufen einer Organisation noch vergleichsweise einfach zu erheben zu sein scheint. Denn sofort nach Fertigstellung eines Organigramms ergeben sich die folgenden zentralen Fragen:

Welche Gruppe von Benachteiligten soll zunächst im Fokus der Aufmerksamkeit der personalwirtschaftlichen Strategie stehen?

Sollte man sein Augenmerk auf förderungswürdige Frauen im mittleren oder oberen Management richten, setzt man an der Sachbearbeiterinnenebene an oder müssten zunächst die Frauen in Schreibdiensten oder im Reinigungsbereich im Zentrum der Gleichstellungsbemühungen stehen? Oder setzt man bei den Auszubildenden an? Oder müssten vielleicht, ganz anders, Männer in mittleren und oberen Führungspositionen zunächst ein Gender Training durchlaufen? Geht es nur um Verbesserung des Anteils der Frauen auf den oberen Hierarchieebenen, wo sie unterrepräsentiert sind oder geht es um die betriebliche Anerkennung und Aufwertung weiblicher Arbeitsleistungen und um eine grundsätzliche Veränderung der tariflichen oder betrieblichen Entgelt- und Zulagenpolitik?

Wer soll mit wem auf welcher Ebene gleichgestellt werden?

Dies sind überaus schwierige und kontroverse Fragen, die nicht einfach nach Schema R abzuhandeln sind, sondern die in einem konfliktreichen und mühsamen Such-, Streit- und Aushandlungsprozess der beteiligten AkteurInnen unter Bedingungen – und das ist wesentlich – der Restrukturierung und Privatisierung der Organisationen und Verwaltungen nach marktlichen und wettbewerblichen Kriterien des weltweit dominierenden Neoliberalismus entschieden werden müssen.

Organisationsspezifisches Problembewusstsein und Fachkompetenz der leitenden Personalverantwortlichen sind demnach ebenso erforderlich wie feministische Grundüberzeugungen, gesellschaftspolitische Kenntnisse und – last not least – frauenpolitische Mobilisierung, wenn die Geschlechtsspezifika von Organisationsstrukturen und politischen Entscheidungsprozessen aufgedeckt und die organisationspolitische Gleichstellung von Frauen und Männern vorangebracht werden soll.

Von verschiedenen Seiten wurde nun unterstrichen, dass Gender Mainstreaming überhaupt nur dort als Strategie der Gleichstellung genutzt werden kann, wo ein expliziter politischer Wille der Verantwortlichen gegeben ist und für diese Zwecke spezifisch ausgebildetes Personal und zusätzliche Finanzmittel zur Verfügung gestellt werden. Der zentrale Unterschied zu traditionellen frauenpolitischen Strategien ist also der, dass die Verantwortung für geschlechtergerechte Politik ausdrücklich weg von der frauenpolitisch mobilisierten Basis bzw. den Frauenbeauftragten hin zu den zumeist männlichen Personalverantwortlichen in den Organisationen und Betrieben geht.

Es dürfte auf der Hand liegen, dass sich aus personalwirtschaftlicher Sicht der Optimierung und Effektivierung des Organisationshandelns in Zeiten des verschärften Standortwettbewerbs in der Regel andere Prioritäten, Realitätsdeutungen und Bedarfsdefinitionen ergeben, als aus einer frauenpolitischen Perspektive, die die strukturellen Benachteiligung der Frauen als Klassen- und Geschlechtswesen verändern will.

Wie Barbara Stiegler eine der bundesdeutschen Protagonistinnen des Gender Mainstreaming-Konzepts, sagt, ist

„Mainstreaming (...) eine Strategie, die das Einlassen auf Institutionen und das Mitmachen innerhalb dieser Institutionen voraussetzt, eine nicht ganz unumstrittene Voraussetzung, denn die Frauenbewegung als starke politische Kraft lebte gerade von der kritischen Distanz zur etablierten Politik und ihren Institutionen. Mainstreaming passt sich also den vorgegebenen Lösungskalküls an und ist dadurch immer auch beschränkt, andererseits nutzt es die gegebenen Kalküle für die Geschlechterfrage" (Stiegler 1999, S. 22).

Dies bleibt meines Erachtens aber nicht folgenlos: Das Projektformat, in das der Gender Mainstreaming-Prozess nun häufig eingepasst wird, prägt auch diesen selbst, mit der Gefahr, dass gesellschaftskritische Visionen leicht gekappt werden und Herrschafts- und Systemkritik verloren gehen, weil die Projektarbeit in Planungs-, Überprüfungs- und Evaluierungsschemata gepresst wird. Inhaltlich führt dieses technokratische Planungs- und Durchführungsinstrumentarium zwangsläufig zu einer Politik der kleinen, überprüfbaren Schritte und unterwirft den Transformationsprozess von Organisationen oder Abteilungen dem Effizienzdogma. Auf diese Weise können (Außen) Finanzierung und Projektformat des Gender Mainstreaming als Hebel wirken, um die professionelle Anpassung und Einpassung von feministischen Initiativen an Form und Inhalt marktkonformer Organisationspolitik zu fördern (Wichterich 2001, S. 131).

2.4 Herrschafts- und Systemkritik geht verloren

Es ist sehr in Frage zu stellen, ob struktur- und machtkritische Sichtweisen, wie sie der autonome und der sozialistische Feminismus in die Geschlechterdebatte eingebracht hat, von den Vorständen und Führungsetagen der Organisationen mitgetragen werden, die nun im Gender Mainstreaming-Konzept gerade damit beauftragt sind, eine geschlechtersensible Gleichstellungspolitik top-down umzusetzen. Ein nicht unerhebliches Risiko dürfte also darin bestehen, dass sich die verantwortlichen Akteure mit vergleichsweise bescheidenen Reorganisationsansätzen und Verfahrensverbesserungen, beispielsweise der Erhöhung der Frauenrepräsentanz in den mittleren und höheren Führungsetagen zufrieden geben, während die eklatanten Diskriminierungsmuster der Frauen in den unteren Hierarchieebenen und Sackgassenberufen ausgeblendet und – zumindest aus Kostengründen – als derzeit nicht veränderbar angesehen werden. Völlig aus dem Blick fallen dürften Fragen danach, ob nicht aus der ablaufenden Umstrukturierung der Organisationen nach Wettbewerbs- und Verschlankungskriterien sich sogar neue Verdrängungsmechanismen und Ausgrenzungsrisiken für Frauen und andere Gruppen von Diskriminierten (Migranten, Ältere, Behinderte) ergeben. Pointiert gesprochen: In der Regel findet sich bei den meisten Gender Mainstreaming-BefürworterInnen ein eher harmonistisches und unkomplexes Verständnis von Organisationen und Verwaltungen wie es auch für die liberale Strömung des Feminismus charakteristisch war.

Ausgeblendet und unterbewertet wird zumeist, dass eine Organisation (Bürokratie, Verwaltung, Betrieb) immer einen Herrschaftsverband darstellt (Max Weber), in dem es immer um Machtausübung und Machterhalt geht. Dass entsprechend Bürokratien immer Verkörperungen männlicher Hegemonie darstellen, die für Männer dominanz- und identitätserhaltende Funktionen erfüllen. Wenn also davon auszugehen ist, dass Gleichstellungsprogramme unter den Bedingungen männlicher Hegemonie (Cynthia Cockburn 1993) umgesetzt werden müssen, dann liegt auf der Hand, dass mit erheblichen männlichen Widerstandsstrategien, offenen oder verdeckten Blockaden und Verweigerungen und eher selten mit breiter männlicher Unterstützung zu rechnen ist. Aktuelle Erfahrungen in der EU-Administration und in den nationalen Verwaltungen zeigen entsprechend, dass Gender Mainstreaming zwar hier und da an Nebenschauplätzen zugelassen wird, dass aber substantielle politische Entscheidungen von Gender Mainstreaming Vorgaben völlig unberührt bleiben. Entgegen dem Anspruch einer umfassenden „Integration des Gleichstellungsgedankens in alle Politikbereiche" finden wir hier und da kleine Gender Mainstreaming Vorhaben, die als Spielwiesen geduldet und sogar gehegt werden. Insofern könnte man sagen, dass Gender Mainstreaming zu einer Entpolitisierung der Gleichstellungsidee statt zu einer Gleichstellungsradikalisierung der Politik führt.

Gleichzeitig mit einer Bürokratisierung, Technokratisierung und Professionalisierung der Gleichstellungspolitik, die nun zur „Chefsache" der Leitungen wird und dem expertokratischen Einsatz von Leitfäden, Checklists und Monitoring-Protokollen über Teilnahmequoten, die häufig in eine Trivialisierung münden, verflüchtigt sich ihr politisch-emanzipatorischer Gehalt.

Wo es überhaupt gelingt, eine frauenpolitische Basis in den Gender Mainstreaming-Prozess einzubinden, dort läuft sie Gefahr, dass die Politikkonzepte und Strategien hin auf die jeweiligen Geldgeber, auf die EU-Kommission, die Europäischen Strukturfonds, die jeweiligen Regierungen oder Vorstände orientiert wird. Damit verschwimmen die Grenzen zwischen Freund und Gegner. In den Gender Mainstreaming-Projekten engagierte Frauen werden stattdessen mehr oder minder in die Wettbewerbskooperation einbezogen. Frauen, die an entscheidender Position im Gender Mainstreaming-Prozess mitgestalten wollen, laufen Gefahr selber in die Position des Managements zu rutschen, wenn es ihnen nicht gelingt, eine transparente und demokratische Kontrollposition durch eine wachsame frauenpolitische Bewegung aufzubauen.

2.5 Liberale Utopie des Aushandelns läuft Gefahr Stereotypisierungen zu verfestigen

Überaus fraglich ist das Gender Mainstreaming Konzept also einmal, weil es unterschlägt, dass man es bei der Tranformation von Organisationen immer mit Machtstrukturen und verfestigten Interessen zu tun hat und nicht nur mit Uninformiertheit und mangelnder geschlechterpolitischen Sensibilisierung der männlichen Akteure, die aber über ein schlüssiges Genderkompetenz-Training zu verbessern sei.

Daneben läuft eine Gleichstellungspolitik, die ihren Blick auf die Balance der Bedürfnisse von zwei Geschlechtsidentitäten richtet, Gefahr, die Verknüpfungen von sozialem Geschlecht zum Beispiel mit Ethnie und Klassenlage zu missachten, was zur praktischen Benachteiligung von MigrantInnen, Menschen anderer Hautfarbe und anderen Nicht-Privilegierten führen kann. Schließlich ist unübersehbar, dass Gender Mainstreaming, das sich innerhalb des Rahmens vorgegebener Institutionen etablieren will, durch eine liberale

Utopie des Aushandelns geprägt wird. Denn Politik wird hier als ein Wettbewerb in der Sphäre der Repräsentation reformuliert und durch prozedurale Regeln desantagoniert. Die Rolle des ökonomischen Systems sowie politische und soziale Antagonismen überhaupt werden ins konstitutive Außen der liberalen Ordnung verdrängt, was einer Leugnung des Politischen gleichkommt (Möbius 2001, S. 50).

Insofern ist nachdrücklich zu unterstreichen: Gender Mainstreaming ist nur e i n Konzept der Chancengleichheit, und zwar ein im neoliberalen Herrschaftszusammenhang stehendes, dem es bestenfalls um prozedurale Gerechtigkeit im Rahmen einzelner Organisationen und Verwaltungen geht und nicht um materielle Verteilungsgerechtigkeit der Gesellschaft als Ganzes. Auch von daher ist in Frage zu stellen, dass Gender Mainstreaming ein ernsthaftes Konzept der Demokratisierung der modernen Gesellschaften sein kann.

Wie die bisherigen „Erfolgsmeldungen" zeigen, ist der Ansatz eher als ein Instrument zu sehen, dass einigen wenigen Frauen den Aufstieg in Führungsetagen der Behörden, der Großbetriebe und Hochschulen erleichtert, ohne zur Demokratisierung der Gesellschaften, der Europäischen Union und der internationalen Organisationen beizutragen. Auch von daher dürfte Gender Mainstreaming eher neoliberalen Politikansätzen zuzuordnen sein, denen es um eine Einbindung von qualifizierten Frauen und um eine Entschärfung von Konfliktpotentialen geht.

Die von den sozialistischen Feministinnen erarbeitete politökonomische Denkfigur der doppelten Unterdrückung der Frauen als Klassen- und Geschlechtswesen wird verflacht zu der sozialpsychologischen These, dass Gender Mainstreaming es erlaube die Zweigeschlechtlichkeit bzw. die unterschiedlichen Bedürfnisse von Männern und Frauen in Organisationen und Verwaltungen besser zu erkennen und im Verwaltungshandeln zu berücksichtigen.

2.6 Neoliberale Horizonte des Gender Mainstreaming Ansatzes

Abschließend sollen die wesentlichen Argumente zusammengefasst werden, die Gender Mainstreaming als einen neoliberalen Politikansatz ausweisen. Gender Mainstreaming ist meines Erachtens ein exemplarisches Beispiel dafür wie eine emanzipatorische soziale Bewegung der Frauen, die auf demokratische Gesellschaftsveränderung, auf Selbstbestimmung und individuelle Autonomie gerichtet ist, in einem neoliberalen Programm aufgegriffen und herrschaftskonform reformuliert wurde (vgl dazu auch Schild 2003).[3]

In Anlehnung an Foucaults Gouvernementalitätsthese kann Gender Mainstreaming als ein zentrales Element eines neuen liberalen Regierungshandelns, als „Technologie der Selbstführung" gesehen werden, der es um die „Fabrikation von Konsens", um die Wiedererlangung von geistiger und kultureller Hegemonie angesichts sich grassierender wirtschaftlicher und sozialer Krisen in Europa zu tun ist (Foucault 2000, S. 41). Eine wichtige interpretative Neuerung, die aus dem Foucaultschen Gouvernementalitätsansatz zu übernehmen ist, ist die, dass soziale Bewegungen nicht per se und schon gar nicht dauerhaft als emanzipative Akteure erachtet werden. Soziale Bewegungen können vielmehr in die Spiele der Macht eingebunden werden und letztlich zu ihrer eigenen Verherrschaftung beitragen (Editorial Peripherie 2003, S. 405).

Unter diesem Aspekt ist es stimmig, dass Anfang der 90er Jahre, zu einem Zeitpunkt also, in dem die Maastrichter Wirtschafts- und Währungspolitik mit ihrem rücksichtslosen Umbau der Wohlfahrtssysteme und dem Einsatz von arbeitsmarktpolitischen Zwangs- und Workfare-Programmen startete, die von der EU-Kommission „geflutete" Gender Mainstreaming Politik dazu übergeht, ihre Anliegen in Kategorien der Integration, der Partizipation

---

[3] Veronika Schild macht am Beispiel des chilenischen Transitionsprozesses nach Ende der Pinochet Diktatur 1990 deutlich, wie Frauenorganisationen, die im anti-diktatorischen Kampf eine entscheidende Rolle spielten, unter den post-diktatorischen Regierungen die Grundlage für einen breiten Konsens des neoliberalen Modells bereiten. Flexibilisierte Frauenarbeit und die Selbstkonstituierung von Frauen als Kleinstunternehmerinnen sind dabei die Grundlage neoliberalen Regierens. Frauen NGOs agieren innerhalb der neoliberalen politischen Rationalität (Schild 2003, S. 481).

und Teilhabe der Frauen am Markt und am Wettbewerb zu formulieren. Angesichts der krass geschlechterhierarchisierenden Wirkungen neoliberaler Wirtschafts- und Währungspolitik, in deren Sog viele Frauen aus dem Arbeitsmarkt herauskatapultiert und viele Tätigkeitsfelder von Frauen entfallen und/oder ökonomische Abwertung erfahren, erscheint es folgerichtig, ein auf die europäischen Frauen ausgerichtetes konsensuales Projekt auf den Weg zu bringen, das dazu beitragen soll, die nun forcierten marktförmigen Modernisierungs- und Privatisierungsstrategien zu konsolidieren und abzusichern.

Der unter dem Namen Gender Mainstreaming lancierte Politikansatz behauptet nun, eine innovative Antwort auf die schleppende, zum Teil sogar rückläufige Entwicklung beim Ziel der Herstellung von Geschlechtergleichheit zu geben, dadurch dass neue mächtige Bündnispartner in Politik und Verwaltung für das Ziel der Umsetzung der Chancengleichheitspolitik gewonnen, die bisherige Frauenpolitik aus ihrer Randstellung herausgeholt und als Querschnittsaufgabe in allen Politikfeldern verbindlich gemacht wird. Wie andere Politikelemente des Neoliberalismus („Bündnis für Arbeit", dem Nachhaltigkeitsdiskurs, dem Diskurs über reproduktive Gesundheit) kann Gender Mainstreaming insofern als eine Philosophie der Hoffnung und der Erneuerung ausgewiesen werden, ihr ist durchaus eine verführerische Kraft eigen („The seductive force of neoliberalism").

Das Gender Mainstreaming Konzept lanciert – wie der liberale Feminismus – die Ideen der *individuellen* Freiheit und der ökonomischen Unabhängigkeit, des beruflichen und politischen Erfolgs auch für Frauen, es verspricht verbesserte Chancen der Teilhabe an Macht.[4] Auffallend ist, dass in

---

[4] Damit korrigiere ich die noch im Widerspruch 44 (2003) von mir ausgesprochene These, dass die Ideen der autonomen Lebensführung und Selbstbestimmung, für die Frauen hier und in der Dritten Welt, die in den 80er Jahren im Zentrum *wohlfahrtsstaatlicher Politik* standen, *aus dem Blickfeld gerückt* worden sind, weil sie hohe finanzielle Ressourcen benötigen (vgl. Schunter-Kleemann 2003, S. 30). Vielmehr ist richtig Gender Mainstreaming hält an den Denkfiguren der Selbstbestimmung und der (Wahl)freiheit rhetorisch fest und stellt sie in einen neuen Kontext, den *des Marktes* und des *Wettbewerbs*. Es ist aber nicht mehr der Wohlfahrtsstaat, der mit einer sozialstaatlichen Kompensations- und Umverteilungspolitik die Voraussetzungen für die ökonomische Unabhängigkeit der Frauen verbürgt. Letztlich werden Frauen als Unternehmerinnen ihrer Arbeitskraft selbst für eine erfolgreiche Bewältigung ihres beruflichen Alltags verantwortlich gemacht.

seiner Umsetzung in Form von Mentoring-Programmen und Genderkompetenz-Trainings durchgehend eine völlig individualisierende Perspektive vorherrscht, die aus der „Chancengleichheit" ein ganzes, meist an Frauen gerichtetes Bündel von Impulsen macht, die sie dazu befähigen sollen, von ihrer „Freiheit" vernünftigen Gebrauch zu machen. Das Streben nach Autonomie, Selbstbestimmung und Selbstverantwortung geht dabei problemlos Hand in Hand mit den Erfordernissen eines deregulierten und flexibilisierten Arbeitsmarktes, dem es obliegt, sozial verursachte Risiken nach Möglichkeit zu privatisieren (Soiland 2002, S. 145).

Unübersehbar ist, dass die Gender Mainstreaming Strategie in ihrer Umsetzung durch die Europäische Beschäftigungspolitik von Luxemburg (1997) und Lissabon (2000), wenn sie auch rhetorisch an beide Geschlechter gerichtet ist, die Aufmerksamkeit auf Fragen der Chancengleichheitspolitik lenkt, die vor allem für „wertschöpfungsstarke Frauen" Verbesserungen bringen soll. Denn vorrangig werden in den arbeitsmarktpolitischen Programmen die Berufs-, Aufstiegs- und Karriereerwartungen von hoch qualifizierten Frauen zum Thema gemacht. Auch die Förderung weiblichen Unternehmertums ist ein zentraler Aspekt des Gender Mainstreaming Diskurses, leistungsstarke und wettbewerbsorientierte Frauen werden als Teil der neuen Managementklasse/Führungselite durchaus akzeptiert, wenn sie denn vom „spirit of enterprise" durchdrungen sind.[5]

Insofern überrascht es vielleicht nicht, dass derzeit nicht wenige Aktivistinnen aus dem sozialdemokratischen, dem grünen und liberalen Spektrum, die für Frauen verbesserte Zugangsmöglichkeiten zu Entscheidungspositionen in Behörden, in der Wirtschaft und Politik anstreben, passionierte Streiterinnen für das neue Konzept sind. Da Gender Mainstreaming als Managementansatz mit Behördenautorität ausgestattet und als Modernisierungsprozess top-down umgesetzt werde, könne die Umsetzung der Chancengleich-

---

[5] Das Neue ist der Appell an Frauen als unternehmerisches Selbst statt als Selbst für andere. Das Gender Mainstreaming zielt aber auch auf die Frauen „ganz unten", die als Arbeitslose und Sozialhilfeempfängerinnen aufgerufen werden, sich beschäftigungsfähig zu machen und auf den Wettbewerb vorzubereiten. Für arme Klientinnen läuft es darauf hinaus, dass ihr Übergang von der Machtlosigkeit zu voller Bürgerschaft vom eigenen Willen zum empowerment abhängig gemacht wird (vgl. Schunter-Kleemann 2002, S. 134).

heit in hierarchisch aufgebauten Administrationen nun schneller erfolgen (Tondorf 2001, S. 276; Weg 2001).

Die Stärke von Gender Mainstreaming als Politikmethode – so wird häufig argumentiert – sei eben nicht nur die Offenheit des Ansatzes für *beide* Geschlechter (vgl. Roesgen und Schörghuber in diesem Band). Bedeutsamer seien die ökonomischen Effekte und Vorteile einer gelungenen Gender Mainstreaming Politik für Organisationen und Verwaltungen einzuschätzen. Kosten-Nutzen-Analysen zeigten nicht nur positive Wirkungen nach innen: z.b. effizienteren Personaleinsatz, effizientere Umsetzung der Unternehmens- bzw. Verwaltungsziele, bessere Nutzung der Potentiale von Mitarbeiterinnen, sondern auch nach außen: z.b. Erschließung neuer Märkte durch neue Kundinnenorientierung, Verbesserung des Image als einer modernen Verwaltung oder Erhöhung der Wettbewerbsfähigkeit (Tondorf 2001, S. 275).

Aus einer Gouvernementalits-Perspektive wäre dann auch die Uneindeutigkeit, Inkohärenz und zum Teil die Widersprüchlichkeit der Gender Mainstreaming Politiken und Praxen verstehbar. Wie für andere neoliberale Regierungs- und Selbstführungsprogramme ist für den Gender Mainstreaming Diskurs die „messiness of implementation", die Uneinheitlichkeit der Aussagen, die Artikulation von Kontroversen und Konflikten durchaus erwünscht und tolerabel (Schultz 2003, S. 457).

Literatur

Barrett, Michele (1982): Begriffsprobleme marxistisch- feministischer Analyse. In: Das Argument 132. 24 Jg. S. 174-185.
Beer, Ursula (1984): Theorien geschlechtlicher Arbeitsteilung. Frankfurt – New York.
Behning, Ute/Foden, David/Pascual, Amparro (2001): „Introduction". In: Behning/Pascual (Eds.): Gender Mainstreaming in the European Employment Strategy. Brüssel, Europe Trade Union Institute.

Berninghausen, Jutta (2003): Managing Diversity und Gender in Institutionen – Theoretischer Hintergrund und praktische Umsetzung. Handout Hochschule Bremen 2003.

Braunmühl, Claudia von (2001): Mainstream = Malestream. Der Gender-Ansatz in der Entwicklungspolitik. In: Forum Wissenschaft 2, S. 51-55.

Cockburn, Cynthia (1993): Blockierte Frauenwege – Wie Männer Gleichheit in Institutionen und Betrieben verweigern. Hamburg.

Council of Europe (1998): Gender Mainstreaming. Conceptual framework, methodology and presentation of good practices. Final Report of Activities of the Group of Specialists on Mainstreaming. Strassbourg.

Dackweiler, Regina (1995): Ausgegrenzt und eingemeindet. Die neue Frauenbewegung im Blick der Sozialwissenschaften. Münster.

Dahlerup, Drude (1986): The New Women's Movement – Feminism and Political Power in Europe and the USA.

Davis, Angela (1982): Rassismus und Sexismus. Berlin.

Delphy, Christine (1984): Close to Home: A Materialist Analysis of Women's Oppression. London.

Dingler, Johannes/Frey, Regina (2002): Von der Praxis zur Gender Theorie. Impulse postmoderner Feminismen. In: Nohr, Barbara/Veth, Silke (Hrsg): Gender Mainstreaming – Kritische Reflexionen einer neuen Strategie. Berlin, S. 141-157.

Dworkin, Andrea (1981): Pornography: Men possessing Women. London.

Editorial (2003): „Gouvernementalität". In Peripherie 92 Dezember, S. 403-405.

Eisenstein, Zillah (1979): Capitalist Patriarchy. New York.

Eisenstein, Zillah (1986): The Radical Future of Liberal Feminism. Boston.

Kommission der Europäischen Gemeinschaften (1996): Mitteilung der Kommission- „Einbindung der Chancengleichheit in sämtliche politische Konzepte und Maßnahmen der Gemeinschaft". Brüssel.

Firestone, Shulamith (1974): The Dialectic of Sex – The case for feminist revolution. New York.

Forbes, Ian (1991): Equal Opportunity: Radical, Liberal and Conservative Critiques. In: Meehan, Elizabeth/Selma Sevenhuijsen (eds.): Equality Politics and Gender. London.

Foucault, Michel (2000): Die Gouvernementalität. In: Bröckling, Ulrich/ Krasmann, Susanne/Lemke, Thomas (Hrsg.): Gouvernementalität der Gegenwart. Studien zur Ökonomisierung des Sozialen. Frankfurt a. M, S. 41-67.

Friedan, Betty (1963): The Feminine Mystique. New York. dt. Der Weiblichkeitswahn Hamburg 1993.

Gouges, Olympe de (1981/1793): Schriften. H. M Dillier u.a (Hrsg.) Frankfurt a.M.

Hartmann, Heidi (1979): The Unhappy Marriage of Marxism and Feminism. Towards a More Progressive Union. In: Capital and Class (Bulletin of the Socialist Economists) Nr. 2, S. 1-33.

Haug, Frigga (1990): Tagträume eines sozialistischen Feminismus. In: Gerhard, Ute/Jansen, Mechtild/Maihofer, Andrea u.a (Hrsg.): Gleichheit und Differenz – Frauenrechte haben (k) ein Geschlecht. Frankfurt a.M., S. 82-94.

Hernes, Helga Maria (1989): Wohlfahrtsstaat und Frauenmacht. Baden-Baden.

Hyöng, Stephan/Schwerma, Klaus (2002): Gender Mainstreaming – Möglichkeiten und Grenzen aus der Perspektive von Männern. In: Nohr, Barbara/Veth, Silke (Hrsg.): Gender Mainstreaming – Kritische Reflexionen einer neuen Strategie. Berlin, S. 56-62.

Hoskyns, Catherine (1996): Integrating Gender – Women, Law and Politics in the European Movement. London, New York.

IMSF (Hrsg.) (1989): Klasse und Geschlecht. Frankfurt.

Kanter, Rosabeth Moss (1977): Men and Women of the Corporation. New York.

Kontos, Silvia (1981): Hausarbeit, Geburtenkontrolle und Frauenautonomie. In: Gesellschaft. Beiträge zur Marxschen Theorie, Bd. 14, S. 12-29.

Krause, Ellen (2003): Einführung in die politikwissenschaftliche Geschlechterforschung. Opladen.

Lemke, Christiane (2002): Frauen-Gleichstellung in Europa. Vortrag Bundeskongreß der Frauen in der Deutschen Polizeigewerkschaft. März. Hektographiertes Manuskript, 34 S.

Lenz, Ilse (1993): Neue Nachrichten von Nirgendwo? Zu neuen Perspektiven in der Geschlechterfrage. In: Hasenjürgen, Brigtte/Preuss, Sabine (Hrsg.): Frauenarbeit – Frauenpolitik. Münster, S. 96-110.

Meulenbelt, Anja (1975): Die Politische Ökonomie der Reproduktionsarbeit. In : dies.: Aufsätze zur Frauenbefreiung, München.

Meulenbelt, Anja (1980): Feminismus und Sozialismus. Hamburg.

Meyer, Birgit (1992): Geschlechterverhältnis und politische Herrschaft. In: Frauenforschung 10.Jg. H.3, S. 3-15.

Mill, John/Harriot Taylor Mill/Helen Taylor (1976/1869): Die Hörigkeit der Frau und andere Schriften zur Frauenemanzipation. Frankfurt a. M.

Möbius, Stephan (2001): Gegen den Strom – Queer und die Dekonstruktion von Gender Mainstreaming. In: Forum Wissenschaft 2, S. 46-50.

Nadig, Maja (1978): Lohn für Hausarbeit – ein Schritt zur Befreiung der Frau ? In: Berliner Hefte 7, S. 54-61.

Mossuz- Laveau, Janine (1988): Frauen Europas – Zehn Jahre. Sonderheft der Zeitschrift Frauen Europas (Hrsg.): EG - Kommission. Brüssel , H. 27, Juni.

Niedersächsisches Ministerium für Frauen, Arbeit und Soziales (Hg.) (2000): Gender Mainstreaming. Informationen und Impulse. AutorInnen: Gertraude. Krell/Ulrich, Mückenberger/Karin, Tondorf. Hannover.

O.A. (2004): Quote in Aufsichtsräten. In: Wir Frauen, H.1/2004, S. 5.

Phillips, Anne (1995): Geschlecht und Demokratie. Hamburg.

Roloff, Christine (2001): „Gender Mainstreaming" im Kontext der Hochschulreform: Geschlechtergerechtigkeit als Reformstrategie an der Universität Dortmund. In: Zeitschrift für Frauenforschung 3, S. 58-71.

Rossanda, Rossana (1980): Einmischung. Berlin.

Rossanda, Rossana (1990): Differenz und Gleichheit-Eröffnungsvortrag. In: Gerhard, Ute u.a. (Hg.): Menschenrechte haben (k)ein Geschlecht. Frankfurt am Main.

Sassen, Saskia (1993): Überlegungen zu einer feministischen Analyse der globalen Wirtschaft. In: PROKLA 111, H.2, S. 199-216.

Sauer, Birgit (2003): „Gender makes the world go round" – Globale Restrukturierung und Geschlecht. In: Scharenberg, Albert/Schmidtke, Oliver (Hrsg.): Das Ende der Politik. Münster, S. 98-126.

Schaeffer-Hegel, Barbara (1999): Staat und Geschlecht – Von den patrilokalen Ursprüngen bis zum Mainstreaming als Instrument der Gleichstellungspolitik. In: Frauenfragen – Questions au féminin – Problemi al femminile (Bern) H. 1, S. 33-38.

Schild, Veronika (2003): Die Freiheit der Frauen und gesellschaftlicher Fortschritt. Feministinnen, der Staat und die Armen bei der Schaffung neoliberaler Gouvernementät. In: Peripherie 92, S. 481-506.

Schmidt, Verena (2001): Gender Mainstreaming als Leitbild für Geschlechtergerechtigkeit in Organisationsstrukturen. In: Zeitschrift für Frauenstudien und Geschlechterstudien 1/2, S. 45-62.

Schultz, Susanne (2003): Neoliberale Transformationen internationaler Bevölkerungspolitik. In: Peripherie 92, S. 452- 480.

Schunter-Kleemann, Susanne (1998): Globalitäre Regime, Neoliberalismus und Europäische Union. In: beiträge zur feministischen theorie und praxis 47/48, S. 47-59.

Schunter-Kleemann, Susanne (2002): Gender Mainstreaming, Work Fare und Dritte Wege des Neoliberalismus. In: Nohr, Barbara/Veth, Silke (Hrsg.): Gender Mainstreaming. Kritische Reflexionen einer neuen Strategie. Berlin, S. 125-140.

Schunter-Kleemann, Susanne (2003): Seilschaften und andere „Verstrickungen": Zur Politischen Kultur der Europäischen Union. In: Scharenberg, Alfred/Schmidtke, Oliver (Hrsg.): Das Ende der Politik. Globalisierung und der Strukturwandel des Politischen. Münster, S. 182- 207.

Schunter-Kleemann, Susanne (2003): Was ist neoliberal am Gender Mainstreaming? In: Widerspruch 44, S. 19- 34.

Scott, Joan, W. (2001): Die Zukunft von Gender. Fantasien zur Jahrtausendwende. In: Honegger, Claudia/Arni, Caroline (Hrsg.) Gender – die Tücken einer Kategorie. Beiträge zum Symposium anläßlich der Verleihung des Hans-Siegrist-Preises 1999 der Universität Bern an Joan W. Scott. Zürich, S. 39- 63.

Soiland, Tove (2002): Mit Foucault gegen Gender. In: Widerspruch 43, S. 139-151.

Stiegler, Barbara (1999): Frauen im Mainstreaming. Politische Strategien und Theorien zur Geschlechterfrage. Friedrich-Ebert-Stiftung. Bonn.

Tapper, Marion (1986): Can a Feminist be a Liberal? In: Australian Journal of Philosophy 64, S. 37-47.

Tondorf, Karin (2001): Gender Mainstreaming – verbindliches Leitprinzip für Politik und Verwaltung. In: WSI-Mitteilungen 4, S. 271-277.

Weg, Marianne (2001): Gender Mainstreaming als gleichstellungsfördernde Politikmethode. Unveröffentlichtes Manuskript Wiesbaden, 26 S.

Weinbach, Heike (2001): Über die Kunst, Begriffe zu fluten. In Forum Wissenschaft 2, S. 6-7.

Wetterer, Angelika/Saupe, Angelika (2004): „Feminist Politics" oder Gender Mainstreaming": Über getrennte Diskurse und separierende Begriffe. In: Zeitschrift für Frauenforschung und Geschlechterstudien 22. Jg. H.2/3, S. 3-8.

Wichterich, Christa (2001): From Passion to Profession? Mehr Fragen als Antworten zu Akteurinnen, Interessen und Veränderungen politischer Handlungsbedingungen der neuen internationalen Frauenbewegung. In: Zeitschrift für Frauenforschung und Geschlechterstudien 1/2, S. 128-137.

Gender Theory Goes Business –
Geschlechtertheorien als Ausgangspunkt zur Umsetzung von Gender Mainstreaming in verschiedenen Organisationskulturen

Regine Bendl

1 Ausgangspunkt und Zielsetzung

Die Diskussion um Frauenförderung, Gender Mainstreaming und Gender- und Diversitätsmanagement im Spannungsfeld von Geschlechtertheorie, Gleichstellung, und Geschlechterdemokratie auf der einen und Globalisierung sowie wirtschaftlichen Neoliberalismus auf der anderen Seite beschäftigt sich mit kritischen Fragen über deren Bedingtheiten, Ausschlüsse und Prozesse des Zusammenspiels sowie deren Hierarchisierungsmechanismen. Die Antworten auf diese Fragen hängen jedoch von der persönlichen inhaltlichen Verortung und institutionellen Einbettung der DiskutantInnen ab. Zwangsläufig scheiden sich daher auch die Geister bei der Beantwortung der zentralen Frage, inwieweit Gender Mainstreaming und/oder Gender- und Diversitätsmanagement zielführende Strategien sind, um erfolgreich den mit der Frauenförderung beschrittenen Weg zur Chancengleichheit der Geschlechter im Sinne einer gelebten Geschlechterdemokratie fortzusetzen.

In Abhängigkeit von der Präferenz für die „alte" (= "unmoderne") Frauenförderung und das „neue" (= „moderne") Gender Mainstreaming und Gender- und Diversitätsmanagement lauten die Antworten für die politische und organisationale Ebene jeweils anders: Während die einen Gender Mainstreaming als ideale Strategie wähnen, um das politische Ziel einer integrierten Geschlechterpolitik[1] zu erreichen, warnen die anderen vor dem Ende von Frauenförderung aufgrund von Gender Mainstreaming und – überspitzt formuliert – vor dem Ende der Chancengleichheitspolitik für Frauen. Sehen die einen Gender- und Diversitätsmanagement als geeignetes Konzept, um die Geschlechterfrage als gleichwertig und intersektional mit anderen Querschnittsvariablen (z. B. Alter, Herkunft, Religion, etc.) strategisch in Organisationen zu verankern, bewerten die anderen Diversitätsmanagement als Strategie, welche die zentrale Strukturkategorie Geschlecht in Organisationen wieder in den Hintergrund rückt.[2] Denn ihrer Auffassung nach zielt organisationales Diversitätsmanagement hauptsächlich auf den funktionalen Aspekt von Geschlecht zur Erhöhung der ökonomischen Wertschöpfung und weniger auf die normative Zielrichtung von diskriminierungsfreier (Geschlechter)Politik ab.

Im Zusammenhang von Gender Mainstreaming und Managing Gender and Diversity (= neudeutsch: Gender- und Diversitätsmanagement) spricht Wetterer (2003, S. 132) von einer „rhetorischen Modernisierung" und stellt die Frage, ob diese „begrifflichen und konzeptionellen Verschiebungen tatsächlich einen Paradigmenwechsel in der Gleichstellungspolitik anzeigen" oder ob es sich nicht nur um eine Modernisierung des Redens über Gleichstellungspolitik handelt und damit um eine Transformation der Geschlechterpolitik im Sinne eines Rückschritts. Mit Referenz auf feministische Theorien kommt Wetterer (2003, S. 148) zu dem Schluss, aus

„der Perspektive der Entwicklung feministischer Theorie sind Managing Diversity und Gender Mainstreaming eher ein Schritt zurück als ein Schritt nach vorne: Zweigeschlechtlich strukturierte Denk- und Deutungsmuster erleben in den beiden Konzepten eine neue Blüte.

---

[1] „Ziel von Geschlechterpolitik ist die Geschlechterdemokratie, also die Herstellung eines Zustands gleicher Chancen, Rechte und Pflichten der Geschlechter in allen gesellschaftlichen Bereichen. Nachdem Geschlechterpolitik immer Frauenpolitik war, wird das, was noch nicht erreicht wurde und so nicht mehr erreicht werden kann, mit der Strategie einer integrierten Geschlechterpolitk erreichbar" (Sauerborn 2003, S. 36).

[2] Ob im Rahmen von Gender- und Diversitätsmanagement Geschlecht willentlich oder unwillentlich als zentrales Strukturmerkmal von Gesellschaft in den Hintergrund gestellt wird, ist nicht nur theoretisch-konzeptionell zu klären, sondern auch empirisch zu untersuchen. Erste Theorie-orientierte Texte dazu siehe: Bendl/Hofmann 2004, Hanappi-Egger 2004.

Aber was Gender Mainstreaming anbelangt, so könnte es genau deshalb auf der Höhe der Zeit sein, denn das Geschlechterverhältnis als sozialer Strukturzusammenhang hat sich bislang als sehr zählebig und veränderungsresistent erwiesen. (...) *Und wir haben (sehr klar absehbar) die Transformation von Politik in Verwaltungshandeln und die Modernisierung dieses Verwaltungshandelns nach Kriterien, die aus der Ökonomie und vor allem aus der Betriebswirtschaftslehre stammen*" (kursiv gesetzt von R.B.).

Gerade dieser ökonomische Aspekt ist, wenngleich oftmals in der Diskussion vernachlässigt, einer der zentralen Punkte der EU bei der aktuellen Diskussion von Gender Mainstreaming. Die Europäische Union hat sich im Vertrag von Lissabon zum Ziel gesetzt, einer der führenden Wirtschaftsräume im globalen Wettbewerb mit den USA, den NAFTA- und ASEAN-Ländern, etc. zu werden. Für eine solche Zielpositionierung der EU und deren Umsetzung bedarf es aber der bestmöglichsten Nutzung aller Humanressourcen – und daher auch jener, die bisher aufgrund von Geschlechterdiskriminierung und männlichen Dominanzkulturen vernachlässigt wurden:

„Weniger die Argumente der Frauenbewegung als vielmehr die Erwägungen ökonomischer Effizienz bildeten den Motivationshintergrund für die Durchsetzung von GM als wesentlichem Konzept zur Geschlechtergerechtigkeit. Einen entscheidenden Aspekt bildete sicherlich die Einsicht, dass die EU es sich nicht leisten kann, durch Diskriminierungen insbesondere am Arbeitsplatz aber auch in der übrigen Gesellschaft die Qualifikationspotentiale von Frauen brach liegen zu lassen" (Schmidt 2001, S. 45).

Auch die Professionalisierungs- und Institutionalisierungswelle von Frauen- und Geschlechterforschung durch die Errichtung von Universitätsinstituten und Vereinen sowie von Lehrgängen, die sich u.a. mit Gender Mainstreaming und Gender- und Diversitätsmanagement beschäftigen[3]

---

[3] Z.B. das ‚Kompetenzfeld Gender- und Diversitätsmanagement' an der Wirtschaftsuniversität Wien, welches im Rahmen der gradualen universitären Ausbildung derzeit (Juli 2004) eine Einzelstellung unter den Universitäten des gesamten deutschen Sprachraums hat und damit einen USP (= Unique Selling Proposition) für die WU darstellt; siehe aber auch: postgradualer Zusatzstudiengang ‚Gender Kompetenz' (GeKo) an der Freien Universität Berlin (FU), post-

schließt sich auf weiter Strecke an die Argumentation der Funktionalität von Frauen- und Geschlechterfragen für den wirtschaftlichen Erfolg an (siehe z.B. Koall 2001, Bruchhagen 2003). Die Auseinandersetzung mit Geschlechterperspektiven und dahinter stehenden Theoriekonzepten ist daher aufgrund der EU-Politik nicht mehr nur aus gesellschaftspolitischen Gründen für den Bereich Politik, auf den Gender Mainstreaming in erster Linie abzielt, wichtig, sondern rückt auch aus ökonomischen Überlegungen für unternehmensstrategische Entscheidungen in Profit- und Non-Profit Organisationen in den Mittelpunkt.

Eng mit dem Gender Mainstreaming Thema verbunden, wenngleich wenig diskutiert, ist auch der Objektbereich Organisationskultur: Organisationskulturen bestimmen „was in einem Unternehmen Stellenwert hat, was als positiv oder negativ zu gelten hat, wie über die Vergangenheit und die Umwelt gedacht und was voneinander gehalten wird" (Kasper 1987, S. 5). Sie stellen eine Art gemeinsam akzeptierter Realitätsinterpretation dar, die im Austausch mit der täglichen Umwelt über das tägliche Tun entsteht und das Unternehmensgeschehen nachhaltig, aber „unsichtbar" über nicht reflektierte Selbstverständlichkeiten beeinflussen (vgl. Kasper 1987, S. 5). Im Rahmen dieses Prozesses haben Organisationskulturen einen beachtlichen Einfluss auf die Wahrnehmung von Geschlecht und daran geknüpfte organisational gelebte Geschlechterverständnisse und -verhältnisse.

Ziel dieses Beitrags ist es daher, theoretisch-konzeptionell der Frage nachzugehen, welche Geschlechterbilder vor der Folie feministischer Ansätze im Rahmen von Gender Mainstreaming[4] reproduziert werden. Darüber hinaus wird untersucht, wie Gender Mainstreaming und bestimmte Formen von Organisationskulturen zusammenspielen, um Geschlechterbilder in Organisationen zu verändern oder aber auch zu verfestigen. Für diese Zielerrei-

---

gradualer Lehrgang ‚Managing Gender & Diversity' an der VHS Ottakring (Wien), ‚Di-Version' (Frauenstudien der Universität Dortmund) und ein in Planung befindlicher postgradualer Lehrgang zum Gender- und Diversitätsmanagement an der Universität Witten/Herdecke; siehe aber auch: Austrian Society for Diversity (ASD), European Society for Diversity, International Society for Diversity.

[4] Dieser Beitrag beschränkt sich auf Gender Mainstreaming. Der Einbezug des Konzepts von Gender- und Diversitätsmanagement würde den Rahmen dieses Beitrags bei weitem überschreiten.

chung wird zunächst in Kapitel 2 der Begriff Gender Mainstreaming unter der oben erwähnten wirtschaftspolitischen EU-Perspektive eingeführt und diskutiert. Danach erfolgt in Kapitel 3 die Präsentation feministischer epistemologischer Positionen[5] (feministischer Empirismus, feministische Standpunkttheorie und feministischer Poststrukturalismus), die im Rahmen dieses Beitrags als Ausgangspunkte für eine idealtypische Implementierung von Gender Mainstreaming gelten können. Der in Kapitel 4 diskutierte Themenkreis Organisationskultur beschäftigt sich mit vier verschiedenen Formen von Organisationskulturen (Monokultur, Multikultur, Interkultur und Transkultur) und zeigt das Veränderungspotential von Gender Mainstreaming bezüglich der in diesen Kulturen vorherrschenden Geschlechterverständnissen auf. Daraus folgende Implikationen für Gender Mainstreaming und dessen Umsetzung in die Praxis schließen in Kapitel 5 diesen Beitrag ab.

Grundsätzlich sei angemerkt, dass die Ausführungen in diesem Text vor der Folie eines feministischen poststrukturalistischen Verständnisses von Geschlecht erfolgen, auch wenn gleichzeitig auf andere feministische epistemologische Ansätze Bezug genommen wird. Der feministische poststrukturalistische Ansatz geht davon aus, dass Geschlecht sprachlich konstituiert wird und die Dualität und Hierarchie der Geschlechter aufgrund der binären Struktur[6] von (westlicher) Sprache diskursiv reproduziert wird (siehe z.B. Grosz 1989, Butler 1990, Weedon 1997, Hewitson 1999).

---

[5] „Seit den 1980er Jahren etablieren sich *feminist epistemologies*, deren Vertreterinnen sich kritisch mit der angelsächsischen *analytic philosophy* auseinandersetzen. Kritisiert werden v.a. die Konzeption des Erkenntnissubjekts sowie die Postulate der Objektivität und Wertfreiheit. Die Verwendung des Plurals epistemologies ist bereits Programm; sie berücksichtigt nicht nur die Existenz verschiedener Ansätze, sondern signalisiert auch, dass der Anspruch auf einen einzigen, universell gültigen Zugang zur Wahrheit und Erkenntnis fragwürdig ist. Sandra Harding (1986; dt. 1990) etablierte die Einteilung der verschiedenen epistemologischen Strömungen in feministischen Empirismus, Standpunkttheorie und Postmodernismus" (Kroll 2002, S. 81). Für einen Überblick zu den epistemologischen Ansätzen siehe z. B. Harding 1991, Harding 1998, Calás/Smircich 1999 und Bendl 2004.

[6] Laut der binären Struktur der Sprache repräsentiert Term A den Mann bzw. die ‚Norm' und Term nicht-A die Frau bzw. das ‚Andere'. Die Frau wird also nicht als unabhängiger Term B definiert, sondern als das, was der Term A nicht ist, also Term nicht-A (vgl. Hewitson 1999).

Weiters sei festgehalten, dass die in diesem Text theoretisch-konzeptuell geführte Diskussion nicht ausreicht, um das in der Praxis von Gender Mainstreaming Prozessen stattfindende „Doing Gender"[7] abzubilden. Der vorliegende Text bietet aber einen Anknüpfungspunkt, um nachfolgend empirisch zu untersuchen, welche Geschlechterbegriffe im Rahmen von Gender Mainstreaming Prozessen in welchen Organisationskulturen verhandelt und (re)produziert werden.

2 Gender Mainstreaming und die Europäische Union

Im deutschsprachigen Raum bezieht man sich aktuell auf zwei Definitionen von Gender Mainstreaming[8]: Zum einen auf die Definition der *Europäischen*

---

[7] „Doing Gender" (Fenstermaker/West 2002) besagt, dass in einer Gesellschaft, in der Gender ein Strukturierungsmerkmal ist, niemand umhin kann, nicht selbst bei der Konstruktion von Zweigeschlechtlichkeit mitzuwirken („Positionierungsmechanismus"). Das polarisierende Bild der binären Opposition wird mittels Attribution tief in die jeweiligen Identitäten der Individuen eingraviert und läßt schließlich den originär sozialen Prozess der Existenz zweier Geschlechter als „natürlich" voraussetzungslos erscheinen.

[8] Der Terminus ‚Gender Mainstreaming' wurde bereits 1985 auf der UNO-Weltfrauenkonferenz in Nairobi unter der Perspektive entwickelt, den Mitteleinsatz von Entwicklungshilfegeldern auch Frauen zugute kommen zu lassen. Zehn Jahre später auf der UNO-Weltfrauenkonferenz in Peking wurde angedacht, Gender Mainstreaming auch in der EU einzuführen, denn die bisherigen Gleichstellungsmaßnahmen der EU brachten nicht die gewünschten Gleichstellungserfolge (vgl. auch http://www.imag-gendermainstreaming.at). Im vierten mittelfristigen Aktionsprogramm der EU zur Chancengleichheit von Frauen und Männern (1996-2000) wurde dann Gender Mainstreaming als zentraler Punkt aufgenommen. Am 21.2.1996 erfolgte die „Mitteilung der Europäischen Kommission - Einbindung der Chancengleichheit in sämtliche politische Konzepte und Maßnahmen der Gemeinschaft", und am 17.9.1997 wurde eine Entschließung des Europäischen Parlaments veröffentlicht, welche die Mitgliedsstaaten aufforderte, die Politik des Gender Mainstreaming in ihre lokale, regionale und nationale Politik aufzunehmen. In Österreich wurde erst drei Jahre nach dieser Entschließung die Einrichtung einer interministeriellen Arbeitsgruppe für Gender Mainstreaming durch den Ministerrat beschlossen (11.7.2000) und mit der Umsetzung von Gender Mainstreaming begonnen, während die Aufnahme von Gender Mainstreaming in anderen europäischen Ländern bereits früher stattfand (z.B. hat Schweden bereits 1994 den ‚Grundsatz Gender Mainstreaming' in sein Regierungshandeln aufgenommen, Finnland 1998, Deutschland 1999; siehe Döge 2002 und Hofmann/Körner/Färber/Geppert/Rösgen/Wanzek 2003, S. 13f.).

Kommission (1996), die wie folgt lautet und stark verdeutlicht, dass Chancengleichheit mit Frauen und Männern gemeinsam anhand der Analyse und Neugestaltung von Frauen- und Männerrollen bzw. deren Interaktionen erreicht werden soll:

> „Hierbei geht es darum, die Bemühungen um das Vorantreiben der Chancengleichheit nicht auf die Durchführung von Sondermaßnahmen für Frauen zu beschränken, sondern zur Verwirklichung der Gleichberechtigung ausdrücklich sämtliche allgemeinen politischen Konzepte und Maßnahmen einzuspannen, indem nämlich die etwaigen Auswirkungen auf die Situation der Frauen bzw. der Männer bereits in der Konzeptionsphase aktiv und erkennbar integriert werden ("gender perspective"). Dies setzt voraus, daß diese politischen Konzepte und Maßnahmen systematisch hinterfragt und die etwaigen Auswirkungen bei der Festlegung und Umsetzung berücksichtigt werden. (…) Die Maßnahmen zur Gleichstellung erfordern ein ehrgeiziges Konzept, das von der Anerkennung der weiblichen und der männlichen Identität sowie der Bereitschaft zu einer ausgewogenen Teilung der Verantwortung zwischen Frauen und Männern ausgehen muß. (…) Förderung der Gleichstellung ist nämlich nicht einfach der Versuch, statistische Parität zu erreichen. Da es darum geht, eine dauerhafte Weiterentwicklung der Elternrollen, der Familienstrukturen, der institutionellen Praxis, der Formen der Arbeitsorganisation und der Zeiteinteilung usw. zu fördern, betrifft die Chancengleichheit nicht allein der Frauen, die Entfaltung ihrer Persönlichkeit und ihre Selbständigkeit, sondern auch die Männer und die Gesellschaft insgesamt, für die sie ein Fortschrittsfaktor und ein Unterpfand für Demokratie und Pluralismus sein kann. (…) *Die Unterschiede zwischen den Lebensverhältnissen, den Situationen und Bedürfnissen von Frauen und Männern systematisch auf allen Politik- und Aktionsfeldern der Gemeinschaft zu berücksichtigen, das ist die Ausrichtung des « Mainstreaming »-Grundsatzes, den die Kommission verfolgt. Es geht dabei nicht nur darum, den Frauen den Zugang zu den Programmen und Finanzmitteln der Gemeinschaft zu eröffnen, sondern auch und vor allem darum, das rechtliche Instrumentarium, die Finanzmittel und die Analyse- und Mode-*

rationskapazitäten der Gemeinschaft zu mobilisieren, um auf allen Gebieten dem Bedürfnis nach Entwicklung ausgewogener Beziehungen zwischen Frauen und Männern Eingang zu verschaffen" (Auszug aus der Kommissionsmitteilung zur „Einbindung der Chancengleichheit in sämtliche politische Konzepte und Maßnahmen der Gemeinschaft" (COM(96)67 endg.) (kursiv gesetzt von R.B.).

Zum anderen wird der Gender Mainstreaming Diskussion die *Definition des ExpertInnenrats des Europarats* zugrunde gelegt, die klar aufzeigt, dass es „für Gender Mainstreaming unabdingbar ist, alle Organisationseinheiten einzuschließen und die Organisationen als Ganzes bei Veränderungprozessen im Blick zu haben" (Schmidt 2001, S. 48):

> „Gender Mainstreaming besteht in der (Re-) Organisation, Verbesserung, Entwicklung und Evaluierung der Entscheidungsprozesse mit dem Ziel, das die an politischer Gestaltung beteiligten Akteure und Akteurinnen den Blickwinkel der Gleichstellung zwischen Frauen und Männern in allen Bereichen und auf allen Ebenen einnehmen" (Council of Europe 1998, S. 11)[9].

Ziel der europäischen Gender Mainstreaming Politik ist es also, Geschlechter- und Gleichstellungspolitik aus ihrer nachgeordneten und separierten Stellung herauszuholen und als Querschnittsaufgabe in den Mainstream organisationalen Handelns („mainstreaming") in alle Politikbereiche zu integrieren. Mit anderen Worten, Gender Mainstreaming zielt darauf ab, die bestehenden traditionellen diskriminierenden Geschlechterverhältnisse in Europa durch Chancengleichheit als Querschnittsaufgabe zu verändern und durch die Aufdeckung der Geschlechtsblindheit (nicht Geschlechterneutralität![10]) politischer Praktiken die institutionellen Strukturen zugunsten einer er-

---

[9] Es handelt sich hierbei um die Übersetzung von Tondorf (2001, S. 272) aus dem französischen Original, da sie treffender ist als die Übersetzung in der deutschen und englischen Fassung des Europaratberichts.

[10] Bei der immer wieder postulierten ‚Geschlechterneutralität' von politischen Praktiken und Organisationen handelt es sich nicht um ‚geschlechtsneutrale', sondern um ‚geschlechterblinde' Praktiken bzw. Organisationen. Da Geschlecht eine strukturelle Querschnittsvariable ist, wird diese auch immer implizit mitverhandelt. Aus poststrukturalistischer Perspektive herrschen im westlichen Diskurs, wie bereits erwähnt binäre (= dichotom und hierarchisch) Geschlechterkonstruktionen vor. Wenn daher Geschlecht nicht explizit ausgewiesen ist, handelt es

höhten Geschlechtergerechtigkeit und Gleichstellung der Geschlechter zu verändern (vgl. auch Döge 2002, S. 11).

Gemäß der jüngeren Kommissionsverlautbarungen[11] ist Gender Mainstreaming eine Doppelstrategie und „ersetzt nicht die Notwendigkeit gezielter Frauenförderung, gleichstellungspolitischer Maßnahmen und entsprechender Einrichtungen" (Hofmann/Körner/Färber/Geppert/Rösgen/Wanzek 2003, S. 14.). Gender Mainstreaming stellt ausdrücklich eine Ergänzung zu spezifischen Frauenfördermaßnahmen dar, die als personenbezogene Politikstrategie zum Ausgleich andauernder und nachgewiesener struktureller Benachteiligungen gelten. Insofern ist Gender Mainstreaming die struktur- und prozessbezogene Ergänzung zur personenbezogenen Frauenförderung, da in der Definition von Gender Mainstreaming auch auf Prozesse und Entscheidungen und nicht auf Personen Bezug genommen wird. Auch die Group of Specialists on Gender Mainstreaming (1999, S. 4) des Europarats formuliert ähnlich:

„Gender Mainstreaming ersetzt nicht die (frauen)-spezifische Gleichstellungspolitik, sondern beide ergänzen sich. Es sind zwei unterschiedliche Strategien im Dienste ein- und derselben Zielsetzung, nämlich der Gleichstellung der Geschlechter, und sie müssen zumindest so lange Hand in Hand gehen, bis es in der gesamten Gesellschaft eine echte Kultur und einen tatsächlichen Konsens bezüglich der Gleichstellung der Geschlechter gibt".

In Praxi wird die Diskussion jedoch anders geführt: Einerseits ersetzen Gender Mainstreaming Maßnahmen Frauenförderprogramme in Verwaltungen und Betrieben gänzlich (siehe z.B. Kreimer/Leitner 2004) oder bestehende Frauenförderprogramme werden in das „Diversitätszelt" im Rahmen von Gender- und Diversitätsmanagement integriert (siehe Bendl/Hanappi-Egger/Hofmann 2004). Frauenförderprogramme bleiben derzeit oftmals nur in jenen Organisationen erhalten, die relativ spät in den Chancengleichheits-

---

sich daher um einen dichotomen und hierarchischen und nicht um einen ‚geschlechtsneutralen' Tatbestand. Zur Geschlechterblindheit des organisationalen Diskurses siehe auch Bendl 2004 und Hanappi-Egger 2004.

[11] Anfangs wurde die Beibehaltung der Frauenfördermaßnahmen nicht explizit erwähnt, was zu Protesten von Frauengruppen, insbesondere der Europäischen Frauenlobby führte.

diskurs eingestiegen sind (siehe z.b. Dumandzic-Lenzinger 2004, Hartweg-Weiss 2004). In jenen Organisationen, wo es bisher noch keine Beschäftigung mit dem Themenkreis Geschlecht gab, wird Gender Mainstreaming aufgrund des EU-Auftrags oftmals als Chance genützt, um Geschlechterthemen in der Organisation überhaupt besprechbar zu machen (vgl. Kreimer/ Leitner 2004).

Die Verankerung von Gender Mainstreaming im Amsterdamer Vertrag[12] in Artikel 2 und 3 macht aber auch deutlich, dass die Einführung von Gender Mainstreaming aufs Engste mit der Perspektive der Errichtung eines gemeinsamen Marktes und einer Wirtschafts- und Währungsunion verbunden ist:

„Aufgabe der Gemeinschaft ist es, durch die *Errichtung eines gemeinsamen Marktes und einer Wirtschafts- und Währungsunion* sowie die Durchführung der in den Artikeln 3 und 4 genannten gemeinsamen Politiken und Maßnahmen der ganzen Gemeinschaft eine *harmonische, ausgewogene und nachhaltige Entwicklung des Wirtschaftslebens, ein hohes Beschäftigungsniveau* und eine hohes Maß an sozialem Schutz, die Gleichstellung von Männer und Frauen, ein *beständiges, nichtinflationäres* Wachstum, einen *hohen Grad von Wettbewerbsfähigkeit und Konvergenz von Wirtschaftsleistungen*, ein hohes Maß an Umweltschutz und Verbesserung der Umweltqualität, die Hebung der Lebenshaltung und der Lebensqualität, *den wirtschaftlichen und sozialen Zusammenhalt* und *die Solidarität zwischen den Mitgliedsstaaten* zu fördern" (Artikel 2 Amsterdamer Vertrag) (kursiv gesetzt von R.B.).

„*Bei allen in diesem Artikel genannten Tätigkeiten wirkt die Gemeinschaft darauf hin*, Ungleichheiten zu beseitigen und die Gleichstellung von Männern und Frauen zu fördern" (Artikel 3 Amsterdamer Vertrag) (kursiv gesetzt von R.B.).

In diesem Kontext wird unmissverständlich die wirtschaftlich funktionale Bedeutung der Gleichstellung von Frauen und Männern im globalisierten Wettbewerb deutlich und damit einhergehend auch die zentrale Funktion von Gender Mainstreaming für die Wirtschaftspolitik der Europäischen Union.

---

[12] Siehe dazu: http://europa.eu.int/comm/employment_social/equ_opp/treaty_de.html.

Durch die Funktionalisierung von Geschlechterfragen für den wirtschaftlichen Erfolg der Europäischen Union erfährt der Begriff „Gender Kompetenz" nicht nur eine Aufwertung, was sich deutlich in den Professionalisierungs- und Institutionalisierungstendenzen von Gender-ExpertInnen (vgl. Wetterer 2003, S. 138ff.) zeigt. Mit dem Anstieg der Anzahl an geschlechterkompetenten Personen in Organisationen kann auch ein, wenn auch langsamer Transformationsprozess von geschlechterblinden/geschlechterverneinenden Organisationen zu geschlechtersensiblen/geschlechtergerechten Organisationen eingeleitet werden.[13]

Dies zieht eine Neupositionierung von ‚Genderwissen' und ‚Gender Kompetenz' nach sich: ‚Gender Kompetenz' wird infolge als Handlungskompetenz definiert und beinhaltet Sozialkompetenz, Fach- und Sachkompetenz, Personalkompetenz und Methodenkompetenz (vgl. Hofmann/Körner/Färber/Geppert/Rösgen/Wanzek 2003, S. 106). *‚Gender Wissen'* wird von Hofmann/Körner/Färber/Geppert/Rösgen/Wanzek (2003, S. 107) nunmehr als eine *Kernkompetenz* benannt, denn integrative Gleichstellungs- und Geschlechterpolitik „kann also erst dann erwartet werden, wenn die Gender-Perspektive kompetent eingenommen werden kann". Kompetent eine Gender-Perspektive einzunehmen bedeutet m.E. – nachdem (eigene) moralische Wertvorstellungen hinterfragt wurden – unabhängig bzw. abstrahiert vom eigenen Zugang Geschlechterdynamiken zu berücksichtigen, den Blick auf diskriminierungsreproduzierende Strukturen zu legen und diese zu analysieren sowie durch eine ausgewogene Wertschätzung von Heterogenität und Homogenität auf die Veränderung diskriminierender Strukturen hinzuwirken.

Trotz, oder gerade wegen, der Kontextierung von EU-Wirtschaftspolitik ist bei der Anwendung von Genderwissen und Genderkompetenz im Rahmen von Gender Mainstreaming Prozessen auf politischer Ebene auch darauf zu achten, für welche Interessen, mit welchem Ziel und mit welcher Geschlechterperspektive Gender Mainstreaming implementiert und realisiert wird. Im Folgenden werden nun theoretisch-konzeptionelle Ausgangspunkte der Geschlechterperspektiven-Diskussion im Rahmen von Gender Mainstreaming vorgestellt.

---

[13] Zum Gender-Paradigmenwechsel unter dem Beratungsaspekt siehe den Beitrag von Anne Rösgen in diesem Buch.

Regine Bendl

3 Feministische Positionen als Ausgangspunkt für Gender Mainstreaming

Um das Spannungsfeld von geschlechterdiskriminierender organisationaler Homogenität und geschlechtergerechter organisationaler Heterogenität zu analysieren und dieses im Rahmen von Gender Mainstreaming Prozessen gestalten und verändern zu können, bedarf es einer tiefer gehenden Auseinandersetzung mit Geschlechterfragen auf konzeptioneller Ebene: Zum einen bieten sich verschiedenste theoretische Ansätze an, die in diesem Beitrag unter den Bezeichnungen Gleichheitsfeminismen[14], Differenzfeminismen[15] und

---

[14] Der *liberale Feminismus* stützt sich auf den ideengeschichtlich in der Aufklärung verankerten Liberalismus, welcher auf Basis der Rationalität des menschlichen Denkens allen Individuen, also auch Frauen, Freiheit und Selbstbestimmung zuerkennt. Angewendet auf die Gleichstellung der Geschlechter am Arbeitsmarkt bedeutet dies, dass nur die gleichen Rechte und Pflichten für Frauen und Männer die Gleichbehandlung am Arbeitsplatz unter den Geschlechtern möglich macht (vgl. Kroll 2002, S. 233). Grundsätzlich wird im Gleichheitsfeminismus von keinen wesenhaften Unterschieden zwischen Frauen und Männern ausgegangen, doch die ‚Menschenzentrierung' in diesem Ansatz wird de-facto als eine ‚Männerzentrierung' entlarvt. Frauen als ‚defizitäre Wesen' würden nur ganz, wenn sie sich an diese männliche, aber als geschlechtsneutral getarnte Norm anpassen. In Bezug auf die Geschlechter steht ein duales Geschlechterbild (Mann – Frau) im Mittelpunkt, dass durch die unterschiedlichen Lebensrealitäten und gesellschaftlich unterschiedlichen Positionen, in die Frauen und Männer eingebettet sind, strukturiert wird (vgl. Hofmann 2004). Siehe dazu auch den Beitrag von Schunter-Kleemann in diesem Buch.

[15] Der Differenzfeminismus, der im Laufe der Theorieentwicklung verschiedenste Ausformungen angenommen hat (siehe dazu Hofmann 2004), geht von einem Unterschied im Wesen der Geschlechter aus, was auf eine Verknüpfung körperlicher und symbolischer Faktoren (siehe z. B. Cixous 1980, Daly 1978, Giligan 1982, Irigaray 1985, Irigaray 1993, etc.) zurückgeführt wird (‚sexuelle Geschlechterdifferenz'). In diesem Ansatz wird ein Bezug zur Weiblichkeit über die Reproduktionsfähigkeit der Frau und daher die Konstitution eines unterschiedlichen Körperempfindens zwischen Frauen und Männern hergestellt. Dies mündet in der Zuschreibung an Frauen von besonderen Fähigkeiten (z. B. einfühlsam, fürsorglich, etc.). Räume speziell für Frauen sollen es ihnen ermöglichen, diese Geschlechterdifferenz auszuleben und zu erleben. Die Kritik an diesem Ansatz zeigt sich jedoch in Form des Vorwurfs von Essentialismus, der Re-etablierung eines Geschlechterdualismus durch die ‚Natur des Weiblichen' und der Festschreibung unterschiedlicher geschlechtlich-bestimmer Wesenhaftigkeit sowie der Nichtbeachtung von Differenzen innerhalb der Geschlechter (vgl. Hofmann 2004 und den Beitrag von Schunter-Kleemann in diesem Buch).

feministische Postmodernismen[16] zusammengefasst werden und die Herstellung von Geschlecht/ern theoretisch klären. Zum anderen sind in dieser Diskussion feministische epistemologische Ansätze[17] richtungweisend (feministischer Empirismus, feministische Standpunkttheorie, feministischer Poststrukturalismus[18]), die sich der Frage der Wahrnehmung und Beschreibung

---

[16] Der *Feministische Postmodernismus* bietet eine Weiterentwicklung der früheren feministischen Positionen (also feministischer Empirismus und feministische Standpunkttheorie) an, indem er „die Frage nach dem Wesen des Weiblichen durch die nach der symbolischen Relation der Geschlechter und nach den kulturellen Strategien der Ontologisierung und Naturalisierung der Geschlechterdifferenz ersetzt" (Kroll 2002, S. 62). Dadurch konnte die prinzipielle Verschiedenheit von Mann und Frau (Differenzfeminismus) oder aber die potentielle Gleichheit zwischen Mann und Frau (Gleichheitsfeminismus), die beide Identität und Differenz herstellen, ersetzt werden. Im Mittelpunkt steht die diskursive Kreierung des Subjekts „Frau" bzw. biologischer Geschlechter und sozialer Geschlechterverhältnisse aufgrund von bestimmten historischen und gleichzeitig hierarchisierenden Diskursen. Die binäre Form von Geschlecht (Frau und Mann in einem hierarchischen Verhältnis) wird also kontextabhängig konstruiert und diskursiv als Wirklichkeit reproduziert. Erst das Einbringen eines „third term" oder „hinge" oder „differánce" (Derrida 1976) macht es möglich diese diskursiv reproduzierte Geschlechterbinarität aufzulösen. Dies bedeutet, dass es mehr Geschlechterformen als „Frau" und „Mann" gibt. Insofern zielt der Feministische Postmodernismus auf die Pluralisierung der Gesellschaft und auf ein Spiel mit mehr als zwei geschlechterbezogenen Identitäten hin. Der Körper als Ort, der Einschreibung von gesellschaftlichen Konstruktionen und Macht wird der Ort, der auch andere Formen als die Dualität der Geschlechter sichtbar machen kann (z. B. Parodie, Cross-Dressing, Trans-Gender etc.).

[17] Eine *Theorie* (griechisch *theôrein*: beobachten, betrachten, schauen) bezeichnet in den *Wissenschaften* z.B. ein *Konzept* zur Beschreibung der realen Welt. Das Wort Theorie bezeichnete ursprünglich die Betrachtung der Wahrheit durch reines *Denken*, unabhängig von ihrer *Realisierung*. Vermutlich deshalb wird der *Begriff* auch unbestimmt als *Gegenteil* von *Praxis* benutzt. Im Vergleich dazu beschäftigt sich die *Epistemologie* (v. griech.: *episteme* = Wissen, Erkenntnis + *logos* = Wissenschaft) mit der Frage, wie *Wissen, Erkenntnis* und *Wahrheit* prinzipiell zu erlangen und zu nutzen sind und welche (natürlichen) Grenzen der Erkenntnis gesetzt sind. Im Gegensatz zur *Ontologie*, die sich mit den Dingen an sich beschäftigt, betrachtet die Erkenntnistheorie die Dinge nur insofern, als sie der menschlichen Erkenntnisfähigkeit erscheinen.

[18] Der *feministische Poststrukturalismus* wird oftmals mit feministischem Postmodernismus gleichgesetzt. Tatsächlich unterscheiden sich diese beiden Ansätze inhaltlich. Zu den Unterschieden siehe Bendl 2004. In diesem Artikel erfolgt die Bezugnahme auf den feministischen Poststrukturalismus. Im Rahmen der feministischen Theorien wird auch noch der feministische Postkolonialismus angeführt, welcher die Kolonialisierung und daraus entstandene Strukturen

von Wirklichkeiten unter Bezugnahme auf die Geschlechterperspektive widmen. Als Ansatzpunkt für die Gender Mainstreaming Diskussion werden im Folgenden die feministischen Epistemologien mit Bezugnahme auf die feministischen Theorien überblicksmäßig ausgeführt.

Grundsätzlich unterscheiden sich feministischer Empirismus, feministische Standpunkttheorie und feministischer Poststrukturalismus bezüglich ihrer ontologischen Zugänge und daher auch bezüglich der ihnen zuordenbaren theoretisch-konzeptionellen Ansätze über die Konstruktion von Geschlecht – und folglich auch in ihren Perspektiven, inhaltlichen Dilemmata, der Ebene der Geschlechterpolitik, auf die sie abzielen und letztendlich in ihren Ansatzpunkten für den Objektbereich Organisation. Die Tabelle 1 veranschaulicht dies zusammenfassend.

---

de- und rekonstruiert. Abhängig von den AutorInnen wird dieser Ansatz entweder als eigener Ansatz oder als eine Richtung des feministischen Postmodernismus betrachtet. Für einen Überblick zu den epistemologischen Ansätzen siehe z. B. Harding 1991, Harding 1998, Calás/Smircich 1999 und Bendl 2004.

Tabelle 1: Feministische Epistemologien

Kriterium	Feministische Epistemologien[19]		
	Feministischer Empirismus	*Feministische Standpunkttheorie*	*Feministischer Poststrukturalismus*
Theoretisch-konzeptionelle Positionen (Vertreterinnen)	Liberale Feminismen (z.B. Beauvoir, Fridan)	Differenzfeminismen (z. B. Daly, Chodrow, Giligan, Hartsock, Irigaray, Mies, Morgan)	Postmoderne Feminismen (z.B. bell hooks, Butler, Haraway, Mohanty, Spivak)
Geschlecht	Sex: biologisch, physiologisch Gender: sozial 2-Geschlechtlichkeit	Gender sozial konstruiert 2-Geschlechtlichkeit	Sprachlich diskursiv reproduziert Mehr-Geschlechtlichkeit (Diversität der Geschlechter)
Perspektive	Gleichheit der Geschlechter	Differenz der Geschlechter	Dekonstruktion der Geschlechter
Ebene Geschlechterpolitik	Rechtliche Ebene Gleichstellung und Gleichbehandlung, Verbot von Diskriminierung	Strukturelle Ebene Geschlechterverhältnis als sozialer Strukturzusammenhang	Diskursive Ebene Kritik an polarisierenden Eigenschaftszuschreibungen und binären Geschlechterkodes
Objektbereich Organisation	Geschlecht als Variable Vergleichende Ebene	Einbettung Geschlechterfrage in andere Kontexte (Intersektionalität z.B. Klasse)	Dekonstruktion geschlechtsspezifischer organisationaler Diskurse
Kritische Reflexion	Gleichheits-dilemma Gleich-behandlung von Ungleichem baut Ungleichheit nicht ab, sondern verstärkt diese	Differenzdilemma Fortschreibung tradierter Geschlechterzuschreibungen Orientierung an Differenz reproduziert das binäre Denk- und Klassifikationsmuster	Dekonstruktionsdilemma Radikale Infrage-stellung 2-geschlechtlichen Denkens macht Aussagen über geschlechtstypische Problemlagen und Konfliktkonstellationen schwierig, Gefahr des Auseinanderfallens von Analyse- und Handlungsebene

Quelle: in Anlehnung an Calás/Smircich 1996, Wetterer 2003 und Bendl 2004

---

[19] Zu den einzelnen feministischen Epistemologien siehe, wie bereits erwähnt, z.B. Harding 1986. Die Zuordnung der genannten Autorinnen zu diesen Ansätzen ist nicht immer eindeutig möglich, denn einerseits sind die Grenzen zwischen den Ansätzen fließend. Andererseits werden Personen in den Publikationen auch unterschiedlich zugeordnet. Die obige Zuordnung erfolgt anhand der inhaltlichen Schwerpunktsetzung der jeweiligen Autorinnen.

Wie die Übersicht zeigt, arbeiten der feministische Empirismus wie auch die feministische Standpunktheorie mit der Zweigeschlechtlichkeit der Geschlechter, also mit ‚Frau' und ‚Mann'. Während der feministisch empirische Ansatz diese Zweigeschlechtlichkeit teilweise noch als biologisch physiologisch konstituiert und korrespondierende Verhaltensweisen als ‚natürlich' (von der Natur gegeben) betrachtet, definiert die feministische Standpunkttheorie Geschlecht als sozial konstruiert und korrespondierende Verhaltensweisen von Frauen und Männer als sozial geprägt. In anderen Worten, gemäß der feministischen Standpunkttheorie erlernen wir Geschlechterrollen als Frauen und Männer durch soziale Prozesse. Unser Verhalten wird daher nicht durch das biologische Geschlecht bestimmt. Grundsätzlich beziehen sich beide Ansätze auf eine extern bestehende Wirklichkeit, die entweder beschreibbar ist (Positivismus) oder durch Beschreibungen (Konstruktivismus) abgebildet werden kann.

Der feministische Poststrukturalismus hingegen lehnt das Bestehen jeder externen universalen Wirklichkeit ab und konstituiert damit eine Welt, die nicht durch bestehende beschreibbare Wirklichkeiten geprägt ist, sondern erst durch Worte und deren Relationen und darausfolgenden Beschreibungen geschaffen wird („il n'ya pas dehors texte", Derrida 1976).[20] Da Wörter und deren Relationen Wirklichkeiten schaffen, konstituieren diese auch Geschlechter und Geschlechterverhältnisse. Daher wird in diesem Ansatz Geschlecht und Geschlechterverhältnisse als sprachlich geschaffen und diskursiv reproduziert verstanden. Im Vergleich zu den beiden anderen Ansätzen sieht der feministische poststrukturalistische Ansatz Geschlecht nicht als dual, sondern er geht von mehrgeschlechtlichen Identitäten aus. Gemäß dem feministischen Poststrukturalismus hat also der herrschende Diskurs Geschlecht immer Zweigeschlechtlichkeit reproduziert und andere Geschlechterformen entweder völlig ausgeschlossen oder marginalisiert.

---

[20] Es gibt keine externe Universalität und keine transzendentalen Signifikanten von Bedeutung(en). Sprache repräsentiert eine Kette von Intertextualitäten bzw. Signifikantenketten. Sinn entsteht nicht durch Bezug (Referenz), sondern durch die Differenz der Zeichen (Signifikant/Signifikat) untereinander (siehe dazu Bendl 2004, S. 115ff.). Zum feministischen Poststrukturalismus siehe auch Weedon 1997.

Die Perspektive der Geschlechter betreffend geht der feministische Empirismus von der Gleichheit der Geschlechter aus, was mit der theoretisch-konzeptuellen Position des liberalen Feminismus korrespondiert. Frauen und Männer besitzen also grundsätzlich dasselbe Wesen und Potential, doch vor allem die Rahmenbedingungen (z.b. rechtlich, politisch, sozial) bestimmen deren Realisierungsgrad. Die feministisch-standpunkttheoretischen Zugänge (z. B. sozialistischer Feminismus, radikaler Feminismus, marxistischer Feminismus)[21] hingegen fokussieren auf die Differenz der Geschlechter bei der gesellschaftlichen Reproduktion und den daraus resultierenden unterschiedlichen sozialen Erfahrungen. Der feministische Poststrukturalismus hingegen wendet sich gegen diese zweigeschlechtliche Ordnung sowohl was ‚Frau' und ‚Mann' als auch ‚sex' und ‚gender' betrifft, setzt auf eine performative Perspektive[22] und argumentiert mit der Vielfältigkeit von Geschlechtern und Geschlechteridentitäten und plädiert für das Hereinholen bisher diskursiv ausgegrenzter Geschlechterformen.

Aus diesen unterschiedlichen epistemologischen Betrachtungsweisen ergeben sich auch unterschiedliche Ansatzpunkte für Gender Mainstreaming im engeren und für ausgleichende Geschlechterpolitik im weiteren Sinne: während der feministische Empirismus, der Geschlecht als Variable definiert, den Fokus auf die personale Ebene legt und daher ein sehr nahes Verhältnis zur der rechtlichen Ebene von Geschlechterpolitik hat (rechtliche Gleichstellung, Gleichbehandlung der Geschlechter, Verbot von Diskriminierung aufgrund des Geschlechts), nehmen feministische standpunkttheoretische Positionen die strukturelle Ebene, also das Geschlechterverhältnis als sozialen Strukturzusammenhang und damit einhergehende Diskriminierungen in den Blickwinkel. Die diskursive Ebene des poststrukturalistischen Ansatzes wiederum betrachtet geschlechterpolarisierende Eigenschaftszuschreibungen (die sich auch aufgrund der beiden ersten Ansätze ergeben) und deren hierarchische und dichotome Reproduktion.

Obwohl diese epistemologischen Ansätze grundsätzlich darauf abzielen, geschlechterbezogene Diskriminierung und Ungleichheit aufzudecken und Ansatzpunkte für Verbesserungen zu liefern, sind sie auch berechtigter Kritik

---

[21] Vgl. den Beitrag von Schunter-Kleeman in diesem Band.
[22] Zur performativen Reproduktion von Geschlecht siehe Butler 1990 und Butler 1993.

ausgesetzt (vgl. Wetterer 2003, S. 142): So ist z.B. der feministische Empirismus im Gleichheitsdilemma gefangen, denn die Gleichbehandlung von Ungleichem baut Ungleichheit nicht ab, sondern verstärkt diese. Die feministische Standpunkttheorie mit dem Blickwinkel auf die Differenz der Erfahrungen hat sich dem Differenzdilemma zu stellen, denn die Orientierung an der Differenz der Geschlechter läuft Gefahr dessen binäre Denk- und Klassifizierungsmuster zu reproduzieren. Was etwa bedeutet, dass der Fokus auf die Differenz der Geschlechter es möglich macht, tradierte duale Geschlechterzuschreibungen fortzuschreiben. Aber auch der feministische poststrukturalistische Ansatz ist Kritik ausgesetzt, denn die radikale Infragestellung zweigeschlechtlichen Denkens macht Aussagen über geschlechterbezogene Problemlagen und Konfliktkonstellationen schwierig: Wie sollen und können Mehrgeschlechtlichkeit gedacht und beschrieben sowie neue Perspektiven eröffnet werden,

- wenn über Jahrhunderte hinweg der herrschende philosophische Diskurs essentialistische Zweigeschlechtlichkeit hierarchisch postulierte und reproduzierte und
- darüber hinaus geschlechterbezogene Wirklichkeiten durch Sprachen geschaffen werden, deren Grundstruktur Hierarchie und Dichotomie ist?

Da es allgemein wenig Bewusstsein über die binäre Struktur der Sprache und daher auch wenig Erfahrung über nicht-binäres Denken bzw. Sprache gibt, ist es auch sehr schwierig Geschlechterformen jenseits dieser Struktur zu denken und zu beschreiben (Dekonstruktions- und Rekonstruktionsdilemma). Eine solche Annäherung erfordert eine profunde, über die bestehenden dualen Geschlechtergrenzen hinausgehende auf breiter Basis getragene Auseinandersetzung mit dem Geschlechterthema, vor allem jedoch eine Bereitschaft, den dominanten sozialen (Geschlechter)Diskurs in Frage zu stellen.

Grundsätzlich könnte man nun davon ausgehen, dass die Wahl des epistemologischen Zugangs im Rahmen von Gender Mainstreaming Prozessen in Organisationen eine beliebige ist und lediglich von den organisationsinternen und -externen AkteurInnen (z.B. BeraterInnen) abhängig ist. Doch tatsächlich ist die Entscheidung für eine Definition von Gender im Rahmen von Gender Mainstreaming und damit auch für den korrespondierenden epistemologischen Ansatz keine willkürliche: Der Gender Mainstreaming Diskurs stellt eine Definition von ‚gender' zur Verfügung. Demnach liegt der Schwerpunkt auf dem sozialen (‚gender') und nicht auf dem biologischen (‚sex') Geschlecht, und ‚gender' wird definiert als

„gesellschaftlich bestimmte Rollen, Rechte und Pflichten von Frauen und Männern (...). Soziale Unterschiede zwischen Frauen und Männern werden erlernt, können sich im Laufe der Zeit verändern und sowohl innerhalb als auch zwischen den Kulturen sehr unterschiedlich sein. Das soziale Geschlecht ist also nicht ein für alle Mal festgelegt, sondern veränderbar und entwicklungsfähig. Das wohl noch immer deutlichste Beispiel für die Unterscheidung von sozialem und biologischen Geschlecht ist die Tatsache, dass biologisch bedingt ausschließlich Frauen Kinder gebären, jedoch nicht von biologischen, sondern von sozialen Kriterien abhängig ist, wer die Kinder aufzieht" (Hofmann/Körner/Färber/Geppert/Rösgen/Wanzek 2003, S. 12).

Wie dieses Zitat zeigt, bezieht sich diese Definition auf eine epistemologisch standpunkttheoretische Position mit einem differenzorientierten Geschlechteransatz. Mittels Gender Mainstreaming soll Gender als veränderbar bzw. fluid weniger auf der Ebene von ‚sex' (biologisches Geschlecht), aber deutlich auf der Ebene von ‚gender' (soziales Geschlecht) in den Mainstream einfließen. Mit dieser Gender Mainstreaming Perspektive wird jedoch ein dualer Geschlechterbegriff (‚frau' und ‚mann' sowie ‚sex' und ‚gender') aufrechterhalten und fortgeschrieben[23], d.h. mit dieser Definition wird Zweigeschlechtlichkeit nicht überwunden, sondern die Strukturierung erfolgt weiterhin anhand von ‚Frauen' und ‚Männern'.

---

[23] Aus poststrukturalistischer Perspektive wird auf der Metaebene die Zweigeschlechtlichkeit erst dann aufgehoben, wenn das dichotome Verhältnis von Sex – Gender aufgelöst wird; also zumindest eine dritte Form anstatt der dualen Beziehung Sex – Gender gefunden wird. Grundsätzlich kann aber auch auf der analytischen Ebene die Dekonstruktion des binären Verhältnis von Term A (Mann) und Term nicht-A (Frau) auf neue Geschlechterformen hinweisen, die helfen dieses binäre Verhältnis der Geschlechter, aber auch von Sex – Gender aufzulösen (siehe dazu den Begriff ‚Deferral' von Derrida 1976).

Daher kann die Umsetzung von Gender Mainstreaming sehr verkürzt und überspitzt formuliert m.E. auch als die *Sichtbarmachung von Geschlechterperspektiven im funktional geschlechtsblinden malestream bei gleichzeitiger Verfestigung der dualen Geschlechterkonzeption* bezeichnet werden. Gender Mainstreaming unterliegt nicht nur der Gefahr einer (Re-) Aktivierung tradierter Zweigeschlechtlich strukturierter Denk- und Verhaltensmuster, sondern auch der der Vereigenschaftung der Differenz (vgl. Wetterer 2003, S. 143). Nicht die Verabschiedung bzw. Unterminierung von geschlechtlich binären Denk- und Handlungsmustern wird mit dieser Definition von Gender im Rahmen von Gender Mainstreaming erreicht, sondern eher ihre Verfestigung. Daher ist bei Gender Mainstreaming Prozessen darauf zu achten, dass empirisch vorgegebene Unterschiede zwischen Frauen und Männern nicht als Ausdruck der Verschiedenheit begründet in ihren ‚natürlichen' Sein interpretiert werden (Geschlecht als Variable), obwohl sie im Gender Mainstreaming als sozial produziert verstanden werden sollten.

Zusammenfassend lassen sich aus den beschriebenen epistemologischen Ansätzen für den Objektbereich Gender Mainstreaming in Organisationen folgende Ableitungen treffen:

1. Unter einer feministisch-empirischen Perspektive wird Geschlecht als Variable in Organisationen entweder aus einer natürlichen oder sozialen Perspektive betrachtet. Die zur Verwirklichung der Chancengleichheit in Organisationen abzuleitenden Gender Mainstreaming Maßnahmen setzen daher größtenteils auf der persönlichen Ebene an, wobei ein duales, teilweise auf biologistischer Argumentation basierendes Geschlechterbild reproduziert wird.
2. Die feministische Standpunkttheorie hingegen erlaubt es, den Fokus auf Strukturen zu legen und Geschlechterzuschreibungen und Geschlechterrollen aufgrund von sozialen Prozessen (auch in Kombination mit anderen Kriterien wie z. B. Klasse, Ethnie etc.) zu konstituieren. Aufgrund des differenzorientierten Ansatzes der Geschlechter besteht jedoch die Gefahr, dass bei Gender Mainstreaming Prozessen Zweigeschlechtlichkeit fortgeschrieben wird.

3. Mit der Perspektive des feministischen Poststrukturalismus wird aufgezeigt, dass Geschlecht theoretisch-konzeptionell und empirisch binär reproduziert wird. Damit werden der geschlechtsblinde einerseits und der differenzorientierte organisationale Diskurs andererseits in Frage gestellt. Aus dieser epistemologischen Perspektive würde es im Rahmen von Gender Mainstreaming nur dann möglich, die strukturelle Dualität und Hierarchie der Geschlechter aufzubrechen und Raum für mehr als zwei geschlechtliche Identitäten zu schaffen, wenn eine Re-definition des Terminus Geschlechts im Rahmen von Gender Mainstreaming stattfindet.

Im Folgenden wird nun theoretisch-konzeptuell dargestellt, wie diese Definitionen von Geschlecht im Rahmen von Gender Mainstreaming und einzelne Formen von Organisationskulturen zusammenspielen, um bestimmte Geschlechterbilder in Organisationen nachhaltig zu verändern, oder aber auch zu verfestigen.

4 Organisationskulturen, Gender und Gender Mainstreaming

Ausgangspunkt für dieses Kapitel ist die Frage, in welchen Formen von Organisationskulturen Gender Mainstreaming mit welchen Auswirkungen auf deren Geschlechterbilder zum Einsatz gebracht werden kann. Dazu werden vier Formen von Organisationskulturen (Monokultur, Multikultur, Interkultur und Transkultur[24] – vgl. May Ing 2000 und Höher 2002) eingehender disku-

---

[24] Diese Einteilung von Organisationskulturen beruht auf der neueren Diskussion des allgemeinen Kulturbegriffs. Welsch (1997) versuchte eine Re-Konzeptualisierung des Begriffs ‚Kultur' zu erarbeiten und führte den Begriff der „Transkultur" ein. Er geht dabei vom Wechsel der Einzelkultur (Monokultur), Multikultur und Interkultur zur Transkultur aus. Transkulturalität kann nicht mehr wie Monokultur, Multikultur und Interkultur durch soziale Homogenisierung, ethnische Fundierung und interkulturelle Abgrenzung sowie vertikaler und horizontaler Differenzierung charakterisiert (‚Herder'sche Kulturbegriff', Johann Gottfried Herder) werden, sondern geht von Vernetzung, Hybridisierung, Umfassendheit kultureller Veränderungen und der Auflösung der Fremd-Eigen-Differenz aus (siehe auch Welsch 2000). Weiterführende Literatur zur Transkultur und transkulturelles Lernen siehe z.B. Gross 2002, Elm 2001, Flechsig 2001, Uzarewicz 2003, Etrillard 2004, o.V. (a), o.V (b).

tiert. Wenn Organisationskulturen als sozial, verhaltenssteuernd, menschengeschaffen, allgemein akzeptiert, tradiert, erlernbar, anpassungsfähig, bewusst und unbewusst, nicht direkt fassbar sowie als Ergebnis und/oder Prozess charakterisiert werden können (vgl. Kasper 1987, Martin 2002, Alvesson 2003), dann hat die Einführung von Gender Mainstreaming auch Auswirkungen auf das jeweils vorherrschende organisationskulturelle Geschlechterverständnis. In diesem Sinne trifft Alvessons (2003, S. 182) Aussage auch ob der Einführung von Gender Mainstreaming zu:

„(…) radical changes, do, however, involve cultural re-definitions of a substantial part of experienced reality".

Im Folgenden werden zunächst die Ausprägungen von Monokultur, Multikultur, Interkultur und Transkultur näher vorgestellt, um diese später unter der Geschlechterperspektive zu diskutieren. Die folgenden Beschreibungen der einzelnen Kulturen von Höher 2002 (nach May Ing 2000) beinhalten noch keine Geschlechterperspektive:

Tabelle 2: Verschiedene Typen von Organisationskulturen und ihre Ausprägungen

Typ Organisationskultur	Ausprägungen
Monokultur	• Bezieht sich auf Denk- und Verhaltensmuster sowie auf Systeme, die davon ausgehen, dass sie die einzig richtigen und möglichen sind • Ausgangspunkte werden nicht in Frage gestellt
Multikultur	• Ist ein Tatbestand: Menschen verschiedener Herkunft leben und arbeiten im selben Raum • Dies sagt nichts über das „Wie", die Qualität des Zusammenlebens aus
Interkultur	• Bezieht sich auf die Interaktion zwischen Menschen mit verschiedenen kulturellen Hintergründen • Hauptziel ist das Überbrücken von Unterschieden bzw. das Vorbeugen von Missverständnissen auf Grund von (kulturellen) Unterschieden
Transkultur	• Entsteigt ethnischen oder anderen sog. „Grenzen" und Kategorien • Ziel ist nicht die Überbrückung von Unterschieden, sondern deren Transformation – das *gemeinsame* Schaffen von etwas Neuem

Quelle: Höher 2002, S. 59

Wie die Beschreibung zeigt, haben die unterschiedlichen Organisationskulturen ein gemeinsames, jedoch jeweils anders ausgeprägtes Spannungsfeld: das Wechselspiel von Homogenität und Heteropluralität[25] in Relation zum Wechselspiel von Anerkennung und Infragestellung des dominanten so-

---

[25] Zur Wortschöpfung ‚Heteropluralität' siehe Bendl 2004.

zialen Diskurses. Während im Rahmen der Monokultur der soziale Diskurs am wenigsten in Frage gestellt wird und Homogenität die Norm ist, sind in der Transkultur Heteropluralität und die Transformation des sozialen Diskurses aufgrund fundamentaler Infragestellung herrschender Diskurse die Norm. Abbildung 1 bietet einen Überblick über den Zusammenhang der vier Organisationskulturen und des Einsatzes von Gender Mainstreaming. Auch dabei handelt es sich um ein Wechselspiel zwischen Homogenität/Heteropluralität und die Bereitschaft zur Infragestellung des dominanten sozialen Diskurses, jedoch mit dem Referenzpunkt Geschlechterkonstruktion bzw. Geschlechterreproduktion. Die Abbildung zeigt erstens die mit den Organisationskulturen korrespondierenden Geschlechterkonzeptionen anhand des Verhältnisses der Anzahl von wahrgenommenen Geschlechtern und des Grades der Transformation von Geschlechterformen auf. Zweitens zeichnet sie den unterschiedlichen Einfluss von Gender Mainstreaming auf die vier Organisationskulturen nach. Ausgangspunkt ist die Max Weber'sche Feststellung, dass (Organisations-)Kultur nicht die Tat eines/r Einzelnen sei, sondern vieler oder gar aller und daher als ein überindividuelles, soziales Phänomen anzusehen ist (vgl. Kieser 1984, S. 28 nach Kasper 1987, S. 18).

Abbildung 1: Organisationskulturen, Geschlechterkonzeptionen und Gender Mainstreaming

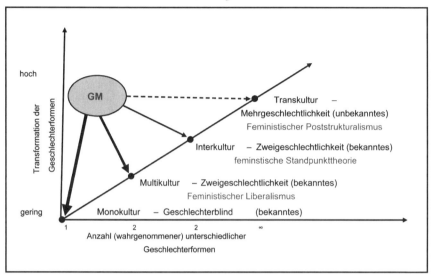

Quelle: eigene Erstellung

Legende:
→ Starker Einfluss → Geringer Einfluss
→ Mittlerer Einfluss ▶ Kein Einfluss

Was das Verhältnis von Transformation und die Anzahl der wahrgenommenen Geschlechter betrifft, ist die *Monokultur* jene der vier Organisationskulturen, welche die geringste Vielfältigkeit aufweist. Aus der Geschlechterperspektive handelt es sich dabei um Organisationskulturen, die, trotz jahrelanger Propagierung des Geschlechterthemas auf politischer Ebene, noch immer geschlechtsblind sind – geschlechtsblind nicht nur bezüglich vertikaler Diskriminierung (Aufstieg), sondern auch horizontaler Segregation (z.B. „Männerbranchen", aber auch "Frauenbranchen"). Monokulturen weisen eine hohe Homogenität auf. Vielfalt gilt als dysfunktional für das Funktionieren der Organisation, der soziale Diskurs wird nicht in Frage gestellt. Andersartigkeit gilt als Bedrohung und Gleichbehandlung heißt, alle über einen

Kamm zu scheren (vgl. Höher 2002, S. 58). Monokulturen stellen implizit vorhandene geschlechterbezogene Denk- und Verhaltensweisen nicht in Frage, weil sie in deren geschlechtsblinden Organisationsverständnis nicht vorhanden sind. Da alle Organisationsmitglieder so sein wollen, wie die dominante(n) Gruppe(n), werden die vorherrschenden geschlechtsblinden Denk- und Verhaltensmuster für die einzig richtigen und angemessenen gesehen. Geschlechterunterschiede werden also nicht wahrgenommen und daher ist die Wahrnehmung nur auf ‚kein' oder implizit auf ‚ein' Geschlecht unter der Perspektive der ‚Geschlechtsneutralität' gerichtet. Bei diesem ‚geschlechtsneutralen Geschlecht' handelt es sich meistens um das ‚männliche', und die nicht-normgebende oder dominierte Gruppe (meistens das weibliche) wird als das ‚Andere' bezeichnet, als minderwertig (re)konstruiert und im Diskurs unterdrückt oder ausgegrenzt. Daher sind Monokulturen jene, wo Gender Mainstreaming ohne Ausnahmen zum Einsatz kommen muss. Sie stellen die ersten Adressatinnen von Gender Mainstreaming dar.

Ziel von Gender Mainstreaming in solchen Monokulturen ist es, die Geschlechterblindheit für die Organisation sichtbar zu machen bzw. die implizit vorhandene binäre Geschlechterstruktur und Diskriminierung aufgrund des Geschlechts besprechbar zu machen. Sofort ein mehrgeschlechtliches diskursives Verständnis von Geschlecht einzuführen, würde diese Form von Organisation und deren Organisationsmitglieder weitaus überfordern. Erst in einem zweiten und dritten Schritt kann in ursprünglichen Monokulturen daran gedacht werden, eine mehrgeschlechtliche Perspektive einzuführen und auch einzufordern. Dabei ist jedoch zu beachten, dass Monokulturen sehr veränderungsresistent sind und daher der Wechsel der Geschlechterperspektive von z.B. Geschlechterblindheit zu diskursiver Mehrgeschlechtlichkeit mehr Zeit in Anspruch nehmen wird als in den nachfolgend beschriebenen Organisationskulturen.

Im Vergleich dazu sehen *multikulturelle Organisationskulturen*, in denen bereits Heterogenität wahrgenommen wird, Geschlecht als Einflussvariable auf die Organisationsstruktur und Organisationskultur. Bei der Anzahl der wahrgenommenen Geschlechter handelt sich um zwei, Frau und Mann. Das was ohne Hinterfragung aufgrund von Dominanz in Monokulturen gegolten hat, wird in Multikulturen durch die Sichtbarkeit und das Bewusstsein über das Vorhandensein des ‚Anderen' (Frauen, aber auch Religionszugehörigkeit, ethnische Zugehörigkeit, etc.) in Frage bzw. zur Diskussion gestellt. In multikulturellen Organisationskulturen sind Geschlechterrollen und Geschlechterbilder Thema und sie operieren bewusst damit, wenn auch nur auf der Ebene der Dualität von Geschlecht. Diese Organisationskulturen haben, wenn auch nicht immer unfreiwillig, Gender für sich entdeckt, indem sie auf der rechtlichen Ebene Diskriminierungen aufgrund des Geschlechts (und anderen Variablen) entgegenwirken. Von der theoretischen Ausrichtung her folgen diese Kulturen implizit dem Gleichheitsparadigma. Eine Transformation über die Dualität der Geschlechter hinaus findet in solchen Kulturen jedoch nicht statt. Die Beschäftigung mit Gender Mainstreaming wird in solchen Kulturen auf Interesse stoßen und zu einer noch verstärkten Beschäftigung mit Geschlechterrollen und Geschlechtsrollenstereotypen auf Basis der Dualität der Geschlechter führen, jedoch auf einer mehr sozial prozesshaften (= gender) und weniger als bisher biologischen (= sex) Ebene.

Im Rahmen von *interkulturellen Organisationskulturen* liegt der Blickwinkel ausschließlich auf Strukturen, die unterschiedliche geschlechterbezogene Perspektiven prägen. Das Ziel ist die Verbesserung des wechselseitigen Verständnisses durch Diskussion und Überbrücken von geschlechtlichen strukturell bedingten Unterschieden und daraus resultierenden Missverständnissen und Misstrauen. Sogar die Bereitschaft der Infragestellung des dominanten sozialen Diskurses liegt hier bereits vor. Grundsätzlich haben interkulturelle Organisationskulturen bereits das Verständnis, dass Geschlechter und Geschlechterstereotypen sozial konstruiert werden und dass die Geschlechterperspektive in der Organisation einen permanenten kommunikativen Prozess des Lernens und aufeinander Abstimmens erfordert. ‚Gender' und nicht ‚sex' steht im Mittelpunkt und wird innerhalb dieser Organisationskultur immer wieder unter Bezugnahme auf nichtgeschlechterdiskriminierende Strukturen verhandelt. Interkulturelle Organisationskulturen zielen auf denselben Geschlechterbegriff wie Gender Mainstreaming ab. Daher wird die Beschäftigung mit Gender Mainstreaming in interkulturellen Organisationskulturen sicherlich nicht mit denselben einschneidenden Veränderungen wie in Mono- und Multikulturen aufwarten können. Was aber nicht bedeutet, dass in solchen Kulturen durch Gender

Mainstreaming und einem professionell geleiteten Veränderungsprozess nicht noch Verbesserungen bezüglich der wahrgenommenen Geschlechterperspektiven in Gang gebracht werden können. Geschlechterorientiertes Lernen im Rahmen von Gender Mainstreaming hat in dieser Form von Organisationskultur den Sinn, mehr als *eine* strukturbedingte binäre Geschlechterperspektive verfügbar zu machen und diese zu integrieren. Dies bedeutet aber gleichzeitig auch, durch die Infragestellung des dominanten sozialen Diskurses die Transformation der Geschlechterformen in Richtung Transkultur voranzutreiben.

Wie Abbildung 1 zeigt, ist in *Transkulturen* nicht die Überbrückung von Geschlechterunterschieden (egal ob biologisch oder sozial bedingt) wie in den anderen Organisationskulturen das Ziel, sondern deren Transformation: das gemeinsame Schaffen und Leben von neuen Geschlechterperspektiven abseits der dichotomen hierarchischen Ordnung steht im Mittelpunkt. Die Identifikation mit einer geschlechterbinär-orientierten Organisationskultur, auf die Gender Mainstreaming noch abzielt, gelingt nicht mehr, denn Zweigeschlechtlichkeit wurde bereits überwunden. Im Mittelpunkt stehen bereits geschlechtlich-kulturelle Identitäten, welche verschiedenste Geschlechterformen integrieren.

Aus theoretisch-konzeptioneller Sicht dient einer solchen Organisationskultur, die den dominanten sozialen Diskurs von den genannten Organisationskulturen am meisten in Frage stellt, Gender Mainstreaming mit dem in der Differenz begründeten Gender-Begriff nicht mehr. Wenn man von der definitorischen Ausgangslage von Gender Mainstreaming ausgeht, trägt es in solchen Organisationskulturen nicht mehr zur Weiterentwicklung der Geschlechterfrage bei und damit auch nicht zur Schaffung von Strukturen, die über die Dualität der Geschlechter hinausgehen. Der standpunkt- und differenzorientierte Begriff, den Gender Mainstreaming grundsätzlich einführt hilft der transkulturellen Organisation nicht bei performativen Akten der Zusammenführung von ‚sex' und ‚gender', um neue Formen von Geschlechteridentitäten zu leben. Im Grunde hat aus theoretisch-konzeptioneller Perspektive die Einführung von Gender Mainstreaming mit dem dualen Geschlechterbegriff von Frau und Mann in transkulturellen Organisationen eine rückläufige Wirkung, sofern die OrganisationsteilnehmerInnen nicht von selbst

Gender Theory Goes Business – Geschlechtertheorien als Ausgangspunkt zur Umsetzung von Gender Mainstreaming in verschiedenen Organisationskulturen

eine solche Definition von Geschlecht ablehnen. Diese transkulturellen Organisationen haben bereits neues Terrain in der Geschlechterreproduktion und in den Geschlechterbeziehungen betreten und steuern durch Auflösen von Dichotomie und Hierarchie auf die Transformation traditioneller Binaritäten von Geschlechterperspektiven hin. Was das Verhältnis der Anzahl der wahrgenommenen Geschlechter und die Transformation der Geschlechterformen betrifft, können diese transkulturellen Organisationen nicht nur als Vorbilder dienen, sondern stellen auch eine Herausforderung für mono-, multi- und interkulturelle Organisation dar – und für manche Organisationsmitglieder dieser drei Organisationskulturen sogar eine Provokation.

Wie diese vier dargestellten Organisationskulturen zeigen, sind die mit der Einführung von Gender Mainstreaming verbundenen Veränderungsprozesse immer von der bestehenden Organisationskultur abhängig. Daher sind Erfolgsprognosen über Gender Mainstreaming und ex-ante Statements über Veränderungen von Organisationskulturen durch Gender Mainstreaming sehr mit Unsicherheit behaftet. Was aber sicher ist, wie theoretisch-konzeptionell gezeigt werden konnte, ist die Tatsache, dass ohne eine fundierte theoretisch-konzeptuelle Auseinandersetzung mit dem Begriff ‚Geschlecht/er' (‚sex ohne gender', ‚gender statt sex', weder ‚sex noch gender') Gender Mainstreaming Prozesse zu einer sehr laien- und laiinnenhaften Beschäftigung in Organisationen werden. Denn es besteht die große Gefahr eine duale, wenn nicht sogar eine hierarchische Positionierung der Geschlechter fortzuschreiben (egal ob willentlich oder unwillentlich). Dies endet dann – wenn keine Kurskorrekturen vorgenommen werden – in der weiteren Reproduktion von bestehenden binären Geschlechterstereotypen und daraus resultierenden Geschlechterverhältnissen anstatt in deren Hinterfragung und Auflösung.

5 Implikationen für Gender Mainstreaming in Theorie und Praxis

Ziel dieses Beitrags war es, der Frage nachzugehen, welche Geschlechterbilder im Rahmen von Gender Mainstreaming reproduziert werden und zu untersuchen wie Gender Mainstreaming und bestimmte Formen von Organisationskulturen zusammenspielen. Wie die obigen Ausführungen zeigen, besteht die Gefahr, dass mit Gender Mainstreaming Zweigeschlechtlichkeit reproduziert wird, unabhängig davon, um welche der oben beschriebenen Organisationskulturen es sich handelt. Denn die im Rahmen von Gender Mainstreaming vorgenommene definitorische Trennung von Sex (= biologisches Geschlecht) und Gender (= soziales Geschlecht) löst die Geschlechterdualität nicht auf, sondern reproduziert diese. Aus definitorischer und konzeptionell-theoretischer Sicht hat daher Gender Mainstreaming *nicht* das Potential, positiv zur Entwicklung einer nicht-hierarchie- und nicht-dualitätsorientierten Geschlechterdemokratie beitzutragen.

Zu verhindern wäre diese Reproduktion von Zweigeschlechtlichkeit nur, wenn im Rahmen von Gender Mainstreaming eine neue Begriffsdefinition von Geschlecht eingeführt würde – also eine, die nicht mehr zwischen ‚sex' und ‚gender' trennt, sondern die vielfältige Geschlechterperspektiven zulässt und die bereits vorhandenen, jedoch ausgegrenzten, in den Diskurs integriert. Denn das ‚sex/gender'-Konzept – auf dualistisch angelegten Universalkategorien beruhend – reproduziert die Festlegung und eine damit verbundene ‚weibliche' und ‚männliche' Identität und produziert Ausschlüsse und Unspezifitäten von nicht eindeutig diesem Konzept zuordenbaren Geschlechterformen und -normen (vgl. Hofmann 2004).

Betrachtet man hingegen Geschlechter als ‚fortlaufendes accomplishment', das in alle Alltagssituationen eingeschrieben ist, so hat auch jede Person Anteil an der Herstellung der existierenden Geschlechterverhältnisse an deren symbolischen, interaktiven, strukturellen und mentalen Re-produktion und vor dem Hintergrund dieses Wissen auch die Möglichkeit zu alternativem Handeln (vgl. Hofmann 2004, S. 166). Dabei soll jedoch nicht unberücksichtigt bleiben, dass Doing Gender (Fenstermaker/West 2002) sowie Gender Mainstreaming auch von Machtverhältnissen innerhalb der Organisationen, der Parteien und deren Geschlechterpolitik sowie deren historisch-kulturellen Kontext abhängen. Aus aktueller politischer österreichischer Sicht (ÖVP/FPÖ Regierung seit Februar 2000) würde das bedeuten, dass im Rahmen von Gender Mainstreaming die Reproduktion eines differenzorientierten Geschlechterbegriffs, bei dem gelegentlich sogar noch auf biologische Geschlechterstereotypen zurückgriffen werden kann, durchaus erwünscht ist. Um solchen Tendenzen entgegenzuwirken ist es wichtig, bei allen Beteiligten und allen Entscheidungen und auf allen Ebenen individuell zu klären, auf welche Geschlechterpositionen bei Gender Mainstreaming abgezielt wird und welche Ergebnisse mit den vorherrschenden Sichtweisen erzielt werden können. Denn

„Gender Mainstreaming" ist ein Methodenset und Erhebungsinstrument und daher weder gut noch böse. Um es sinnvoll anwenden zu können ist die Repositionierung des Begriffs „gender" in seinen feministisch-epistemologischen Entstehungskontext die Voraussetzung. Erst dann ist die sinnvolle Anwendung von Projekten und Initiativen „bottom up" and „top-down" möglich" (Kubes-Hofmann 2002, S. 26).

Literatur

Alvesson, Mats (2003): Understanding Organizational Culture. Sage Publications, London-Thousand Oaks-New Delhi. 2nd print.

Beauvoir, Simone de (1968): Das andere Geschlecht. Reinbek bei Hamburg (franz. Original 1947).

Bendl, Regine (2004): Gendermanagement und Gender- und Diversitätsmanagement - ein Vergleich der verschiedenen Ansätze. In: Bendl, Regine/Hanappi-Egger, Edeltraud/Hofmann, Roswitha (Hrsg.): Interdisziplinäres Gender- und Diversitätsmanagement: Einführung in Theorie und Praxis. Wien, S. 43-72.

Bendl, Regine (2004): Revisiting Organization Theory - the Integration and Deconstruction of Gender, and the Transformation of Organizational Discourse. Approbierte Habilitationsschrift an der Wirtschaftsuniversität Wien, Wien.

Bendl, Regine/Hanappi-Egger, Edeltraud/Hofmann, Roswitha (2004): Spezielle Methoden der Organisationsstudien. In: Bendl, Regine/Hanappi-Egger, Edeltraud/Hofmann, Roswitha (Hrsg.): Interdisziplinäres Gender- und Diversitätsmanagement: Einführung in Theorie und Praxis. Wien, S. 73-101.

Bendl, Regine/Hanappi-Egger, Edeltraud/Hofmann, Roswitha (2004, Hrsg.): Interdisziplinäres Gender- und Diversitätsmanagement: Einführung in Theorie und Praxis. Wien.
Bendl, Regine/Hofmann, Roswitha (2004): 'MGD.GenderBias.com' – Verbleib und Verortung der Gender Dimension im MGD aus feministischer Perspektive. Vortrag im Rahmen der Tagung 'DiVersion. Managing Gender and Diversity', 26.-27.3.2004, Iserlohn/Deutschland.
Bruchhagen, Verena (2003): Synopse Gender Mainstreaming und Managing Gender & Diversity im Vergleich. Tagungsunterlagen der Tagung „Managing Gender and Diversity. März, Wien.
Butler, Judith (1990): Gender Trouble: Feminism and the Subversion of Identity. New York.
Butler, Judith (1993): Bodies That Matter: On the Discursive Limits of Sex. New York-London.
Calás, Marta/Smircich, Linda (1999): From „The Women's Point of View: Feminist Approaches to Organization Studies. In: Clegg, Stewart/Hardy, Cynthia (Eds.): Studying Organizations. Theory and Method. London, S. 212-251.
Cixous, Hélène (1980): Weiblichkeit in der Schrift. Berlin.
Daly, Mary (1978): Gyn/Ecology: The Metaethics of Radical Feminism. Boston.
Derrida, Jacques (1976): Of Grammatology. Baltimore.
Döge, Peter (2002): Gender Mainstreaming als Modernisierung von Organisationen. Ein Leitfaden für Frauen und Männer. Schriften des Instituts für anwendungsorientierte Innovations- und Zukunftsforschung: Band 2. Berlin.
Dumandzic-Lenzinger, Sabine (2004): Ein Erfahrungsbericht der Herold Business Data GmbH. In: Eckardstein, Dudo (Hrsg.): Demografische Veränderungen – Herausforderungen für das Personalmanagement. 17. Personalwirtschaftliches Praxiskolloquium. Abteilung für Personalmanagement an der Wirtschaftsuniversität Wien. Wien, o. S.
Elm, Ralf (2001): Notwendigkeit, Aufgaben und Ansätze einer interkulturellen Philosophie. Grundbedingungen eines Dialogs der Kulturen. Discus-

sion Paper C 88/2001. Zentrum für Europäische Integrationsforschung. Rheinische Friedrich Wilhelms-Universität Bonn.

Etrillard, Stéphane (2004): Wie funktioniert transkulturelle Kommunikation? Gastbeitrag in Business Wissen. (http://www.business-wissen.de/de aktuell/akt11030.html, Abfrage am 14.1.2005, 12.50 Uhr MEZ).

Fenstermaker, Sarah/West, Candace (2002): Doing Gender, Doing Difference. New York-London.

Flechsig, Karl-Heinz (2001): Auf dem Weg zur interkulturellen Gesellschaft. Konzepte zur interkulturellen Arbeit. In: Petra-Kelly-Stiftung (Hrsg.): Auf dem Weg zur „interkulturellen" Gesellschaft. Tranings und Konzepte zur interkulturellen Arbeit. Tagungsdokumentation. Tagung am 30. November in Nürnberg, o. S.

Giligan, Carol (1982): In a Different Voice: Psychological Theory and Women's Development. Cambridge.

Gross, Torsten (2002): Crossculture oder was kommt nach Multikulti? In: Informationsdienst Sozialkultur Nr 47 -1/2002 (http://soziokultur.de/ seiten/infodienst47/thema.htm, Abfrage am 14.1.2005, 13.11. Uhr MEZ)

Grosz, Elizabeth (1989): Sexual Subversions. Allen and Unwin, Sidney.

Group of Specialists on Gender Mainstreaming (1999): Gender Mainstreaming. Conceptual Framework, methodology, and presentation of good practices. Finals Report of Acitivities of the Group of Specialists on … . In: Hanappi-Egger, Edeltraud (2004): Berufungsvortrag Wirtschaftsuniversität Wien: Gender und Diversität im organisationalen Kontext: Unterschied oder Synonym. 17.8.2004, Wien.

Hanappi-Egger, Edeltraud (2004): Einführung in die Organisationstheorien unter besonderer Berücksichtigung von Gender- und Diversitätsaspekten. In: Bendl, Regine/Hanappi-Egger, Edeltraud/Hofmann, Roswitha (Hrsg.): Interdisziplinäres Gender- und Diversitätsmanagement: Einführung in Theorie und Praxis. Wien, S. 21-42.

Harding, Sandra (1991): Whose Science? Whose Knowledge. Thinking from Women's Lives. Milton Keynes.

Harding, Sandra (1998): Is Science Multicultural. Postcolonialisms, Feminisms and Epistemologies. Bloomington.

Hartweg-Weiss, Regina (2004): Was Unternehmen zur besseren Vereinbarkeit von Beruf und Familie tun können: Das Programm Audit Familie und Beruf des BMSG. In: Eckardstein, Dudo (Hrsg.): Demografische Veränderungen – Herausforderungen für das Personalmanagement. 17. Personalwirtschaftliches Praxiskolloquium. Abteilung für Personalmanagement an der Wirtschaftsuniversität Wien. Wien, o. S.

Herder, Johann Gottfried: Idee in zur Philosophie der Geschichte der Menschheit. Hrsg. von Martin Bollacher, Frankfurt am Main.

Hewitson, Gilian (1999): Feminist Economics. Interrogating the Masculinity of Rational Economic Man. Cheltenham-Northhampton.

Hofmann, Isolde/Körner, Kristin/Färber, Christine/Geppert, Jochen/Rösgen, Anne/Wanzek, Ute (2003): Gender Mainstreaming in Sachsen-Anhalt: Konzepte und Erfahrungen. Opladen.

Hofmann, Roswitha (2004): Grundlagen der Gender- und Diversitätstheorien. In: Bendl, Regine/Hanappi-Egger, Edeltraud/Hofmann, Roswitha (Hrsg.): Interdisziplinäres Gender- und Diversitätsmanagement: Einführung in Theorie und Praxis. Wien, S. 159-180.

Höher, Frederike (2002): Diversity-Training. Perspektiven – Anschlüsse – Umsetzungen. In: Koall, Iris/Bruchhagen, Verena/Höher, Friederike (Hrsg.): Vielfalt statt Lei(d)tkultur. Münster, S. 53-98.

http://www.imag-gendermainstreaming.at/cms/imag/attachments/-2/0/3/CH0134/CMS1060682063626/mrvt1.pdf (Abfrage am 16.2.2005, um 14.50 Uhr MEZ).

Irigaray, Luce (1985): The Sex which is not one. Ithaca.

Irigaray, Luce (1993): An Ethics of Sexual Difference. Ithaca.

Kasper, Helmut (1987): Organisationskultur. Über den Stand der Forschung. Wien.

Kieser, Alfred (1984): Welchen Einfluß hat die Kultur auf Organisation und Führung. In: Pullig, Karl-Klaus/Schäkel, Uwe/Scholz, Jürgen (Hrsg.): Erfolgskonzepte der Führung. Fallstudien aus Deutschland, Japan und den US. Hamburg, S. 25-51.

Koall, Iris (2001): Managing Gender & Diversity. Von der Homogenität zur Heterogenität in der Organisation der Unternehmung. Münster.

Kreimer, Margareta/Leitner, Andrea (2004): Chancengleichheit zwischen Frauenförderung und Gender Mainstreaming. Unveröffentlichtes Manuskript, Wien-Graz.

Kroll, Renate (2002, Hrsg.): Metzler Lexikon Gender Studie Geschlechterforschung. Ansätze – Personen – Grundbegriffe. Stuttgart-Weimar.

Kubes-Hofmann, Ursula (2002): „Gendermainstreaming" als Marktfaktor in dezentalisierten esoterischen und theosophischen Kriegsbuden des 21. Jahrhunderts oder neue Politk? In: [sic!] Forum für feministische Gangarten, Nr. 41, Juni 2002, S. 24-29.

Martin, Joanne (2002): Organizational Culture. Mapping the Terrain. London-Thousand Oaks-New Delhi.

May Ing, Tan (2000): Managing Diversity – ein Managementkonzept für eine sich verändernde Welt. In: KOBRA, Werkstattpapier Nr. 14. Berlin, S. 15-26.

o.V (b): Kulturelle Orientierungen (http://wwwuser.gwdg.de/~kflechs/iikdiaps1-00.htm, Abfrage am 14.1.2005, 12.56 Uhr MEZ)

o.V.(a): Transkulturelles Lernen (http://wwwuser.gwdg.de/~kflechs/iikdiaps2-00.htm, Abfrage am 14.1.2005, 12.53 Uhr MEZ)

Schmidt, Verena (2001): Gender Mainstreaming als Leitbild für Geschlechtergerechtigkeit in Organisationskulturen. In: Zeitschrift für Frauenforschung und Geschlechterstudien, Heft 1, S. 45-62.

Uzarewicz, Charlotte (2003): Kultur und Bildung – Lernen in einer transkulturellen Welt. Vortrag anlässlich der [iku:] Abschlusstagung am 24.3.2003. Deutsches Institut für Erwachsenenbildung. Bonn.

Weedon, Chris (1997): Feminist Practice and Poststructuralist Theory. Oxford, 2nd Edition.

Welsch, Wolfgang (1997): Transkulturalität. Die veränderte Verfassung heutiger Kulturen. In: Texte zur Wirtschaft und zur Wissenschaft. Graz. (http://www.tzw.biz/www/home/article.php?p_id=409, Abfrage am 14.1.2005, 12.34 Uhr MEZ).

Welsch, Wolfgang (2000): Transkulturalität. Zwischen Globalisierung und Partikularisierung. In: Cesana, Andreas/Eggers, Dietrich (Hrsg.): Thematischer Teil II: Zur Theoriebildung und Philosophie des Interkurturellen. (Jahrbuch Deutsch als Fremdsprache Bd. 26 herausgegeben von Alois Wierlacher). München, S. 327-351.

Wetterer, Angelika (2003): Gender Mainstreaming und Managing Diversity. Rhetorische Modernisierung oder Paradigmenwechsel in der Gleichstellungspolitik. In: Schacherl, Ingrid (Hrsg.): Gender Mainstreaming. Kritische Reflexionen. Innsbruck, S. 131-151.

Frauenpolitische Betrachtungen zum Thema (Un-)Gleichstellung der Geschlechter am Arbeitsmarkt, oder: Wie und wem nutzt Gender Mainstreaming?

Ursula Rosenbichler

1 Chancengleichheit – ein bekanntes Anliegen

Geht es um das Anliegen der Chancengleichheit, so sind neben diesem Begriff auch Gleichberechtigung, Gleichbehandlung von Frauen und Männern und Förderung der Gleichstellung gängige Formulierungen. Beschrieben werden in jedem Fall Veränderungsabsichten – Veränderungsabsichten betreffend jener Möglichkeiten, welche jeweils Frauen und Männern am Arbeitsmarkt, in der Beschäftigung offen stehen sollen. Diese oft synonym verwendeten Begriffe entpuppen sich bei genauerem Hinsehen als Begriffe, die durchaus differente Zielebenen von Veränderung beschreiben. Und diese unterschiedlichen Zielebenen wiederum sind in ihrer Abhängigkeit von politischen, sozialen und wirtschaftlichen Rahmenbedingungen zu sehen; weiters sind sie davon abhängig, welche spezifischen Möglichkeiten Frauen und Männer am Arbeitsmarkt innerhalb dieser Rahmenbedingungen bereits haben, und ob sie diese Möglichkeiten ergreifen. Sie sind auch davon abhängig, wie Strukturen und Prozesse am Arbeitsmarkt gestaltet sind, die dazu führen, dass Frauen und Männer diese Möglichkeiten ergreifen oder eben auch nicht.

Das Anliegen der folgenden Ausführungen ist es, in groben Linien den Beitrag, welchen Gender Mainstreaming bei der Zielerreichung „Gleichstellung der Geschlechter" leisten kann, aufzuzeigen. Dazu werde ich zuerst eine

Differenzierungsmöglichkeit für die zentralen Begriffe Gleichberechtigung, Gleichbehandlung und Gleichstellung anbieten (2), die Erscheinungsformen des Themas „Chancengleichheit" auf europäischer Ebene skizzieren (3) und eine Bestandsaufnahme für Österreich darstellen (4). Danach erfolgt eine Problematisierung der Messung von Ist-Situation und Veränderungsprozessen (5) sowie die Reflexion der Wirksamkeit von Maßnahmen, welche eine Veränderung der Situation von Frauen (und Männern) bewirken sollen (6). Abschließend wird der Beitrag des Gender Mainstreaming beschrieben, den es theoretisch zu leisten im Stande wäre, um die Qualität von Zielverhandlungen und Maßnahmen abzusichern und das Erreichen des Zieles Chancengleichheit möglich zu machen (7).

2 Konstruktion des Geschlechterverhältnisses im Spannungsfeld von Ist-Situation und Zielvorstellung

Gender Mainstreaming ist eine Strategie, welche das Geschlechterverhältnis selbst zum Ziel des Veränderungsprozesses machen kann und auch macht. Das sei hier deswegen betont, da sich Gender Mainstreaming gerade deshalb auch dazu eignet, ungleiche Geschlechterverhältnisse zu verfestigen.

Um deutlich zu machen, wo Gender Mainstreaming am Arbeitsmarkt ansetzen kann, biete ich drei mögliche Perspektiven auf die Konstruktion von Geschlechterverhältnissen an. Jede dieser Perspektiven dient als Ausgangspunkt für Interventionen zur Veränderung des Geschlechterverhältnisses in Richtung eines spezifischen Zieles.

2.1 Der anti-patriarchale Diskurs – Gleichberechtigung als Ziel

Ausgangspunkt dieses Diskurses ist die Benennung eines von einer privilegierten Gruppe zu ihren Gunsten gestalteten Systems: die männlich-autoritative Gestaltung von Strukturen und Prozessen, die Teilhabe an Macht, Machtausübung und Privilegien (Patriarchat) sind dabei streng an der biologischen Unterscheidung von Mann und Frau (sex) ausgerichtet. Privilegierung der einen Gruppe (Mann/Männer) bedeutet Diskriminierung der anderen (Frau/Frauen). Der Beschreibung der Privilegierung/Diskriminierung dienen vor allem quantitativ orientierte Methoden der Erhebung (Ressourcenzugang, -verteilung von/auf Männer/n und Frauen, Zugang und Einnahme von Ämtern, Funktionen ...), welche die unterschiedlichen Ausprägungen der am biologischen Geschlecht orientierten Machtverteilung und -ausübung belegen. Als Ziel der Veränderung wurde und wird Gleichberechtigung der Geschlechter postuliert, das heißt für Frauen und Männer das gleiche Recht, z.B. auf Ressourcen, Verteilung dieser Ressourcen und Repräsentationen, zu schaffen.

Eine de jure Feststellung von gleichen Rechten und der Möglichkeit zu gleichen Repräsentationen von Frauen und Männern verändert in der Folge die Aufmerksamkeitsrichtung und lenkt diese auf strukturbedingte und diskursiv reproduzierte Individuations- und Sozialisationsprozesse, die Geschlechterverhältnisse vorstrukturieren. Diese neue Aufmerksamkeitsrichtung führt auch zu einer Veränderung in Richtung des folgenden Diskurses.

2.2 Der Gleichheitsdiskurs – Gleichbehandlung als Ziel

Dieser Diskursansatz geht von der Beobachtung aus, dass von Frauen und Männer gleiche Rechte *nicht* in Anspruch genommen und realisiert werden. Diese Tatsache ist nicht auf das Fehlverhalten von Personen zurückzuführen, sondern ist historisch und politisch – eben durch die wirksamen, kulturell bedingten Muster in Individuation und Sozialisation zu erklären. Nicht eingegangen wird an dieser Stelle auf jenen Ansatz, welcher die Ungleich(be)handlung auf das biologische Geschlecht zurückführt. Denn vor dem Hintergrund dieser (nicht ganz zulässigen, aber hier pragmatischen) Aussparung richtet sich der Blick auf benennbare, veränderbare Ursachen, auf die sozial und kulturell bedingte Konstruktion des Geschlechts und der Geschlechterverhältnisse (Gender). Individuations- und Sozialisationsprozesse, sowie deren Rahmenbedingungen, welche bei der Herstellung geschlechtlicher Identität und gesellschaftlich anerkannter Interaktionsmuster eine wesentliche Rolle spielen, rücken in den Mittelpunkt des Interesses. Qualitativ/

quantitativ orientierte Methoden der Erhebung, Beschreibung und Analyse in den Bereichen Sozialisation und Individuation sind die wesentlichen Diagnoseinstrumente, die diesen Diskurs vorantreiben. Unter der Voraussetzung eines demokratisch-emanzipatorischen Menschenbildes (gleiche Rechte für alle Menschen unabhängig ihres Geschlechtes postuliert vor einem Menschenbild, welches von einem Gleichheitsprinzip bestimmt ist) geht es nun um gleiches Handeln und Behandeln von Personen: Das Ziel ist die **Gleichbehand**lung. Personen werden unabhängig von ihrem Geschlecht „gleich behandelt" – ohne Berücksichtigung der normierenden Kraft von Rahmenbedingungen und Strukturen – um sie zu gleichen Handlungen zu führen. Das an den traditionellen Maßstäben ausgerichtete System wird dabei nicht in Frage gestellt: Sobald jedoch das herrschende männliche Prinzip, wie auch das reproduktive, systemerhaltende weibliche in Frage gestellt werden, verändert sich dementsprechend die Aufmerksamkeitsrichtung von Personen hin zu Systemen und zu dem Gestaltungsrahmen, welchen diese Systeme jeweils eröffnen. Dieser Perspektivewechsel führt zu einem nächsten Diskurs, der nachfolgend dargestellt wird.

2.3 Der systemisch-konstruktivistische Diskurs – Gleichstellung als Ziel

Die Wahrnehmung von Geschlecht als Strukturkategorie für die Herstellung kollektiv wirksamer Wirklichkeitskonstruktionen rückt Fragen wie folgende in den Mittelpunkt: Wie werden Geschlechterverhältnisse hergestellt? Wie wirken Struktur und Rahmen auf die Konstruktion von Weiblichkeit/ Männlichkeit und auf Geschlechterverhältnisse? Wahrnehmung und Wirkungsorientierung richten sich auf die Gestaltung von Systemen und Strukturen bzw. Prozessen sowie Ergebnissen von Prozessen. Diagnoseinstrumente berücksichtigen das Sichtbarmachen des Ist-Standes, sowie der Gleichheits- und Differenzbilder im Geschlechterverhältnis, das Überprüfen der Rahmenbedingungen im Bezug auf ihre Wirksamkeit hin auf Gleichstellungsziele. Ziel ist es, Konstruktion von Geschlechterverhältnissen ohne soziales Geschlecht und stereotype Geschlechts-Identitäten, aber nicht ohne geschlechtliche Differenz zu ermöglichen. (Dieser Diskurs zielt letztendlich auch ab auf

Frauenpolitische Betrachtungen zum Thema (Un-)Gleichstellung der Geschlechter am Arbeitsmarkt, oder: Wie und wem nutzt Gender Mainstreaming?

die Problematisierung der Differenz sex – gender als Abbildung von naturbedingten und kulturbedingten Leistungen von Personen und lenkt die Aufmerksamkeit auf Intentionen und Handlungen des Individuums in einem definierten Rahmen.) Gleichstellung von Personen in jeweils unterschiedlichen Systemzusammenhängen wird zum Ziel. Gleichstellung wird als gleich viele, gleich relevante, gleich häufige, ... Handlungsmöglichkeiten von Frauen und Männern, von Personen verstanden.

Selbstverständlich ist die eben dargestellte Differenzierung der Begriffe Gleichberechtigung/Gleichbehandlung/Gleichstellung von einer besonderen Perspektive auf das Thema und durch Auslassungen, durch das Nicht-Erwähnte geprägt. Seine Bedeutung findet diese Darstellung allerdings darin, dass durch die gewählte Perspektive Veränderungsbewegungen, die den unterschiedlichen Diskursen implizit sind, in den Mittelpunkt gerückt werden. Nicht die Konstruktion des Geschlechterverhältnisses steht im Zentrum, sondern die Veränderungsoptionen, die sich durch die Einbettung des Diskurses in einen Systemrahmen und die Verhandlung von Zielrichtungen ergeben. Erfolg und Nichterfolg ergibt sich durch die Messung der Zielerreichung, sowie durch die Überprüfung, ob Frauen und Männer gleiche Chancen haben: In diesem Sinne wird Chancengleichheit eine übergreifende, auch alle drei Veränderungsoptionen tragende Kategorie. Während die drei Begriffe Gleichberechtigung, Gleichbehandlung, Gleichstellung Basis für die quantitative und qualitative Messung der angestrebten Ziele sind, ist Chancengleichheit mehr als die anderen Begriffe auch moralische Forderung für das Ergebnis des Veränderungsprozesses – das gewünschte und verhandelte Geschlechterverhältnisses.

Damit ist, was jeweils unter „gleich" zu verstehen ist, nicht aus dem politischen, wirtschaftlichen und sozialen Rahmen hinauszustellen. Vielmehr entsteht die Forderung, die Messung von „gleich" auf die jeweils gültigen oder eben wünschenswerten und daher mitzuverändernden Gerechtigkeitspostulate eines Systems (Staat, Betrieb, ...) abzustimmen und die Zielerreichung auch vor diesem Hintergrund zu überprüfen. Gleichstellung ist das Ziel und Gender Mainstreaming ist eine Strategie, die sowohl der Zielerreichung dient als auch der Überprüfung eines sinngebenden Verhältnisses von konkretem Ziel und politischen Werten und Normen.

3 Chancengleichheit – ein europäisches Anliegen

Auf der Suche nach aktuellen Beschreibungen zum Geschlechterthema finden sich solche in den Leitlinien für beschäftigungspolitische Maßnahmen der Kommission der Europäischen Gemeinschaft. Aus diesen soll hier beispielhaft zitiert werden: Ziel der Veränderung ist es – laut einem Vorschlag für einen Beschluss des Rates über die Leitlinien für beschäftigungspolitische Maßnahmen der Mitgliedsstaaten

„im Wege eines integrierten Ansatzes, der die durchgängige Berücksichtigung der Gleichstellung von Frauen und Männern (Gender-Mainstreaming) und spezifische strategische Maßnahmen miteinander verbindet, die Erwerbsquote von Frauen an[zu]heben und die geschlechtsspezifischen Unterschiede bei den Beschäftigtenquoten, bei den Arbeitsentgelten bis 2010 in erheblichem Maße ab[zu]bauen" (KOM(2005)13, Brüssel, 27.1.2005 endgültig).

Besonderes Augenmerk gilt dem Lohngefälle, *welches „mit Blick auf seine völlige Beseitigung beträchtlich zu reduzieren ist"* und zwar durch *„einen mehrdimensionalen Ansatz"* und *„durch Beseitigung der Ursachen der geschlechtsbezogenen Lohnunterschiede"*. Gemeint sind Ursachen, welche in den Bereichen sektorale und berufliche Segregation, allgemeine und berufliche Bildung, Arbeitsplatzbewertungs- und Lohnsysteme, Sensibilisierung und Transparenz zu finden sind (KOM 2005, 13, Brüssel, 27.1.2005. endgültig).

Insgesamt also ein Bezug auf Ungleichstellung und Ungleichbehandlung der Geschlechter im arbeitsmarktpolitischen Bereich, sowie die Aufforderung zur Anwendung der Strategie Gender Mainstreaming, verstanden als integrierter Ansatz: durchgängige Berücksichtigung der Gleichstellung von Frauen und Männern und personspezifische Maßnahmen. Es erfolgt keine Aufforderung Ziel (-verhandlung) und Strategie/Maßnahme zu trennen.

Hintergrund für die Anwendung der Strategien/Politiken Frauenförderung und Gender Mainstreaming sind seit 1998 die Europäischen Leitlinien zur Beschäftigungspolitik, die u.a. den Schwerpunkt Chancengleichheit enthalten. Wobei folgende Annahmen eine Begründung für den Einsatz eben dieser Politiken bildeten und bilden und einen Blick auf die Werteorientierung insgesamt geben:

- Durch die Einbindung der Chancengleichheit in die Beschäftigungspolitik wird die Wirksamkeit der beschäftigungspolitischen Maßnahmen insgesamt erhöht.
- Eine höhere weibliche Beschäftigungsquote führt zu einer Verbesserung der Gesamtbeschäftigungsquote und führt weiter zu einer Veränderung im gesellschaftlichen und familiären Gefüge (Rubery 1998, S. 26f.).

Implementiert durch den Luxemburger Prozess – setzt ab 1998 die Laufzeit der Nationalen Aktionspläne für Beschäftigung ein. Diese erste Laufzeit endet nach 5 Jahren mit Ende 2002. Im März 2003 wird die Neue Europäische Beschäftigungsstrategie verabschiedet, die in Übereinstimmung mit der Lissabonner Agenda die Beschäftigungspolitik der Mitgliedstaaten auf die Verwirklichung dreier übergreifender und miteinander verbundener Ziele ausrichtet:

1. Vollbeschäftigung,
2. Arbeitsplatzqualität und Arbeitsproduktivität;
3. sozialer Zusammenhalt und soziale Integration.

Die beschäftigungspolitischen Leitlinien untermauern die Zielvorgaben und ein im Drei-Jahres-Zyklus ausgerichteter Berichtsprozess unterstützt die Zielerreichung.

Im *Entwurf des gemeinsamen Beschäftigungsberichtes* (KOM(2005)13, Brüssel, 27.1.2005. endgültig), welcher zu diesem Berichtsprozess gehört, ist zum Thema Gleichstellung der Geschlechter am Arbeitsmarkt folgendes im Absatz „Erwerbsbeteiligung von Frauen steigern" zu lesen:

„Die Beschäftigungsquote der Frauen ist im Steigen begriffen und das Angebot an Kinderbetreuungseinrichtungen und sonstigen Betreuungsdiensten hat sich verbessert. Die Auseinandersetzung mit dem weiterhin hartnäckig hohen geschlechtsspezifischen Lohngefälle kommt allerdings nicht in Gang, nationale Ziele sind in der Hälfte der Mitgliedstaaten gesetzt worden [darunter auch in Österreich, U.R.]. Eine Gender-Mainstreaming-Politik ist nur in Schweden zu erkennen. An sieben Mitgliedstaaten ging eine spezifische Empfehlung. Geschlechtsspezifische Unterschiede bei Beschäftigung und Arbeitslosigkeit werden als Ziele für entsprechende Gegenmaßnahmen weitgehend außer Acht gelassen. Zwar wird das geschlechtsspezifische Lohngefälle weithin als schwerwiegendes Problem erkannt, konkrete Zielsetzungen und Aktionen sind jedoch selten. Der Vereinbarkeit von Beruf und Familie wird überall Aufmerksamkeit zuteil, das Anliegen einer ausgewogenen Teilung von Verantwortlichkeiten zwischen Frauen und Männern wird jedoch vernachlässigt" (KOM(2005)13, Brüssel, 27.1.2005. endgültig).

Ziele, Strategien und Befunde sind somit in den Grundlinien der Europäischen Union angegeben. Die Einbettung in die gesamtstrategische Ausrichtung weist der Gleichstellung und auch der Chancengleichheit insgesamt einen Nebenschauplatz zu, welcher sofern erfolgreich bearbeitet, das Erreichen der Gesamtziele (Vollbeschäftigung, Arbeitsplatzqualität und Arbeitsproduktivität; sozialer Zusammenhalt und soziale Integration) stützt. Als Leitbegriffe dienen das Geschlechtsspezifische, das Geschlechtsbezogene. Für eine Bezugnahme der Darstellung des Geschlechterverhältnisses stehen 1. Frauen und Männer, sowie die Darstellung eines hierarchischen (privilegierten/nichtprivilegierten) Geschlechterverhältnisses (z.B. über Erwerbsquoten, Anteile von Frauen in diversen Bereichen, ...) zur Verfügung und 2. die typischen/untypischen Kategorien der Rollenstereotypie-Diskussion (z.B. im Berufswahlverhalten, bei der Aufteilung der Pflege- und Betreuungspflichten, ...). Die in 2 gegebene Darstellung, scheinbar noch gesetzt als zeitliches Hintereinander einer Entwicklung von unterschiedlichen Zielsetzungen, wird den Anforderungen einer Gleichzeitigkeit ausgesetzt, wobei die Bezugnahme auf (gesellschaftliche/wirtschaftliche und soziale) Rahmenbedingungen spärlich bis gar nicht Eingang findet. Einerseits steigt die Komplexität, andererseits werden wesentliche Faktoren für Veränderungsprozesse (Rahmen, Strukturen) mehr oder weniger draußen gehalten. Ist-Situation und Zielerreichung listen sich nach Messzahlen auf, die vor allem die defizitäre Situation der Frau/Frauen beschreiben. Auch in den Nationalen (österreichischen) Aktionsplänen (NAP) werden diese (europäischen) Forderungen aufgegriffen, die entsprechenden Maßnahmen dargestellt und Zahlen dazu genannt.

4 Bestandsaufnahme in Österreich

Eine zusammenfassende Darstellung *zur Gesamtbeschäftigungsquote und Vereinbarkeit* im NAP (www.bmwa.gv.at 2005) liest sich folgendermaßen: Die Gesamtbeschäftigungsquote liegt knapp *„unter 70 %"* und damit sei *„Österreich auf gutem Wege das Lissabon-Ziel bis 2010 zu erreichen. Das Ziel von 60 % bei der Frauen-Beschäftigungsquote bis 2010 wurde bereits im Jahr 2001 mit einem Wert von 60,7 % übertroffen. Österreich liegt damit weit über dem EU25-Schnitt von 55,1% (2003)"*. Geltend gemacht dafür werden vor allem Maßnahmen wie beispielsweise „die Einführung des Anspruches auf Teilzeitbeschäftigung, die mit 2005 in Kraft tretenden Zumutbarkeitsbestimmungen zur Berücksichtigung der gesetzlichen Betreuungspflichten oder die Ergänzung der 2002 eingeführten Familienhospizkarenz". Sie „fördern die bessere Vereinbarkeit von Familie und Beruf und tragen zur Steigerung der Beschäftigung von Frauen bei".

Das ist zwar eine berückende Perspektive, aber ist es die einzig mögliche? Weitere Ergebnisse der Bestandsaufnahme für Österreich ergeben durch einen anderen Standpunkt weniger Grund zur Hoffnung und/oder bieten ein weites Feld für Veränderungsenthusiastinnen. Die folgenden Zahlen stammen aus einem Bericht der Arbeiterkammer und beziehen sich auf Datenmaterial aus Rechnungshofberichten und von Statistik Austria und WIFO (AK Wien 2004, S. 2):

Ursula Rosenbichler

Bestandsaufnahme zur Einkommensschere

2001 betrug das mittlere Bruttoeinkommen aus unselbstständiger Beschäftigung bei Frauen jährlich knapp € 15.300, das bei Männern hingegen € 25.600. Frauen verdienen um 40 % weniger als ihre männlichen Kollegen, das heißt, Frauen müssten um zwei Drittel (ca. € 10.000) mehr verdienen, um das Durchschnittsgehalt von Männern zu erreichen.

Bestandsaufnahme zu Teilzeitarbeit

Die Zahl der teilzeitarbeitenden Frauen (über 12 Stunden) steigt (zwischen 1995 und 2002) um 144.000 Personen und die der vollzeitarbeitenden Frauen sinkt im gleichen Zeitraum um 7.000 Personen. Die Anzahl der in geringfügigen Beschäftigungsverhältnissen arbeitenden Frauen steigt um 53.000. Es arbeiten 31 % der Frauen in Teilzeit und 3 % der Männer.

Bestandsaufnahme zur familienbedingten Unterbrechung

Insgesamt haben alle Eltern in Karenz deutliche Einkommensverluste, und zwar während der Karenz, aber auch spürbar bei der Einkommensentwicklung. Die familienbedingte Unterbrechung kann in der Einkommensentwicklung und auch im restlichen Karriereverlauf nicht mehr aufgeholt werden.

Auch die unbezahlte Arbeit verteilt sich ungleich auf Männer und Frauen: Während Frauen für jede bezahlte Stunde Arbeit 51 Minuten unbezahlte Arbeit leisten, sind es bei den Männern 11 Minuten.

Einige ledige Frauen können im Laufe ihres Berufslebens Männer zwar einkommensmäßig überholen, bei verheirateten Frauen, die auch wesentlich häufiger Kinder haben, vergrößert sich die Kluft zu den Männereinkommen.

Diese nachteiligen Entwicklungen für Frauen gegenüber Männern setzen sich auch in den Bereichen der Zulagen, Sonderzahlungen und sozialen Absicherung fort.

Beide Darstellungen, sowohl jene im NAP, als auch die den öffentlichen Statistiken entnommene, brillieren durch die Auswahl, Zusammenführung und Interpretation ausgewählter Zahlensätze. Dies lässt erahnen, dass nicht nur die einzelne Zahl und die Darstellungsform, sondern die Begründungen und Interpretationen von enormer Bedeutung sind und damit Spielraum für Interessen der InterpretInnen (letztendlich den Interessen der arbeitsmarktpolitischen AkteurInnen) geben. Nur die einzelne Zahl in der jeweiligen Darstellungsform genommen, gefolgt von eindimensionalen Interventionen, Veränderungen der Darstellungsart oder unterschiedlichen Interpretationszusammenhängen lassen jeweils auf schnelle Erfolge im nationalen und europäischen Benchmarking hoffen. Nachhaltigkeit im Sinne der Forderung nach Chancengleichheit von Frauen und Männern ist dabei nicht zu erkennen, vor allem dann, wenn Chancengleichheit auch einen Wertewandel im politischen, wirtschaftlichen und sozialen Denken nach sich ziehen sollte. Diese Zahlen zeigen, dass eine höhere weibliche Beschäftigungsquote zu einer Verbesserung der Gesamtbeschäftigung führen mag. Die Veränderung im gesellschaftlichen und familiären Gefüge gemessen an der Chancengleichheit der Frauen und Männer ist damit noch lange nicht erreicht, wenn nicht sogar durch die Wahl der Maßnahmen (Erhöhung der Teilzeitarbeit bei Frauen und damit auch Schaffen von nicht existenzsichernden Einkommensverhältnissen) behindert.

5 Woran lässt sich nun Chancengleichheit bemessen? Eine Problematisierung

Ausgehend von der Differenzierung von Chancengleichheitsanliegen, lässt sich die Frage nach einer adäquaten Messung der Zielerreichung selbstverständlich nicht so einfach beantworten. Denn Chancengleichheit – aber auch Gleichstellung, Gleichberechtigung, sowie Gleichbehandlung stehen – wie schon ausgeführt – für gesellschaftliche, organisationale oder auch persönliche Zielbilder. Sie meinen gleichzeitig auch den Zustand der Ungleichheit von Frauen und Männern, den der Chancenungerechtigkeit, welcher sich Personen in Systemen gegenübersehen, und ungleiche Handlungsmöglichkeiten der Geschlechter. Die Spannung zwischen Ist-Situation und Ziel impliziert sowohl die Aufhebung von Benachteiligungen, als auch eine Neuwertung von Werten, eine Infragestellung von Differenzen und von Strukturmerkmalen von Systemen. Dieser komplexe Prozess der Veränderung lässt sich weder linear vollziehen, noch über monokausale Erklärungen der Ist-Situation einer Lösung zuführen. Und spätestens hier taucht die Forderung nach einem gleichstellungsorientierten Controlling von eben diesen Veränderungsprozessen auf.

Anders formuliert: Um Fragen nach der „Messung", oder besser noch „Messbarkeit" weiter zu verfolgen, ist es notwendig, eine Vorstellung davon zu haben

1. auf welches Chancengleichheitsziel abzustellen ist,
2. wie Ungleichheit wahrzunehmen, darzustellen und zu beschreiben ist, und welchen Leitdifferenzen dabei gefolgt wird,
3. welche Maßnahmen notwendig sind, um zu Gleichstellung zu kommen.

Mitzureflektieren ist,

4. dass die Erklärung, warum die Ungleichheit gegeben oder entstanden ist, die „Erfindung" einer Maßnahme maßgeblich beeinflusst,
5. dass der Systemrahmen der Wirkzusammenhänge von Ungleichheit/ Gleichheit zu berücksichtigen ist.
6. dass die Beschreibung der Situation und des Veränderungsprozesses Bedeutung hat für die Wahrnehmung von Erfolg/Nicht-Erfolg einer arbeitsmarktpolitischen Intervention.

Aus dieser Logik heraus sind wesentliche Bestandteile, die das Handeln in diesem Spannungsfeld der Veränderung bestimmen, u.a. das ausgewählte Bezugssystem, die Messmethoden, die Messung selbst und die ausgesuchten Kennzahlen.

5.1 Traditionelle Indikatoren: eine Auswahl

Gemessen werden die unterschiedlichen Chancen und daraus resultierend die Möglichkeiten an den vorhandenen Positionierungen (Repräsentation, Verteilung von Ressourcen) von Frauen und Männern am Arbeitsmarkt. Die traditionellen Indikatoren machen Aussagen über Verteilung der Beschäftigung, Beschäftigungschancen und -bedingungen. Sie machen Aussagen in Bezug auf die Übernahme von Betreuungs- und Pflegeverpflichtungen, des Umfangs der Hausarbeit und der Darstellung der Situation von Frauen und Männern im bezahlten und unbezahlten Bereich der institutionalisierten Sozialarbeit und der Arbeit in NGOs.

Bei der Beschäftigungsquote werden beispielsweise die Geschlechtsunterschiede in den Bereichen Gesamtquote, Wachstum der Quote, Haupterwerbsalter festgehalten.

Bei der Beschäftigungsposition der Frauen am Arbeitsmarkt liegt der Fokus auf der Beschreibung

... der horizontalen und vertikalen Segregation am Arbeitsmarkt,
... der Inanspruchnahme atypischer Beschäftigungsverhältnisse,
... von Diversitäten zwischen Akademikerinnen, die im öffentlichen und im privaten Sektor tätig sind,
... von Diversitäten zwischen hoch und geringfügig qualifizierten Frauen,
... Diversitäten zwischen teilzeit- und vollzeitbeschäftigten Frauen,
... von Unterschieden bei Entlohnung und Entlohnungssystemen,
... bei Unterschieden im Zugang zu Weiterbildung und bei deren Inanspruchnahme.

Bei Betreuungs-, Pflege- und Hausarbeit wird in Statistiken aufgezeigt, wie diese aufgeteilt wird. Dargestellt werden auch die staatlichen Rahmenbedingungen, beispielsweise über die Analysen zur öffentlichen Versorgung mit Kinderbetreuungs- und Altenpflegeeinrichtungen, über die Untersuchung zu Maßnahmen zur Förderung beschäftigungsgerechter Flexibilität, der nationalen Familien-, Steuer- und Pensionspolitik. Von Interesse ist z.B. wie Förderung der Aufnahme von bezahlter Arbeit aussieht, welche Impulse und

Rahmenbedingungen zur Änderung des Verhaltens im Bereich der familiären Verantwortungsteilung gesetzt werden.

5.2 Problematisierung der Auswahl der Messmethoden

Nicht uninteressant ist bei der Messung das Bezugssystem: Werden alle Frauen und Männer am Arbeitsmarkt oder die Beschäftigten gemessen, werden die Frauen untereinander oder vergleichbare Frauen und Männergruppen miteinander verglichen; geht es um Zeitpunkte oder Zeitspannen, werden Intensitäten oder Frequenzen gemessen? Geht es beim abgebildeten Bezugssystem, um Personen oder um Systeme? Geht es um eingenommene Positionen oder um Handlungsmöglichkeiten innerhalb eines Systems?

Selbstverständlich spielen die Messzahlen selbst eine wesentliche Rolle bei der Darstellung von Benachteiligung. Um die Vielfalt anzudeuten, erfolgt eine Auflistung von Möglichkeiten in der Darstellung:

- Absolute Zahlen geben eine Grundlage für einen Größen-Überblick.
- Verhältniszahlen lassen als Gliederungszahlen, eine Gesamtgröße in Teilgrößen zerlegen und eine Beziehung zur Gesamtgröße herstellen.
- Beziehungszahlen setzen Daten, die gleichwertig sind, inhaltlich aber unterschiedlich sind, zueinander in Beziehung: Frauen – Männer, Mütter – Nicht Mütter (unterschiedliche Betreuungspflichten).
- Indexzahlen stützen die Darstellung von Entwicklungen usw.

Grundsätzlich zeigt sich also die Problematik, dass das Ziel der Chancengleichheit über die Beschreibung von Ungleichheit im Geschlechterverhältnis zu erfassen ist. Dabei ist die Gefahr zu beachten, die sich aus einer Priorisierung von Benachteiligung ergibt: Die Benachteiligung der Frauen gegenüber den Männern am Arbeitsmarkt wird über die unterschiedliche Erwerbsquote festgestellt, sowohl die Gesamterwerbsquote, als auch die der Frauen lässt sich durch die Einführung von Maßnahmen, welche Beschäftigung in Teilzeit fördern, heben. Die Veränderung des Indikators Beschäftigungsquote hat jedoch nichts mit einer Strukturveränderung am Arbeitsmarkt zu tun und verhilft schon überhaupt nicht dazu, die strukturelle Benachteiligung der Frauen am Arbeitsmarkt zu verändern. Und schon überhaupt nicht werden damit grundlegende Denk- oder Handlungsmuster, welche die strukturelle Benachteiligung aufrecht halten, verändert. Vielmehr deuten sich hier Prozesse an, die die Verlagerung von Benachteiligungen von Oberflächenstrukturen auf Tiefenstrukturen bedeuten. Denn oftmals steht die Beschreibung der Benachteiligung eindimensional zum Ziel und die Maßnahme folgt dieser einfachen Veränderungsdiagonale, Strukturen und Gesamtsysteme bleiben unangetastet.

Zusammenfassend lässt sich festhalten: Chancengleichheit hängt auch davon ab, welche Bezugssysteme betrachtet werden, was als relevante Unterschiedsdimensionen ausgemacht wird, auf welche Dimension sich die Chancengleichheitsabsicht bezieht. Darauf folgend ist von Bedeutung, wie gemessen wird und wie und wer die einzelnen Zahlen interpretiert und Wirkzusammenhänge zwischen den Zahlen herstellt. Letztendlich wer auf all diesen Ebenen wann welche Entscheidungen trifft. Gender Mainstreaming kann nun zur Qualitätssicherung von Maßnahmen beitragen, wenn die Anwendung der Strategie hilft, diese komplexen Zusammenhänge und Interessensvielfalten wahrzunehmen und auch im Sinne einer Zielerreichung zu kontrollieren. Gender Mainstreaming kann benützt werden, um den bestehenden Zusammenhang zwischen Systemrahmen, Messmethode und Indikator zu durchleuchten. Damit bekommt Gender Mainstreaming einerseits die Funktion der Qualitätssicherung, ist jedoch andererseits von der Auswahl der Anwendungsmethoden und damit auch der Kompetenz der AkteurInnen im Feld und der Durchführungsqualität abhängig.

6 Phänomene des ganz normalen arbeitsmarktpolitischen Alltags

Zur Illustration der geschilderten Problematik sollen die Politiken und Maßnahmen der nationalen und europäischen Behörden noch einmal hinterfragt werden.

Thema: Erwerbsbeteiligung – Verteilung der Beschäftigung

Eine Erhöhung der Erwerbsquote von Frauen steht in keinem direkten Zusammenhang zur Schaffung eines existenzsichernden Einkommens, wenn die Erwerbsquotenerhöhung auf die Steigerung der Frauen in Teilzeitbeschäftigung zurückzuführen ist.

Thema: Beschäftigungschancen, Position am Arbeitsmarkt

Die Erhöhung des Beschäftigungsanteils von Frauen in spezifischen Berufsfeldern (IT-Branche) führt zu einer inneren/vertikalen Differenzierung (zu Ungunsten der Frauen) und zu einem Sinken des Lohnniveaus, wenn der Frauenanteil steigt. Die Segregation wird somit stabilisiert durch Verlagerung auf eine andere Ebene.

Die gläserne Decke mag mit Quotenforderungen angegriffen werden, ihre Durchbrechung steht noch aus. Kaum ein anderes Instrument steht personalpolitisch so sehr im Mittelpunkt, ob der Aussicht auf erfolgreiche Gleichberechtigung (selektive Chancengleichheit). Andererseits führen manche Slogans, die Quotenmaßnahmen folgen („Frauen führen anders, besser, ...") eine gefährliche Diskussion ein, im Spannungsfeld zwischen Wesen und Wissen der Frauen: Stereotypisierung als Karrierehelfer hilft selten Stereotypisierung zu überwinden.

Bei der Beurteilung der Wirksamkeit von Maßnahmen ist zu unterscheiden

Frauenpolitische Betrachtungen zum Thema (Un-)Gleichstellung der Geschlechter am Arbeitsmarkt, oder: Wie und wem nutzt Gender Mainstreaming?

- zwischen einer möglichen, intendierten Wirksamkeit, welcher der Papierform/der Theorie der Strategie und der Instrumente zu unterstellen ist
- und feststellbaren Wirksamkeit im arbeitsmarktpolitischen Alltag, welche durch politische Rahmenbedingungen, unscharfe Alltagsrezeption der theoretischen Konzepte und halbherzige Anwendungen beeinflusst ist.

Hier kann nun Gender Mainstreaming Politiken, die der Chancengleichheit dienen (Frauenförderung, Empowermentansätze, etc.), auf deren Wirksamkeit hin überprüfen, oder auch die Zielerreichung absichern. Gender Mainstreaming wird zu einem wichtigen Instrument des „Controllings" der Maßnahmen.

7 Zusammenfassung: Gender Mainstreaming – zur Bedeutung einer Strategie

Gender Mainstreaming bedeutet somit nicht, neue Methoden oder grundlegende Vorgehensweisen zu erfinden, sondern ist mit den vorhandenen Instrumenten effektiv und nutzbringend durchzuführen. Diese stammen vor allem aus den Bereichen des Projektmanagements, der Organisationsentwicklung und der Qualitätsentwicklung.

Technisch lässt sich somit einiges aufgreifen, doch was bedeutet nun dieses *„Mainstreamen" der Geschlechter-Perspektive?*

Das *„Mainstreamen" der Geschlechter-Perspektive* rückt weder Frauen alleine in den Mittelpunkt, noch spricht es lediglich Frauen an. Zentraler Fokus des Mainstreamens ist das Verhältnis der Geschlechter, sind die unterschiedlichen Beziehungsverhältnisse zwischen Frau/Mann, Frauen/Männern, Mann/Mann, Frau/Frau usw. Diese sind in allen Phasen und auf allen Ebenen zu beschreiben und transparent zu halten.

Gender Mainstreaming als Strategie, durch welche *Entwicklung*sprozesse initiiert und Impulse zu deren Steuerung gesetzt werden, ist gerichtet auf das Ziel, Gleichstellung von Frauen und Männern in unterschiedlichsten Systemzusammenhängen herzustellen. Eine Voraussetzung für den Erfolg dieser Strategie, ist die Einbindung von Frauen und Männern in die Initiierung, Steuerung und Bewertung dieser Entwicklungsprozesse.

Die Entwicklung zu *gleichgestellten Geschlechterverhältnissen* ist nun nicht so zu denken, dass die einen etwas gewinnen oder etwas nachzuholen haben und die anderen etwas verlieren. Wesentlich scheint, davon auszugehen, dass damit ein Entwicklungsprozess eingeleitet wird, der allen Beteiligten und Betroffenen *Nutzen* bringt.

Dass für gleichstellungsorientierte Entwicklung eben auch gleichberechtigte Voraussetzungen für die *Teilhabe an diesem Entwicklungsprozess* zu schaffen sind, ist in den meisten Fällen vorauszusetzen. Doch auch der Einsatz von auf Person-Entwicklung gerichteter kompensatorischer Maßnahmen zur Herstellung von Geschlechtergerechtigkeit ist selbst wieder unter dem Gender Mainstreaming-Blickwinkel zu betrachten und auf Gleichstellungsorientierung hin zu überprüfen.

Spannungsreich erscheint auch die Balance zwischen dem wirtschaftlichen und gesellschaftspolitischen Nutzen, welcher durch den Einsatz von Gender Mainstreaming generiert werden kann. Hoffnung liegt sowohl darin, eine *Dynamisierung der Gesellschaft, eine Demokratisierung* herbeizuführen, als auch *eine erhöhte Dynamik in Wirtschaft und am Arbeitsmarkt* zu bewirken. Das heißt, wird eine Veränderung der Geschlechterverhältnisse ernsthaft als Ziel betrachtet, so wird diese Veränderung weder wirtschaftliche noch gesellschaftspolitischen Strukturen und Prozesse unberührt lassen können. Insofern ist die Forcierung der Strategie des Gender Mainstreaming von Seiten der UNO oder der EU vor genau diesem Hintergrund zu reflektieren und zu beachten, dass die Implementierung von Gender Mainstreaming zwar dem Erreichen von Gleichstellungszielen dient, diese jedoch noch nicht garantiert.

Frauenpolitische Betrachtungen zum Thema (Un-)Gleichstellung der Geschlechter am Arbeitsmarkt, oder: Wie und wem nutzt Gender Mainstreaming?

Werden Gender Mainstreaming und Gleichstellungsziele in ein Projekt eingeführt, so sind grundsätzlich die gängigen Vorgangsweisen und Prinzipien, wie sie auch für die Sicherung und Entwicklung von Qualität in Organisation Gültigkeit haben, zu wählen.

Aus Sicht der Organisationsentwicklung führt die Implementierung von Gender Mainstreaming zu einer Qualitätssteigerung sowie einer Erhöhung der Gesamt-Effektivität, auch wenn anfangs möglicherweise die Komplexität steigt. Der Prozess dieses „Gender-Mainstreamens", des Überprüfens und Entwickelns von Strukturen und Prozessen im Hinblick auf die geschlechtsspezifischen Wirkungen, folgt dem Muster:

Gleichstellung ist das Ziel, Gender Mainstreaming der Weg

Genauso wie Gleichstellungsziele zu verhandeln und festzulegen sind, so sind auch die Maßnahmen und Tätigkeiten, die der Zielerreichung dienen, zu definieren und zu verhandeln. Die Annäherung an dieses Thema aus politischer Perspektive (in Abgrenzung zur organisationsentwicklerischen Herangehensweise) führt zu der konkreten Handlungsanweisung für das Vorgehen, wie sie sich eben in der Definition des Europarates finden.

Das Hauptaugenmerk liegt damit auf der Veränderung von Strukturen. Die Gestaltung und Veränderung von politischen Rahmenbedingungen für das Handeln der oder des Einzelnen rückt in den Mittelpunkt.

Zusammenfassend sei noch einmal festgestellt, dass sich die Effekte von Gender Mainstreaming und Gleichstellung in zwei Dimensionen bewegen müssen und können:

- Einer ethischen Dimension, wenn sich nationale (Arbeitsmarkt-) Politik einer Werteebene und auch deren Gestaltung verpflichtet, sie sich für die gesellschaftlichen Entwicklungen verantwortlich fühlt und nicht nur für die kurzfristige Veränderung von Zahlen im internationalen Zusammenhang.

- Einer Dimension, die auf Nachhaltigkeit von Maßnahmen abzielt, wenn qualitätsvolle Entwicklung von Strukturen und Prozessgestaltung, sowie Effizienz und Effektivität bei der Erreichung öffentlicher Wirksamkeit der Leistungen und Wertvorstellungen von Politik im Vordergrund stehen.
- Das heißt: Gender Mainstraming nutzt dann, wenn Veränderung tiefgreifend gewollt wird, und die Kompetenz aller AkteurInnen vor diesem Hintergrund weiterentwickelt und geschärft wird.

Literatur

Kommission der Europäischen Gemeinschaften (Hg.): Mitteilung der Kommission an den Rat. Entwurf des gemeinsamen Beschäftigungsberichts 2004/2005. {SEC(2005)67}. Brüssel, 27.1.2005. KOM(2005)13 endgültig.
www.bmwa.gv.at/BMWA/Themen/Wirtschaftspoltik/Beschäftigung/Aktionsplan vom 24. 4. 2005
AK Wien (Hg.): AK aktuell 4/04. Einkommensunterschiede Frauen – Männer. S.2.
Rubery, Jill/Fagan,Claire u.a.: Chancengleichheit und Beschäftigung in der Union. Wien, 1998.

Literaturhinweise Gendertheorien (Auswahl)

Althoff, Martina/Bereswill, Mechthild/Riegraf, Birgit (2001): Feministische Methodologien und Methoden. Traditionen, Konzepte, Erörterungen. (= Lehrbuchreihe zur sozialwissenschaftlichen Frauen- und Geschlechterforschung. Band 3.) Opladen.
Becker, Ruth/Kortendiek, Beate (Hg., 2004): Handbuch Frauen- und Geschlechterforschung. Theorien, Methoden, Empirie. Wiesbaden.
Braun, Christina von/Stephan, Inge (Hg., 2000): Gender Studien. Eine Einführung. Stuttgart, Weimar.

Goffman, Erving (2001): Interaktion und Geschlecht. Frankfurt, New York: Campus.
Hark, Sabine: Dis/Kontinuitäten (2001): Feministsche Theorie. (= Lehrbuchreihe zur sozialwissenschaftlichen Frauen- und Geschlechterforschung. Band 3.) Opladen.
Hauser-Schäublin, Brigitta/Röttger-Rössler, Birgitt (Hg., 1998): Differenz und Geschlecht. Neue Ansätze in der ethnologischen Forschung. Berlin.
Hertzfeldt, Hella/Schäfgen, Katrin/Veth,Silke (Hg., 2004): GeschlechterVerhältnisse. Analysen aus Wissenschaft, Politik und Praxis. Berlin.
Honegger, Claudia/Arni, Caroline (Hg., 2001): Gender. Die Tücken einer Kategorie. Joan W. Scott, Geschichte und Politik. Zürich.
Koppert, Claudia/Selders, Beate (Hg., 2003): Hand aufs dekonstruierte Herz. Verständigungsversuche in Zeiten der politisch-theoretischen Selbstabschaffung von Frauen. Königstein/Taunus.
Kroll, Renate (Hg., 2002): Metzler Lexikon. Gender Studies – Geschlechterforschung. Stuttgart, Weimar.
Waniek, Eva/Stoller, Silvia (Hg., 2001): Verhandlungen des Geschlechts: Zur Konstruktivismusdebatte in der Gender-Theorie. Wien.
Wobbe, Theresa/Lindemann, Gesa (Hg., 1994): Denkachsen. Zur theoretischen und institutionellen Rede von Geschlecht. Frankfurt.

Literaturhinweise Gender Mainstreaming (Auswahl)

Bendl, Regine/Hanappi-Egger, Edeltraud/Hofmann, Roswitha (Hg., 2004): Interdisziplinäres Gender- und Diversitätsmanagement. Einführung in Theorie und Praxis. Wien.
Bergmann, Nadja/Gubitzer, Luise/Klatzer, Elisabeth/Klawatsch-Treitl, Eva/Neumayr, Michaela (2004): Gender Budgeting. Handbuch zur Umsetzung geschlechtergerechter Budgetgestaltung. Wien.
Bergmann, Nadja/Pimminger, Irene (2004): Praxishandbuch Gender Mainstreaming. Konzepte – Umsetzung – Erfahrungen. Wien.

Degethoff de Campos, Heidi/Haase, Sigrid/Koreuber, Mechthild/Kriszio, Marianne (Hg., 2002): Zielvereinbarungen als Instrument erfolgreicher Gleichstellungspolitik. Ein Handbuch. Kirchlinteln.

Gindl, Karoline/Bauer-Wolf, Stefan/Purer, Verena (2004): EU-Regionalpolitik und Gender Mainstreaming in Österreich. Anwendung und Entwicklungsansätze im Rahmen der regionalen Zielprogramme. Hg. v. Österreichische Raumordnungskonferenz (ÖROK). Schriftenreihe Nr. 165. Linz.

Hofmann, Isolde/Körner, Kristin/Färber, Christine/Geppert, Jochen/Rösgen, Anne/Wanzek, Ute (2003): Gender Mainstreaming in Sachsen-Anhalt. Konzepte und Erfahrungen. Hrsg. v. Minsterium für Gesundheit und Soziales des Landes Sachsen-Anhalt. Opladen.

Lang, Klaus/Mönig-Raane, Margret/Pettersson, Gisela/Sommer, Michael (Hg., 2004): Die kleine große Revolution. Gender Mainstreaming – Erfahrungen, Beispiele, Strategien aus Schweden und Deutschland. Hamburg.

Naylon, Isabel/Weber, Frederike (2000): Gender Mainstreaming als Ansatz einer Politik der Gleichstellung am Arbeitsmarkt. Die ESF-Vorgaben als Impuls für die Berücksichtigung der Chancengleichheit von Frauen und Männern in der Arbeitsmarktpolitik. AMS report 14. Wien.

Pimminger, Irene (2001): Handbuch Gender Mainstreaming in der Regionalentwicklung. Einführung in die Programmplanung. Wien.

Schacherl, Ingrid (Hg., 2003): Gender Mainstreaming. Kritische Reflexion. Sozial- und Kulturwissenschaftliche Studientexte. Band 8. Innsbruck.

Themenschwerpunkt Gleichstellungspolitik, Gender Mainstreaming, Geschlechterverhältnisse. Neue Diskurse – alte Praxis? Zeitschrift für Frauenforschung Geschlechterstudien. Bielefeld: Heft 1+2/2002.

Themenschwerpunkt Hochschul- und Wissenschaftsentwicklung durch Gender Mainstreaming? Zeitschrift für Frauenforschung Geschlechterstudien. Bielefeld: Heft 3/2002.

Gender Mainstreaming (GM) im technologiepolitischen Umfeld.
Eine Analyse mit Schwerpunkt Informations- und
Kommunikationstechnologie (IKT)

Barbara Fuchs

1 Einleitung

Unter Technologiepolitik können alle politischen Aktivitäten zur Steuerung von technisch orientierter Forschung und Entwicklung sowie des Einsatzes und der gesellschaftlichen Evaluation von Technologie verstanden werden[1]. In meinem Beitrag gehe ich von der Frage aus, inwiefern und mit welchen Auswirkungen die österreichische Bundesregierung seit dem Jahr 2000 Gender Mainstreaming (GM) bei der Formulierung ihrer technologiepolitischen Ziele und deren Umsetzung anwendet. In einem ersten Schritt zeige ich Ursachen für das Fortbestehen von Geschlechterdifferenzen bezüglich Technologie auf der symbolischen, individuellen und strukturellen Ebene auf. Im Anschluss arbeite ich Merkmale der österreichischen Technologiepolitk heraus und untersuche ob und wie die Konkretisierung von Gender Mainstrea-

---

[1] Mit dem Begriff *Technik* bezeichne ich materielle Artefakte (z.B. Werkzeuge, Hard- und Software), die zur Herstellung eines Produktes oder zum Angebot einer Dienstleistung verwendet werden. Der Begriff *Technologie* umfasst alle Verfahren zur Produktion von Gütern und Dienstleistungen, die einer Gesellschaft zur Verfügung stehen. *Technologie* beinhaltet die Komponenten der Technik sowie die materiellen und immateriellen, die sozio-ökonomischen und die organisatorischen Voraussetzungen für ihre Entwicklung und ihren gesellschaftlichen Einsatz (vgl. Wächter 2003, S. 33f.).

ming in der österreichischen Technologiepolitik die oben erwähnten Ebenen der Geschlechterdifferenzierung beeinflusst[2]. Der Schwerpunkt liegt beim Politikfeld Informations- und Kommunikationstechnologie.

2 Die (Re-)Produktion von Geschlechterdifferenz

Der feministisch-kritische Diskurs hat eine besondere Nähe zwischen Technik und logisch-rational konzipierter Männlichkeit herausgearbeitet. Historisch gesehen war es vorrangig das Machtinteresse des absolutistischen Staates, der die Möglichkeiten neuer Techniken zum Ausbau seines Gewaltmonopols und zur Maximierung seiner Ressourcen zu nutzen begann (vgl. Kreibich 1986 zit. in Simonis 1993, S. 43). Im Verlauf des 19. und 20. Jahrhunderts wurde die technologische Entwicklung, neben ihrer militärischen Bedeutung, als Motor für Wachstum und Wettbewerbsfähigkeit ein wichtiger Bestandteil des patriarchalen Fortschrittsprojekts. Damit einhergehend institutionalisierten sich geschlechterspezifische Sozialisationsmuster und Hierarchisierungen im Einsatz von männlicher und weiblicher Arbeitskraft. Während Männern gestalterische Kraft und technische Kompetenz zugeordnet wurden, konstruierte sich die weibliche Norm-Identität über Technikferne und Technikdistanz. Im Zuge dieser Entwicklung wurden auch jene Techniken, welche traditionell von Männern dominiert wurden, als innovativ, dynamisch und erneuernd bewertet während die Bedeutung der von Frauen entwickelten und angewandten Techniken, wie zum Beispiel in der Medizin und im Haushalt bagatellisiert und in die reproduktive Sphäre verwiesen wurden (vgl. Schmidt 1999, S. 13ff. und Wajcman 1994, S. 166f).

Obwohl Frauen im 21. Jahrhundert in den unterschiedlichsten Berufen, wie beispielsweise als Informatikerin, Ärztin und Sekretärin, täglich moderne Technik einsetzen und an ihrer Entwicklung mitarbeiten, hat sich an den ge-

---

[2] Meine Untersuchung basiert auf einer Analyse der Regierungsprogramme der Österr. Bundesregierung aus den Jahren 2000 und 2003, der Technologieberichte aus den Jahren 2003 und 2004 und Publikationen im Technologiebereich, die im Auftrag der österreichischen Bundesregierung erstellt wurden.

schlechter-stereotypen Zuschreibungen in den westlichen Industrieländern wenig verändert. Zwar wurde von den meisten Regierungen seit den 1980er Jahren der Technik-determinismus des frühindustriellen Fortschrittprojekts, der postulierte dass alles was technisch machbar auch sozial und ökonomisch durchsetzbar sowie wünschenswert ist, aufgegeben. In Forschungen wurde aufgezeigt, „dass soziale Strukturen, Machtverhältnisse und konkurrierende Interessen erheblichen Einfluss auf die Technikentwicklung nehmen." (Collmer 1999, S. 56) Eine Veränderung der Machtverhältnisse oder die Einbindung geschlechtsspezifischer Interessenslagen in die Formulierung von Technologiepolitik lassen sich aber bisher kaum nachweisen. Frauen, ältere und behinderte Menschen bleiben weitgehend von der Partizipation an Technikentwicklung ausgeschlossen (vgl. Hanappi-Egger 2003, S.16).

Auf der *symbolischen Ebene* wird Technik nach wie vor als maskulines Terrain konstruiert, das Männer verteidigen und durch eine spezifisch männliche Kultur abgrenzen. Die Herstellung dieser Kultur beginnt bei der kindlichen Sozialisierung und findet in den Volks- und höheren Schulen ihre Fortsetzung. Das Lehrpersonal strebt zwar die gleiche Förderung von Jungen und Mädchen in den Fächern Physik, Mathematik und Informatik an, nimmt aber eine unbewusste Geschlechterdifferenzierung vor, da der Interessenverlust von Mädchen an diesen Fächern in der Pubertät als normal angesehen wird. Dadurch lernen die Kinder Computer in Verbindung mit Jungen zu bringen. Mädchen gehen in der Folge mit weniger Selbstvertrauen an den Computer heran und setzen technische Kompetenz mit männlich gleich. Die später beobachtbare, unterschiedliche Herangehensweise beruht also nicht auf der biologischen Geschlechterdifferenz, sondern reflektiert die gesellschaftlichen Rollenerwartungen (vgl. Rebsamen 2004, S. 3ff).

Die Geschlechterbeziehung auf *individueller* Ebene äußert sich durch die alltägliche Produktion von unterschiedlichen Geschlechteridentitäten, wobei technische Kompetenz, wie oben dargestellt, dem männlichen Geschlecht zugeordnet wird (vgl. Wajcman 1994, S. 58). Die männliche Vergeschlechtlichung der Technik konfrontiert die darin tätigen Frauen mit einer spezifischen Situation. Sie repräsentieren im Beruf die Kategorie Frau und stoßen auf stereotype Erwartungshaltungen. Eine Informatikerin wird primär in ihrer Frauenrolle und nicht in ihrer Berufsrolle wahrgenommen, wodurch

Barbara Fuchs

ihre berufliche Fachkompetenz oft abgewertet wird. Um akzeptiert zu werden, spielen manche Frauen die Geschlechterdifferenz herunter, ohne sie ganz verschwinden zu lassen. „Dies erfordert von ihnen ein subtiles Oszillieren zwischen *doing und undoing gender*" (Heintz 1997, S. 228 zit. in Rebsamen 2004, S. 5). Frauen in technischen Berufen grenzen sich auch dadurch ab, dass sie sich selbst als Ausnahmefrauen darstellen. Diese Konstruktion wird vom männlich dominierten Umfeld unterstützt, da sie keine Reflexion erfordert und die Integration der Ausnahmefrau in das System ermöglicht.

Auf der *strukturellen Ebene* wird die Geschlechterdifferenz über Machtstrukturen, über Zugang zu Ressourcen (u.a. Bildung, Finanzen, Kinderbetreuung) und die spezifische Praxis von Beförderungs- und Karrierewegen reproduziert.

3 Die Umsetzung von GM in der österreichischen Technologiepolitik

Gender Mainstreaming[3] als polit-strategischer Ansatz zur Gleichstellung der Geschlechter birgt das Potential auf allen oben erwähnten Ebenen wirksam zu werden, und Veränderungen in der symbolischen Technikkultur, in der individuellen Reproduktion von Geschlechteridentität und in den Strukturen herbeizuführen. Als Ansatzpunkte eröffnen sich der österreichischen Bundesregierung dabei die Formulierung der technologiepolitischen Ziele und die etablierten Bereiche politischer Steuerung, nämlich die Förderung von Forschung und Entwicklung, die Technologieregulierung und die Selbsttechnisierung des Staates (vgl. Seeger 1993, S. 9ff).

---

[3] Unter Gender Mainstreaming der Technologiepolitik verstehe ich Maßnahmen, die die Auswirkungen von Technik auf die Geschlechterverhältnisse deutlich machen und die Gleichstellung der Geschlechter zum Ziel haben. Zur begrifflichen Klärung von GM verweise ich auf die theoretischen Beiträge im vorliegenden Band.

3.1 Merkmale der österreichischen Technologiepolitik

Die österreichische Technologiepolitik wird seit dem Jahr 2000 durch die neoliberale Politik[4] der österreichischen Bundesregierung geprägt. Technischer Fortschritt wird mit wirtschaftlichem Wachstum und internationaler Wettbewerbsfähigkeit gleichgesetzt und mit positiven Beschäftigungseffekten am Standort Österreich assoziiert[5]. Die politische Steuerung fokussiert deshalb auf den Bereich der Forschung und Entwicklung (F&E) und erklärt die Steigerung der F&E-Quote von geschätzten 2,27 % des Bruttoinlandsproduktes (BIP) im Jahr 2004, auf 2,5 % des BIP im Jahr 2006 und auf 3 % des BIP bis in das Jahr 2010 zum übergeordneten Ziel (vgl. Österreichische Bundesregierung 2003, S. 26). Die Rahmenbedingungen für Forschung und Entwicklung werden, ebenso wie für die Vermarktung, Anwendung, Evaluation und Ablöse spezifischer Techniken, durch die Instrumente und Massnahmen der Technologieregulierung gestaltet. Diese lässt sich seit dem Jahr 2000 durch folgende Merkmale charakterisieren:

---

[4] Wissenschaftlich fundiert wird der Neoliberalismus durch die Neoklassik, die postuliert, dass die Verteilung der Produktionsfaktoren am effizientesten ist, wenn sie den rationalen, von Preisen geleiteten, Entscheidungen der Konsumierenden folgt. Dies setzt voraus, dass sich die Preise unter den Bedingungen des freien Wettbewerbs bilden. Neoliberale Wirtschaftspolitik reduziert sich folglich auf die Sicherung von Rahmenbedingungen, vor allem Schutz des Privateigentums und vertragliche Rechte, und zielt auf eine Forcierung von Marktkräften und Ökonomisierung weiter gesellschaftlicher Bereiche. Der Markt als Allokationsmechanismus übernimmt zunehmend auch die Distribution der Einkommen, während Sozialpolitik verstärkt auf individuelle Verantwortung und privatwirtschaftlich organisierte Daseinsvorsorge zielt. Vgl. zur Geschichte und zum Begriff Neoliberalismus George (1999), Kreisky (2001) und Michalitsch (2004).

[5] „Die österreichische Bundesregierung wird die Investitionen für Forschung bis 2006 um 2,5 % des BIP erhöhen, damit werden der Wirtschaftsstandort und Arbeitsplätze gesichert" (Österreichische Bundesregierung 2003, S. 26). Ebenso argumentieren die AutorInnen des Technologieberichtes 2003: „Die Anstrengungen in den Bereichen Forschung und Entwicklung (F&E) sowie die Investitionen in Ausbildung sind ein wesentlicher Faktor für die Leistungsfähigkeit einer Volkswirtschaft. Die Investitionen in F&E stehen in einem langfristigen Zusammenhang mit Wachstum, Produktivitätsentwicklung und dem Pro-Kopf-Einkommen eines Landes" (Bundesministerium für Bildung, Wissenschaft und Kultur 2003, S. 8). Zur theoretischen Verankerung siehe Robert. M. Solow in Mankiw 2000, S. 122ff., S. 146f.

- Die Liberalisierung des Technologiesektors und die Privatisierung von Technologieunternehmen (u.a. Telekommunikation, Stahl und Energie).
- Die Rücknahme von direkten zugunsten von indirekten Steuerungseingriffen und von marktvermittelten Prozessen zur Entwicklung, Anwendung und Evaluation von Techniken. Direkte Eingriffe beschränken sich weitgehend auf die Vorgabe von Sicherheits- und Qualitätskriterien, die Sicherung der Grundversorgung sowie die ex-post Regulation von Marktversagen.
- Die Reduktion öffentlicher Finanzmittel und die Förderung von privaten Finanzierungen, insbesondere durch Risikokapital und private InvestorInnen.
- Der Einsatz von industriepolitischen und angebotsstimulierenden Maßnahmen.
- Die Standardisierung und Erfolgskontrolle von technologiepolitischem Handeln mittels quantitativer Indikatoren, wie z.B. die Anzahl von registrierten Hochtechnologiepatenten oder von Marktneuheiten eines Unternehmens in % seines Umsatzes (vgl. Rat für Forschung und Technologieentwicklung 2002, S. 10).

Bei der Selbsttechnisierung des Staates rücken die Interessen der nationalen Sicherheitspolitik[6] und unter dem Begriff „e-Government" die technisch-organisatorische Rationalisierung der Verwaltung in den Mittelpunkt[7].

Zusammengefasst verfolgt die aktuelle Technologiepolitik technisch-ökonomische Ziele zur Steigerung von Effizienz und Produktivität. Die Ge-

---

[6] So sollen z.B. unter dem Einsatz neuer Informations- und Kommunikationstechniken der Austausch von Persönlichkeitsdaten im Schengenraum, der Lauschangriff und die Rasterfahndung (vgl. Österreichische Bundesregierung 2000, S. 45ff.) und ein zentrales europäisches Visa-„Identifizierungssystem" (Österreichische Bundesregierung 2003, S. 7) realisiert werden.

[7] Vgl. hierzu die Ausführungen der Österreichischen Bundesregierung (2000, S. 77): „Verbesserung der Zugangsmöglichkeiten zu den Verwaltungen über elektronische Medien. Bis 2005 sollen schrittweise alle Verwaltungswege elektronisch abwickelbar sein" sowie die „e-government-Offensive" (Österreichische Bundesregierung 2003, S. 36). Zur Reduktion der Verwaltungskosten soll auch die „Harmonisierung der IT-Systeme der Sozialversicherungsträger unter Berücksichtigung bestehender Kompetenzzentren und Einführung der e-Card als Ersatz für den Krankenschein (vgl. Österreichische Bundesregierung 2003, S. 21) beitragen.

staltung von nicht-technischen Nachhaltigkeitskriterien, wie etwa Demokratieverträglichkeit, gesellschaftliche bzw. individuelle Auswirkungen sowie die Betrachtung der ökologische Gesamtbelastung des sozio-technischen Systems werden großteils ausgeklammert und nicht zu den Aufgabenfeldern technologiepolitischen Handels gezählt[8].

3.2 Ansätze und Praxis von GM im Umfeld Technologie

Die österreichische Bundesregierung bekennt sich zur Umsetzung von GM als Ergänzung zu frauenfördernden Maßnahmen[9]. In Folge der Ausrichtung politischer Techniksteuerung werden mögliche GM-Ansätze auch mit einem Schwerpunkt auf Forschung und Entwicklung wie folgt konkretisiert (Technologiebericht 2003, S. 135):

- Steigerung der Repräsentanz von Forscherinnen in der universitären, außeruniversitären und industriellen Forschung: in Förderprogrammen, in Projekten, in Ausbildungsmaßnahmen, entsprechend ihrer Position in den Forschungsprojekten und im Unternehmen,
- Steigerung der Repräsentanz von Forscherinnen in Auswahl- und Entscheidungsgremien: Steering-Committee, Projektauswahl- und Berufungs-Hearings, Begutachtungen etc,
- Spezielle Förderprogramme für Frauen in Wissenschaft und Technik,
- Rahmenbedingungen für die Vereinbarkeit von Beruf und Familie/privat: Arbeitszeitregelungen, Kinderbetreuungsangebote, qualifizierte Teilzeitstellen,
- Geschlechtssensible Sprache: Kenntlichmachung von weiblichen und männlichen Personen,
- Gender-relevante Themenstellungen in Forschungsarbeiten: bisher vor allem in naturwissenschaftlich-technischen Bereich wenig ausgeprägt,

---

[8] Für eine Diskussion zur Integration von nicht-technischen Kriterien in die Politik vgl. Fleissner 1998, S. 4f.

[9] Vgl. hierzu die Ministerratsbeschlüsse vom 11. Juli 2000, 3. April 2002 und 9. März 2004, abrufbar unter http://www.imag-gendermainstreaming.at/cms/imag/content.htm?channel=CH 0133&doc=CMS1060357872986 (Februar 2005).

- GM-konforme Formulierung der Rechtsgrundlagen (z.B. Forschungs- und Technologieförderungsgesetz).

Von diesen Ansätzen können die ersten drei mit Frauenförderung gleichgesetzt werden, die durch das Rahmenprogramm „FFORTE"[10] mit dem Schwerpunkt, den Frauenanteil in technischer Forschung und technischen Berufen anzuheben, weiterhin umgesetzt wird.[11] Die Rahmenbedingungen für die Vereinbarkeit von Beruf und Familie werden vorwiegend durch die Beschäftigungs- und Sozialpolitik gestaltet.

In Bezug auf die drei letztgenannten GM-Ansätze ergibt sich folgendes Bild. Die geschlechtersensible Formulierung in technologiepolitisch relevanten Veröffentlichungen erfolgt nicht konsequent und lässt in vielen Fällen offen, ob durch die geschlechterspezifische Formulierung tatsächlich hierarchische Geschlechterverhältnisse definiert werden sollen. Beim Durchlesen des Regierungsprogrammes stiess ich etwa auf folgende Formulierung[12]: „*Wissenschafter* in Österreich: Attraktivere Wissenschaftslaufbahnen (...), Internationalisierungsprogramme für *Jungforscher*, Erhöhung des Frauenanteils durch Verstärkung der bestehenden Instrumentarien" (Österreichische Bundesregierung 2003, S. 25). Im ersten Aufruf zur Einreichung von Projektvorschlägen des Förderprogrammes „FIT-IT"[13] wird die Zielgruppe wie folgt de-

---

[10] Das ministerienübergreifende Programm „FForte – Frauen in Forschung und Technologie" und seine Projekte sind unter http://wwwapp.bmbwk.gv.at/womenscience/d/fforte_01.htm beschrieben (Februar 2005).

[11] Der Rat für Forschung- und Technologieentwicklung stellt allerdings fest, dass traditionelle Frauenförderungsmaßnahmen aufgrund mangelhafter Koordination und fehlender Finanzierung geringe Erfolge zeitigen (Nationaler Innovations- und Forschungsplan 2002, S. 51).

[12] Die Kursivstellung der Formulierungen wurde von mir zur Hervorhebung vorgenommen.

[13] Das Bundenministerium für Verkehr, Innovation und Technologie (BMVIT) führt in der laufenden Legislaturperiode 6 Förderprogramme durch. Das Programm mit dem Titel „Neue Technologien" umfasst die beiden Initiativen „Nano-Technologien" (NANO) und „Forschung, Innovation, Technologie – Informationstechnologie" (FIT-IT). NANO beschäftigt sich mit neuen Techniken basierend auf den Manipulationen von Atomen und Molekularen. Zu den Anwendungen zählen z.B. neue optische Verfahren, chemische Stoffe und Formen elektronischer Speichermedien. FIT-IT hat die Entwicklung innovativer Informations- und Kommunikationstechnologie zum Ziel. Für genauere Informationen siehe: http://www.bmvit.gv.at sowie http://www.fit-it.at/ und http://www.asaspace.at/index2.htm.

finiert: „Unternehmen, *Einzelforscher* und Forschungsinstitute". Die Projektorganisation der Förderinitiative „NANO" wird wie folgt beschrieben: „Der Vorsitz des Managementteams wird vom *NANO-Programmleiter* der ASA[14] wahrgenommen. Die Mitglieder des Managementteams sind *MitarbeiterInnen* der im Lenkungsausschuss vertretenen Organisationen" (Austrian NANO Initiative 2004a, S. 14).

Der Ansatz gender-relevante Themenstellungen in Forschung und Entwicklung zu fördern ist sicherlich viel versprechend. Durch die Berücksichtigung von Geschlechterverhältnissen steigt die Attraktivität für beide Geschlechter sich daran zu beteiligen. Darüber hinaus wird der Wissensstand über Auswirkungen von Technologie auf die Geschlechterverhältnisse ausgeweitet. Allerdings konnte ich bei der Durchsicht der Ausschreibungen im Rahmen der Technologieförderprogramme keinen Hinweis auf eine Konkretisierung dieses Ansatzes finden. So fehlen auch in beiden zuvor erwähnten Förderprogrammen FIT-IT und NANO zwingende Vorgaben und Beispiele für Forschungsvorhaben mit Genderrelevanz. Als Evaluierungskriterium werden Genderaspekte sogar explizit ausgeschlossen: „Genderaspekte werden jedoch im Beurteilungsverfahren *NICHT als Evaluierungskriterium*[15] herangezogen" (Austrian NANO Initiative 2004b, S. 4).

Zum Ansatz der GM-konformen Formulierung der Rechtsgrundlagen (z.B. Forschungs-und Technologieförderungsgesetz) ist zunächst festzuhalten, dass das 2004 erlassene Forschungsförderungs-Strukturreformgesetz, das auch die Organisation, die Finanzierung und Durchführung von technologischer Forschung regelt, ausschliesslich männliche Formulierungen erhält.[16] In der inhaltlichen Ausgestaltung fehlen Genderkriterien insbesondere hinsichtlich der Organisation von Entscheidungs- und Begutachtungsgremien, der Vorgabe an Förderprogramme sowie der Vergabe von Fördermitteln. Das

---

[14] Austrian Space Agency (ASA).
[15] Hervorhebung in fetter Schrift und Grossbuchstaben findet sich im Originaltext.
[16] Z.B.:" § 7. (1) Die Gesellschaft hat zwei Geschäftsführer." und § 8. (3) „Die Programme werden von den Geschäftsführern erarbeitet, vom Aufsichtsrat beschlossen und sind dem Bundesminister für Verkehr, Innovation und Technologie sowie dem Bundesminister für Wirtschaft und Arbeit zur Genehmigung vorzulegen" (73. Bundesgesetz: Forschungsförderungs-Strukturreformgesetz, S. 4).

Fehlen von solchen Regelungen resultiert in einer ungleichen Beteiligung der Geschlechter bei Entscheidungen, Inanspruchnahme von Fördermitteln und Beteiligung an Förderprogrammen. So wurden im Jahr 2000 in den neu eingerichteten Rat für Forschung- und Technologieentwicklung mit insgesamt 8 stimmberechtigten Mitgliedern zwei Frauen berufen.[17] Dies entspricht einem Frauenanteil von lediglich 25 % bei einer Berufung auf 5 Jahre. Die von der EU empfohlene Genderquote von 40 % wurde damit deutlich verfehlt, obwohl es sich ausschliesslich um erstmalige Neuberufungen handelte.[18] Ein ähnliches Bild ergibt sich bei der Zusammensetzung des Personals auf allen Ebenen von wichtigen öffentlichen technologischen Forschungsinstitutionen. „Exemplarisch kann der Frauenanteil in technologieorientierten Forschungseinrichtungen wie Austrian Research Centers oder Joanneum Research angeführt werden, der jeweils unter 20 % liegt." (Femtech Überblick Forschungsunternehmen 2005, S. 1)

Der Frauenanteil bei den technologischen Förderprogrammen des BMVIT war im Jahr 2003 noch geringer. „Im Rahmen der mehr als 200 untersuchten Projekte sind 1.404 Personen (…) tätig, davon sind 161 Frauen. Das entspricht einem Frauenanteil (…) von 11 %. Absolut gesehen werden 30 der 202 Projekte von Wissenschafterinnen geleitet. Das entspricht einem Frauenanteil auf der Ebene der Projektleitung von 14 %. In vier Programmlinien gibt es keine einzige Frau auf der Ebene der Projektleitung. (…) Die Auswertung der Frauenbeteiligung nach Projektkategorie zeigt, dass bei Projekten im Bereich der Technologie- und Komponentenentwicklung am we-

---

[17] Die Einrichtung eines Rates für Forschung und Technologieentwicklung (RFT) wurde im Regierungsprogramm 2000 beschlossen und im selben Jahr umgesetzt. Zu seinen Aufgaben zählen die „verbindliche Festlegung von Schwerpunkten für die Förderungspolitik aller Fonds, die Beratung der Bundesregierung, die Zusammenführung von universitärer Forschung und angewandter Forschung/Technologie in den Unternehmen, Monitoring und internationales Bench-Marking des Innovationssystems" (Österreichische Bundesregierung 2000, S. 58). Informationen zu seinen Mitgliedern sind unter http://www.rat-fte.at/de.php erhältlich (Februar 2005).

[18] Vgl. Zur Definition der EU-Genderquote, die von der österreichischen Bundesregierung mit der Umsetzung von Gender Mainstreaming übernommen wurde sie den Kommissionsentscheid aus dem Jahr 2000, Official Journal L 154, 27/06/2000 S. 34, http://europa.eu.int/comm/employment_social/equ_opp/news/balance_en.html.

nigsten Frauen beteiligt sind (3 %). Den höchsten Frauenanteil haben Projekte aus dem Bereich der Grundlagenforschung (16 %). Demnach sind Frauen, wenn sie in technologieorientierten Forschungsprogrammen tätig sind, vor allem in Grundlagenprojekten tätig, die vermehrt einen sozialwissenschaftlichen Ansatz haben. Insgesamt lässt sich (…) eine hohe Beteiligung des Unternehmenssektors als einreichende Institutionen feststellen, wobei der Frauenanteil im Unternehmenssektor mit 9 % (67 von 753 Personen) relativ gesehen am geringsten ist. Den höchsten Anteil an Frauen erreichen die privaten/gemeinnützigen Forschungseinrichtungen mit 29 % gefolgt von den außer-universitären Großforschungseinrichtungen mit 15 %" (Schrattenecker 2004, S. 5f.).

4 Fazit und Ausblick von GM in der österreichischen Technologiepolitik

Grundsätzlich wird durch die neoliberale Ausrichtung der Technologiepolitik[19] die traditionelle Geschlechterdifferenzierung auf allen drei eingangs erwähnten Ebenen tendenziell verstärkt, da „die Forschungs- und Technologiepolitik ein Geschlecht besitzt und ein androzentrisches Politikprojekt darstellt. Denn indem ihre Maßnahmen vor allem auf die Steigerung der ökonomischen Konkurrenzfähigkeit und die Verbesserung der ökonomischen Verwertungsbedingungen ausgerichtet sind, trägt sie grundsätzlich zur Aufrechterhaltung der geschlechtshierarchischen Arbeitsteilung und der Vergrösserung der patriarchalen Dividende bei. Dabei ist das Politikfeld allgemein von einer ausgeprägten quantitativen männlichen Dominanz und einem geschlechtshierarchischen Genderregime gekennzeichnet" (Döge 1999, S. 45)[20]. Während die bisherigen Frauenförderungs- und GM-Massnahmen die männliche Symbolik und individuelle Situation von Frauen thematisieren, verschärft die Technologiepolitik potentiell die Geschlechterdifferenzen auf

---

[19] Vgl. hierzu meine Ausführungen in Kapitel 3.1.

[20] Zum neoliberalen Genderregime verweise ich auf Janine Brodie, die argumentiert, dass der Neoliberalismus trotz Ignoranz der Kategorie Geschlecht eine „von Grund auf geschlechtlich codierte Philosophie des Regierens" ist: Brodie 2004, S. 25.

struktureller Ebene. Als mögliche Ursachen für negative Effekte auf die Gleichstellung der Geschlechter in der Technologie sehe ich folgende Entwicklungen:

Politisches Steuerungshandeln kann in jeder Phase eines idealtypischen Lebenszyklus einer Techniklinie – Technikgenese (Innovation), Anwendung und Verbreitung (Implementation & Diffusion) und Technikabfolge (Elimination oder Diversifikation) wirksam werden (vgl. Seeger/Kubicek 1993, S. 9ff). Die österreichische Bundesregierung konzentriert sich auf die Ausgestaltung von technischer Forschung und Entwicklung während der Technikgenese. Welche Technik sich durchsetzen kann und soll, wann welche Technik abgelöst werden soll oder muss, wird dem Markt überlassen. Frauen verfügen jedoch über geringere Finanzmittel um Techniken nachzufragen, wodurch der Markt vor allem die Bedürfnisse von Konsumenten bedient. Da Frauen außerdem als Anwenderinnen von Entwicklung und Ablöse von Technik stark betroffen sind, müssen die Auswirkungen von neuen Techniken auf die Geschlechter in allen Phasen des Lebenszyklus politisch gestaltet werden. Neue Technologien eröffnen zwar die Chance Geschlechterstereotypien aufzubrechen. Ohne strukturelle Veränderungen in den Rahmenbedingungen stellen sie jedoch erneut für Frauen nachteilige Geschlechterhierarchien her. Beispielsweise zeigen die Erfahrungen im Bereich von Telearbeit, dass das Versprechen der Informations- und Kommunikationstechnologie, über den flexiblen Einsatz von Arbeit die Vereinbarkeit von Beruf und Familie verbessern zu können, bisher nicht eingelöst werden konnte. Vielmehr werden Frauen in niedrig qualifizierten Positionen eingesetzt, bei geringem Lohnniveau und Ausschluss von innerbetrieblichen Fortbildungs- und Entwicklungsprogrammen (vgl. Scheich zit. in Hanappi-Egger 2003, S. 17)[21].

---

[21] Im Regierungsprogramm der österreichischen Bundesregierung vom 4.2.2000 wird festgehalten: „Neue Chancen für Arbeitnehmerinnen durch neue Technologien. Die Chancen der neuen Technologien sollen durch geeignete Maßnahmen zur besseren Vereinbarkeit von Familie und Beruf genutzt werden" (Österreichische Bundesregierung 2000, S. 33). Um welche Chancen es sich hier handelt und unter welchen Rahmenbedingungen Frauen davon profitieren können, wird nicht konkretisiert.

Gender Mainstreaming (GM) im technologiepolitischen Umfeld.
Eine Analyse mit Schwerpunkt Informations- und Kommunikationstechnologie (IKT)

Das Investitionsverhalten von Männern und Frauen unterscheidet sich aufgrund ihrer Risikoneigung und zeitlicher Planungshorizonte, bedingt durch unterschiedliche Lebensbiographien hinsichtlich Erwerbs- und Reproduktionsarbeit. Die Förderung von Eigenkapitalfinanzierungen versus Kreditfinanzierung bedient vornehmlich männliche Investitionspräferenzen, die durch eine höhere Risikobereitschaft und durch kurzfristige Renditeerwartungen charakterisiert sind. Es sind vor allem männlich dominierte Technikfelder und Technologie, die von dieser Politik profitieren.[22] Weiters sind durch die Rücknahme von öffentlichen Mitteln vor allem öffentliche Forschungsinstitutionen in ihren Tätigkeiten und Aufgaben betroffen. Da der Frauenanteil in diesen Institutionen wie oben gezeigt am höchsten ist, sind Frauen relativ stärker von Kürzungen betroffen.

Die Selbsttechnisierung des Staates erfolgt über Grossaufträge der öffentlichen Hand. Im Bereich der Informations- und Kommunikationstechnologie profitieren vor allem männliche Angestellte in internationalen Technologiefirmen und technischen Klein- und Mittelbetrieben, da ihre Arbeitsplätze gesichert und neue Arbeitsplätze in männlich dominierten Organisationskulturen geschaffen werden. Die angestrebte Rationalisierung der Verwaltung durch den Einsatz von IKT berücksichtigt derzeit keine geschlechtliche Differenz bei der Verfügbarkeit und dem Zugriff auf das Internet, obwohl Männer und Frauen nach wie vor unterschiedliche Zugangsmöglichkeiten und Benutzungsanforderungen haben.

Die konsequente Verfolgung und Finanzierung von Gender Mainstreaming kann diesen Tendenzen entgegenwirken. Die bisherigen Arbeiten zur Erfassung von geschlechtsspezifischen Daten im Umfeld von technischer Forschung und Entwicklung leisten bereits heute einen wichtigen Beitrag, um Diskriminierungen aufgrund von Geschlecht aufzuzeigen. Verbunden mit den Erkenntnissen des technisch-feministischen Diskurses gibt es eine fundierte Basis, um Strategien zu einer verbesserten Gleichstellung der Ge-

---

[22] Zur Diskussion der geschlechtsspezifischen Risikoneigung und Investitionsverhalten siehe Gutter/Saleem/Gross 2003.

schlechter im Umfeld von Technologie zu entwickeln.[23] Aus meiner Sicht zählen hierzu vor allem:

- Die klare Abgrenzung von Frauenfördermaßnahmen und Gender Mainstreaming, wobei GM-Maßnahmen im männlich dominierten Technikumfeld vor allem die Sensibilisierung von Männern für Genderaspekte und eine Neustrukturierung der Machtverhältnisse zum Ziel haben muss.
- Der rasche Kurswechsel in der Umsetzung von Gender Mainstreaming von Handlungsempfehlungen hin zu zwingenden Maßnahmen und gesetzlichen Regelungen.
- Die Konkretisierung und Förderung von genderrelevanten Themen in Forschung und Entwicklung.
- Das Aufzeigen von Auswirkungen der politischen Technologieregulierung auf die Geschlechterverhältnisse während allen Lebenszyklusphasen einer Techniklinie.

Literatur

Austrian NANO Initiative (2004a): Leitfaden für AntragstellerInnen, 1. Ausschreibung 2004 für FTE-Verbundprojekte, April.
Austrian NANO Initiative (2004b): Leitfaden „Netzwerke und Vertrauensbildung", Ausschreibung 23. Juli.
Brodie, Janine (2004): „Die Re-formierung des Geschlechtsverhältnisses. Neoliberalismus und die Regulierung des Sozialen". In: Widerspruch 46/04, Band 1 „Marktregime und Subjekt im Neoliberalismus". Zürich, S. 19-32.

---

[23] Im Technologiebericht 2004 wird zwar in Kapitel 5. „Frauen in Forschung und Technik" über Frauenförderungsmassnahmen berichtet, aber eine Darstellung zu den Ansätzen und Resultaten von GM, wie sie im Technologiebericht 2003 im Kapitel 5.5. „Gender Mainstreaming" dargestellt werden, fehlt leider. Es bleibt zu hoffen, dass GM weiterhin Gegenstand der Berichterstattung im Technologiebericht bleibt.

Bundesministerium für Bildung, Wissenschaft und Kultur, gemeinsam mit Bundesministerium für Verkehr, Innovation und Technologie, Bundesministerium für Wirtschaft und Arbeit (Hrsg., 2003): Österreichischer Forschungs- und Technologiebericht 2003, Bericht der Bundesregierung an den Nationalrat gem. § 8 (2) FOG über die Lage und Bedürfnisse von Forschung, Technologie und Innovation in Österreich. Wien.

Bundesministerium für Bildung, Wissenschaft und Kultur, gemeinsam mit Bundesministerium für Verkehr, Innovation und Technologie, Bundesministerium für Wirtschaft und Arbeit (Hrsg., 2004): Österreichischer Forschungs- und Technologiebericht 2004, Bericht der Bundesregierung an den Nationalrat gem. § 8 (2) FOG über die Lage und Bedürfnisse von Forschung, Technologie und Innovation in Österreich. Wien.

Collmer, Sabine (1999): Genderisierte Technik: Entwicklungslinien der Theoriebildung und empirische Befunde. In: Collmer, Sabine/Döge, Peter/Fenner, Brigitte (Hrsg.): Technik-Politik-Geschlecht. Bielefeld.

Döge, Peter (1999): Das Geschlecht der Forschungs- und Technologiepolitik. In: Collmer, Sabine/Döge, Peter/Fenner, Brigitte (Hrsg.): Technik-Politik-Geschlecht. Bielefeld, S. 35-54.

Europäische Kommission (2000): Commission Decision relating to Gender Balance within the Committees and Expert Groups established by it (2000/407/EC of 19/06/00) Official Journal L 154, 27/06.

Femtech (2005): Überblick Forschungsunternehmen (http://www.femtech.at/ index.php?id=117, Abfrage am 18.2.2005).

Fleissner, Peter (1997): Anforderungen an eine nachhaltige Technologiepolitik. Arbeitspapier. Institut für Gestaltungs- und Wirkungsforschung Technische Universität. Wien.

George, Susan (1999): A Short History of Neoliberalism: Paper presented at the Conference on Economic Sovereignty in a Globalising World, 24.-26. März, Global Policy Forum, (http://www.globalpolicy.org/globaliz/-econ/histneol.htm, Abfrage am 3.8.2005).

Gutter, Michael/Saleem, Tabassum/Gross, Kevin (2003): Are There Gender Differences in Risk Tolerance or is it a Question of Measurement? In: Consumer Interests Annual Volume 49 (http://www.consumerinterests. org/files/public/GenderRiskTolerance_03.pdf, Abfrage am 23.8.2005).

Hanappi-Egger, Edeltraud (2003): Gendersensitive Informations- und Kommunikationsgesellschaft. Viel Lärm um nichts? In: Dokumentation der Zukunftskonferenz Gendersensitive Informations- und Kommunikationsgesellschaft an der Wirtschaftsuniversität Wien, 21. und 22. Oktober. Wien.
Heintz, Bettina/Nadai, Eva/Fischer, Regula/Ummel, Hannes (1997): Ungleich unter Gleichen. Studien zur geschlechtsspezifischen Segregation des Arbeitsmarktes. Frankfurt am Main.
Kreibich, Rolf (1986): Die Wissensgesellschaft. Von Galilei zur High-Tech Revolution. Frankfurt am Main.
Kreisky, Eva (2001): Ver- und Neuformungen des politischen und kulturellen Systems. Zur maskulinen Ethik des Neoliberalismus. In: Kurswechsel 4, S. 38-50.
Kubicek, Herbert/Seeger, Peter (Hrsg., 1993): Perspektive Techniksteuerung. Berlin.
Mankiw, Gregory (2000): Makroökonomik. Stuttgart.
Michalitsch, Gabriele (2004): Was ist Neoliberalismus? Genese und Anatomie einer Ideologie. In: Graf, Daniela/Kaser, Karl (Hrsg., 2004): Vision Europa. Vom Nationalstaat zum europäischen Gemeinwesen, Wien, S. 144-163.
Österr. Bundesregierung (2000): Regierungsprogramm der Österreichischen Bundesregierung vom 4. Februar für die XXI. Gesetzgebungsperiode („Österreich Neu Regieren"), verfügbar im Dezember 2004 unter: http://www.bka.gv.at/2004/4/7/Regprogr.pdf.
Österr. Bundesregierung (2003): Regierungsprogramm der Österreichischen Bundesregierung vom 28. Februar für die XXII. Gesetzgebungsperiode („Zukunft-Gerecht-Nachhaltig"); verfügbar im Dezember 2004 unter: http://www.bka.gv.at/2004/4/7/Regierprogr28.2.03.pdf.
Österr. Bundesregierung (2004): 73. Bundesgesetz: Forschungsförderungs-Strukturreformgesetz.
Rat für Forschung- und Technologieentwicklung (2002): Nationaler Innovations- und Forschungsplan (NFIP). Wien.
Rebsamen, Heidi (2004): Arbeitspapier zum Vortrag „Technik und Geschlecht". Fachhochschule Bern, 24.3., Bern.

Scheich, Elvira (1996): Vermittelte Weiblichkeit. Feministische Wissenschafts- und Gesellschaftstheorie. Hamburg.

Schmidt, Dorothea (1999): Konzeptionalisierungen von Technik und Geschlecht. In: Collmer, Sabine/Döge, Peter/Fenner, Brigitte (Hrsg.): Technik-Politik-Geschlecht. Bielefeld, S. 13-34.

Schrattenecker, Inge (2004): FEMtech –Studie: Der Frauenanteil in BMVIT-Programmen und Maßnahmen zur Erhöhung der Chancengleichheit in künftigen Ausschreibungen, Österr. Gesellschaft für Umwelt und Technik. Wien.

Simonis, Georg (1993): Macht und Ohnmacht staatlicher Techniksteuerung. In: Kubicek, Herbert/Seeger, Peter (Hrsg.): Perspektive Techniksteuerung. Berlin, S. 39-57.

Wächter, Christine (2003): Technik-Bildung und Geschlecht, Wien.

Wajcman, Judy (1994): Technik und Geschlecht. Die feministische Technikdebatte. Frankfurt am Main.

Wajcman, Judy (2002): Gender in der Technologieforschung. In: Pasero, Ursula/Gottburgsen, Anja (Hrsg.): Wie natürlich ist Geschlecht? Gender und die Konstruktion von Natur und Technik. Wiesbaden, S. 270-293.

Gender Mainstreaming im Bundesministerium für Finanzen – Eine Strategie auf dem Weg

Elfriede Fritz

„Wir erbauen uns an dem Kennwort: ‚Die Frau gehört ins Haus' und sehen nicht, dass dieses Haus von der Zeitströmung schon längst fortgeschwemmt wurde" (Rudolf Goldscheid 1912, in Fritz 2004). Rudolf Goldscheid, der beinahe vergessene Begründer der Finanzsoziologie und Freund der für Frauenrechte eintretenden Schriftstellerin Rosa Mayreder, war seiner Zeit weit voraus. Ist 90 Jahre später Gender Mainstreaming diese Zeitströmung?

Frauen werden schwanger, gebären Kinder und nehmen – der immer noch traditionellen Aufgaben- und Rollenzuweisung der Gesellschaft folgend – einen Großteil der Erziehungs-, Betreuungs- und Hausarbeit auf sich. Die zu Hause – im informellen Sektor – erbrachten Arbeiten werden weder entlohnt noch in das Bruttosozialprodukt eingerechnet. Sie verleihen auch keinen besonderen gesellschaftlichen Status, sichern keine Pension und keinen beruflichen Aufstieg. In der Berufswelt werden von den Betreuungs- und Haushaltspflichten unbelastete Personen – in der Regel Männer – als die Norm und die damit belasteten Personen – in der Regel Frauen – als „Problemgruppe" betrachtet. Erwartet wird eine uneingeschränkt zur Verfügung stehende und zeitmäßig unabhängig belastbare Arbeitskraft, bereit für Konkurrenz und Wettbewerb.

Frauen haben in der Arbeitswelt noch keine Gleichstellung erreicht. Im Finanzressort sind Frauen in Führungspositionen und in den höheren Verwendungs- und Entlohnungsgruppen deutlich unterrepräsentiert: es gibt keine Sektionschefin und keine Gruppenleiterin. Der Anteil der weiblichen Führungskräfte in der Zentralleitung des Bundesministeriums für Finanzen (BMF) liegt 2004 bei 11,47 % (7 Abteilungsleiterinnen, 44 Abteilungsleiter, 5 Gruppenleiter, 5 Sektionsleiter)[1] und bei den Finanzamtsvorständinnen bei 19,04 % (8 Vorständinnen, 34 Vorstände). Die 15 Zollämter werden alle von Männern geleitet.

Frauen nehmen dem Zeitgeist folgend den ausgedehnten gesetzlichen Karenzurlaub als Mütter in Anspruch, verlängern diesen mangels Kinderbetreuungsmöglichkeiten und wollen – zur Vereinbarkeit von Beruf und Familie – in Teilzeit arbeiten. Die familiäre Situation erlaubt ihnen weniger Flexibilität und nur begrenzt Überstundenleistungen. Seit 1993 verbietet das Bundes-Gleichbehandlungsgesetz (BGBl Nr. 100/1993 i.d.g.F.) eine unmittelbare und mittelbare Diskriminierung. Frauen sind gemäß dem Frauenförderungsplan des Ressorts bis zum Erreichen ihres 40 %-igen Anteiles, der Quote, zu fördern. Ein bundesweites Netz von Gleichbehandlungsbeauftragten und Kontaktfrauen in den verschiedenen Dienststellen sorgt für Beratung, Sensibilisierung und Vertretung der Fraueninteressen.

Nach 11 Jahren haben wir uns im Finanzressort durchaus Anerkennung verschafft und einen Kulturwandel im Umgang mit und der Akzeptanz von Frauen im Dienstbetrieb eingeleitet. Der große Durchbruch ist aber nicht gelungen. Die gläserne Decke durch- und die Männernetze aufzubrechen wird durch den tief greifenden Reorganisations- und Umstrukturierungsprozess in der Finanz- und Zollverwaltung (Einsparung von Funktionen, Auflösung von Abteilungen und aller Referate in der Zentralleitung, Auflassung der Finanzlandesdirektionen, Zusammenlegungen von Ämtern) nicht erleichtert. Auch wird im Finanzressort schon seit Mitte der 90er Jahre ein rigoroser Einsparungskurs verfolgt: es gibt nur sehr beschränkt Neuaufnahmen und keine Ersatzkräfte für überwiegend weiblichen karenzierten oder in Teilzeit arbeitenden Bediensteten.

Mit der Aktionsplattform der 4. Weltfrauenkonferenz von Peking 1995 hat Gender Mainstreaming (GM) als neue Handlungsstrategie in der Gleichstellungspolitik Verbreitung gefunden. In alle politischen Konzepte auf allen Ebenen soll eine geschlechterbezogene Sichtweise mit dem Ziel eingebracht

---

[1] Geschäfts- und Personaleinteilung des BMF zum 1. Jänner 2004.

Gender Mainstreaming im Bundesministerium für Finanzen –
Eine Strategie auf dem Weg

werden, die Chancengleichheit von Frauen und Männern in allen Politikbereichen und bei allen politischen Maßnahmen zu berücksichtigen. D.h. bei jedem Vorhaben und bei jeder Maßnahme sollte hinterfragt werden, wie sie sich auf Frauen und wie auf Männer auswirkt und diese so (um)gestaltet werden, dass sie der Gleichstellung der Geschlechter förderlich ist.

Eine deutsche Übersetzung für GM gibt es nicht. Häufig wird die sperrige Definition des Europarates aus 1998 zitiert.[2] Auch die Vereinten Nationen, die Weltbank und die OECD haben GM in ihre Programme aufgenommen. Als Querschnittsmaterie soll GM alle Bereiche durchdringen und zum Unterschied von dem im Inneren der Dienststellen wirkenden Bundes-Gleichbehandlungsgesetz auch die „Außentätigkeit" der Ressorts beeinflussen, wie wohl es dafür *noch* keine gesetzliche Grundlage gibt. Basis des politischen Willens, Gender Mainstreaming auf Bundesebene umzusetzen, sind:

- Artikel 7 Absatz 2 Bundes-Verfassungsgesetz idF 1998[3],
- die Artikel 2 und 3 des EG-Vertrages ab 1999 (Amsterdamer Vertrag), in denen niedergelegt ist, dass die Förderung der Gleichstellung von Frauen und Männern und die Beseitigung der Ungleichheiten zu den Aufgaben der Gemeinschaft gehört und als Ziel bei all ihren Tätigkeiten angestrebt werden muss,
- die Regierungsprogramme 2000 und 2003 und
- drei Ministerratsbeschlüsse in Österreich 2000, 2002 und 2004[4].

Im Sinne des Top-down-Ansatzes braucht GM politische Unterstützung auf höchster Ebene und sollen auch die Männer zur Umsetzung beitragen.

---

[2] Gender Mainstreaming besteht in der (Re-)Organisation, Verbesserung, Entwicklung und Evaluierung politischer Prozesse mit dem Ziel, eine geschlechterbezogene Sichtweise in alle politischen Konzepte auf allen Ebenen und in allen Phasen durch alle an politischen Entscheidungen beteiligten Akteure und Akteurinnen einzubeziehen (Definition des Europarates Straßburg 1998).

[3] „Bund, Länder und Gemeinden bekennen sich zur tatsächlichen Gleichstellung von Mann und Frau. Maßnahmen zur Förderung der faktischen Gleichstellung von Frauen und Männern insbesondere durch die Beseitigung tatsächlicher bestehender Ungleichheiten sind zulässig".

[4] http://www.imag-gendermainstreamimg.at.

Elfriede Fritz

Tabelle 1: Vergleich zwischen Gleichbehandlung und Frauenförderung und Gender Mainstreaming im Bereich des Bundes

Gleichbehandlung und Frauenförderung im Bereich des Bundes	Gender Mainstreaming im Bereich des Bundes
Gleichbehandlung und Frauenförderung ist im Bundesgesetz über die Gleichbehandlung im Bereich des Bundes (Bundes-Gleichbehandlungsgesetz–B-GlBG) gesetzlich geregelt (BGBl Nr. 100/1993 idgF)	Gender Mainstreaming ist eine Strategie zur Erreichung der Gleichstellung von Frauen und Männern.
Seit 1993 mehrmals novelliert, z.B. Einführung einer Öffnungsklausel für Männer; mit der letzten Novelle (BGBl. I Nr. 65/2004) werden auch die EU-Antidiskriminierungsrichtlinien mit Ausnahme der Behinderung (RL 2000/43EG und RL 2000/78 EG) durch das B-GlBG im Bereich des Bundes umgesetzt	Ministerratsbeschlüsse 2000, 2002 und 2004 der österreichischen Bundesregierung
Basis: RL 76/207 EWG; CEDAW (UN-Konvention); Umsetzung der RL 2002/73 EG	Basis: Aktionsplattform der Weltfrauenkonferenz von Peking 1995; Beschlüsse des Europarates (Def. 1998); Art. 2 und 3 des EG-Vertrages ab 1999 (Amsterdamer Vertrag)
§ 3 B-GlBG: Ziel ist die Gleichstellung von Frauen und Männern	Der Weg ist das Ziel
Klarer Anwendungsbereich – wirkt im Inneren der Bundesdienststellen	Querschnittsmaterie – kann im Inneren wirken und soll auch die „Außen- und Fachtätigkeit" der Ressorts beeinflussen
Gesetzlich geregelte Institutionen mit Aufgaben: Bundes-Gleichbehandlungskommission, Arbeitsgruppen für Gleichbehandlungsfragen; Gleichbehandlungsbeauftragte, Kontaktfrauen	top down-Strategie: Gender Mainstreaming-Beauftragte in den Ressorts und Arbeitsgruppen dort, wo die Ressortleitung eine AG einsetzt; Ressortprojekte
Sanktionen im Gesetz vorgesehen	Keine Sanktionen

Quelle: Eigene Erstellung

Der in Tabelle 1 angestellte Vergleich zwischen Gleichbehandlung/ Frauenförderung und Gender Mainstraming zeigt, dass letzteres teilweise noch ein sehr ungeklärtes/vages Gleichstellungsinstrument ist.[5]

Gender Mainstreaming ist – wie oben gesagt – eine Strategie, die fordert, dass bei jedem Vorhaben und bei jeder Maßnahmen hinterfragt werden sollte, wie sie sich auf Männer und wie auf Frauen auswirkt. Ein Bereich, wo dies konkretisiert wird, ist Gender Budgeting.

Gender Budgeting konzentriert sich im Wesentlichen auf folgende Fragen:

- Wie ist die Verteilung von Ausgaben/Einnahmen auf die Geschlechter?
- Wie wirkt die Haushaltspolitik kurz- und langfristig auf die Ressourcenverteilung zwischen den Geschlechtern?
- Wie sind die Wirkungen auf bezahlte und unbezahlte Arbeit von Frauen und Männern?
- Wie beeinflusst Haushaltspolitik die Geschlechterrollen?

Budget

Ein Budget besteht aus Einnahmen und Ausgaben. Steuern und Abgaben sind die wichtigste öffentliche Einnahmequelle. 26,2 %, 27,4 Mrd. € der Einnahmen des Staates im Jahr 2000 (gesamt konsolidiert 104,6 Mrd. €), entfielen auf Einkommen- und Vermögenssteuern: davon in Mrd. €: Lohnsteuer 15,6; veranlagte Einkommensteuer 3,1; Kapitalertragsteuer auf Zinsen 1,1; Körperschaftssteuer 3,8; sonstige direkte Steuern 3,8. Die Lohnsteuer stellt die größte einzelne Progressionssteuer dar (Fleischmann 2002, S. 14ff).

Beim öffentlichen Haushaltswesen geht es um folgende zentrale Fragen: „Wer zahlt was warum in welche öffentlichen Töpfe ein? Wer bekommt was warum aus diesen Kassen heraus? Wer redet bei diesen Verteilungsprozessen in welchem Maße mit, wer hat daher in Budgetfragen was zu sagen und zu entscheiden?" (Steger 2002, S. 6).

---

[5] Siehe dazu auch die Tabelle im Anhang, in der die Entwicklung von Gleichbehandlung – Frauenförderung und Gender Mainstraming dargestellt ist.

Diese Fragen, die auch Gender Budget-Interessierte stellen würden, stellt der Leiter der Budgetsektion im Bundesministerium für Finanzen, Sektionschef Univ. Doz. Dr. Gerhard Steger, in seiner Einleitung „Zur Relevanz des öffentlichen Haushaltswesens" in dem von ihm herausgegebenem Buch „Öffentliche Haushalte in Österreich". Er tritt für Transparenz der entsprechenden Entscheidungsvorgänge ein, weil Haushaltfragen so entscheidenden Einfluss auf die Menschen haben. Dabei geht es um einen generellen Überblick über die Budgets von Bund, Ländern, Gemeinden, Sozialversicherungsträgern und Kammern, die Beziehungen dieser Haushalte zueinander, das Verhältnis der österreichischen Haushalte zum EU-Budget und die Bedeutung der EU-Rahmenbedingungen für die österreichische Budgetpolitik.

Über seine Ausgaben und Einnahmen beeinflusst der Staat die Volkswirtschaft und die Wohlfahrt in Österreich. Die öffentlichen Ausgaben entfallen auf Ordnungsaufgaben (Recht, Ordnung und Sicherheit), Versorgungsaufgaben (Bereitstellung von Dienstleistungen und Infrastruktur), soziale Sicherung (Alter, Krankheit, Arbeitslosigkeit, Unfall und Pflege) und Stabilisierungsaufgaben (Vollbeschäftigung, Konjunktursteuerung). Die Staatsausgaben betrugen 2000 insgesamt 106,9 Mrd. €, wovon 43,4 Mrd. € auf die soziale Sicherung entfielen, 12,2 Mrd. € auf das Bildungswesen und 16,5 Mrd. € auf das Gesundheitswesen (Fleischmann 2002, S. 11). Bund, Länder und Gemeinden nehmen verschiedene Aufgaben wahr. Im Wege des Finanzausgleichs werden den Gebietskörperschaften die nötigen Mittel aus den öffentlichen Einnahmen zugeteilt. Länder, Städte, Gemeinden und die Sozialversicherung haben eigene Haushaltswesen.

„Die auf Bundesebene bestehenden Regelungen über das Budget, das heißt, wer, was, wie vorbereitet, erstellt, vollzieht und kontrolliert, finden sich einerseits in den haushaltsrechtlichen Verfassungsbestimmungen und andererseits im wesentlichen in den einfachgesetzlichen Bestimmungen des Bundeshaushaltsgesetzes des Bundesfinanzgesetzes und des Rechnungshofgesetzes" (Pichler 2002, S. 129).

Obwohl der Bundesminister für Finanzen umfassende formalrechtliche Kompetenzen im Haushaltsrecht (Verordnungs- und Richtlinienkompetenz, Berichterstattungspflicht an den Nationalrat) und eine Mitwirkungsbefugnis im Rahmen der Ausgabengebarung hat, entscheiden über die Verwendung der Mittel und ihre Verteilungsgerechtigkeit die Fachressorts. Im Ministerratsvortrag vom 9.3.2004 ist Gender Budgeting als weiterer Schritt zur Umsetzung von GM vorgesehen. Beim Bundesministerium für Gesundheit und Frauen wurde dazu eine interministerielle Arbeitsgruppe eingerichtet. Das Bundesministerium für Finanzen hat als eines der ersten Ressorts zwei Budgetexpertinnen in diese Arbeitsgruppe entsandt.

Im Rahmen von Gender Budgeting geht es darum, den gesamten Haushalt aus der Genderperspektive zu beleuchten und zu untersuchen, welche Gelder Frauen und welche Männern zugute kommen. Gender Budgeting soll die Budgets und den Budgetprozess um die Geschlechterperspektive erweitern. Die Analyse soll sich sowohl auf Staatseinnahmen wie auch auf Staatsausgaben beziehen und alle Bereiche umfassen. Welche Auswirkungen hat die Haushaltspolitik auf die Gleichberechtigung der Geschlechter? Verringern sich die Ungleichheiten, vergrößern sie sich, oder bleiben sie gleich? Analysiert werden sollten dabei öffentliche Einnahmen und Ausgaben, wie Subventionen, Fördermittel, Steuererleichterungen, Steuern und Abgaben nach ihren Auswirkungen auf Männer und Frauen.

Im Mai 2004 fand im BMF eine Informationsveranstaltung für die Fachressorts zum Thema „Neugestaltung der Budgetunterlagen" statt. Ab dem Budget 2005 ist bei den *kapitelspezifischen Erläuterungen* eine eigene Überschrift „Gender Budgeting" einzufügen. Hier sind die Maßnahmen der Ressorts zur Umsetzung des Ministerratsbeschlusses vom 9.3.2004 sowie die Gender-Auswirkungen zumindest für ein Beispiel pro Budgetkapitel darzulegen.

Den Ressorts wurde dafür ein Informationsblatt zur Verfügung gestellt, in dem erklärt wird, was unter Gender Budgeting zu verstehen ist, an Hand von Beispielen für die Bereiche Einnahmen und Ausgaben. Im Arbeitsbehelf Erläuterungen zum Bundesvoranschlag des Bundesfinanzgesetzes 2005 hat sich das BMF bei der Darstellung des Genderaspekts des Budgets im Bereich Einnahmen auf die Steuerstudie von 2001/02 und die GM-Prüfung des Steuerreformgesetzes gestützt. Im Bereich Ausgaben hat das BMF kein Beispiel genannt. Die Steuerstudie wird im Folgenden kurz vorgestellt.

Elfriede Fritz

Steuerstudie

2001 wurde im Bundesministerium für Finanzen eine Arbeitsgruppe Gender Mainstreaming eingerichtet, der hochrangige Bedienstete – jeweils ein Mann und eine Frau aus den fünf Sektionen (Präsidialsektion, Budget, Wirtschaftspolitik und Finanzmärkte, Steuern und Zölle, IT-Sektion) angehören. Die Arbeitsgruppe GM im BMF verfügte bisher über kein eigenes Budget. Externe Kosten (z.B. für Studien, Veranstaltungen) wurden aus dem laufenden Ressortbudget – nach vorheriger Prüfung, ob die Bedeckung vorhanden ist – bedeckt. Mit der Einführung einer neuen Haushaltsverrechnung in der BMF-Zentralleitung sind Ausgaben für GM seit 2005 aus Transparenzgründen auch mit einer eigenen Finanzstelle für GM bedeckt. GM ist als verwaltungsinterne Maßnahme von den Bediensteten im Rahmen ihrer Dienstpflichten zu beachten.

Mit Zustimmung des Bundesministers für Finanzen Mag. Karl-Heinz Grasser hat die Arbeitsgruppe das Projekt „Steuerreform" in ihr Arbeitsprogramm aufgenommen. Dazu wurde im Ressort die Studie „Ist das österreichische Steuersystem tatsächlich geschlechtsneutral?", basierend auf dem Vergleich der Lohn- und Einkommensbesteuerung bei Männern und Frauen erstellt und von der Arbeitsgruppe eine Checkliste zur Einführung eines Gender Mainstreaming Prüfverfahrens im Bundesministerium für Finanzen ausgearbeitet, die der Öffentlichkeit im Juli 2002 vorgestellt wurden.[6] Die Steuerstatistik und wichtige Formulare (wie der Lohnzettel) berücksichtigen bereits die für eine Umsetzung von GM unerlässliche geschlechtergetrennte Datenerfassung.

GM stellt aber die Frage, in welche Richtung die Einkommensbesteuerung wirkt, verschärft sie die Unterschiede, oder wirkt sie ausgleichend? Die gleiche Frage stellt sich auch mit Bezug auf Änderungen im Steuersystem: Wird durch eine bestimmte Maßnahme die Kluft zwischen den Nettoeinkommen von Frauen oder Männern größer oder kleiner?

---

[6] http://www.bmf.gv.at unter Ministerium/Finanzministerium, http://www.imag-gendermainstreaming.at, Mit Hilfe der Checkliste sollten von der zuständigen Sachbearbeiterin oder dem Sachbearbeiter gemeinsam mit der AG GM die Auswirkungen einer legistischen Maßnahme eingeschätzt werden.

Nach einer Darstellung der Bruttoeinkommen von Frauen und Männern untersuchte die Studie drei Fragen näher:

- Werden die Unterschiede durch die Einkommensbesteuerung größer oder kleiner?
- Wie profitieren Männer bzw. Frauen von bestimmten Steuerrechtstatbeständen?
- Wie verteilt sich der Nutzen einer möglichen Tarifsenkung im Rahmen einer Steuerreform auf Männer und Frauen?

Die Ergebnisse sind wie folgt zusammengefasst:

- Die geschlechtsspezifischen Einkommensunterschiede vor Steuern sind in Österreich sehr hoch.
- Das Steuersystem hat eine gewisse ausgleichende Wirkung, da die progressive Einkommensteuer zu einer Verringerung der Unterschiede beim Nettoeinkommen führt.
- Die begünstigenden Ausnahmebestimmungen im Einkommensteuerrecht, z.B. für Zulagen und Zuschüsse, Begünstigungen von Pendlern oder der Alleinverdienerabsetzbetrag kommen, bis auf wenige Ausnahmen, wie z.B. der Alleinerzieherabsetzbetrag, überwiegend männlichen Steuerpflichtigen zugute.
- Eine Tarifsenkung führt nur dann nicht zu einer Vergrößerung der Einkommenskluft zwischen Männern und Frauen, wenn sie sich auf die unteren Tarifstufen konzentriert und mit einer Erhöhung der Absetzbeträge, die die Steuerleistung direkt reduzieren, einhergeht.

Die Einkommensunterschiede zwischen Frauen und Männern sind in Österreich enorm. Das Steuersystem kann die bestehenden Unterschiede nicht voll ausgleichen.

Der Beirat für gesellschafts-, wirtschafts- und umweltpolitische Alternativen begrüßt in der Publikation „Frauen macht Budgets – Staatsfinanzen aus der Geschlechterperspektive", dass das BMF sich Fragen der genderspezifischen Analyse zuwendet, kritisiert aber, dass diese Studie kein Gender Budgeting darstelle, weil sie nur auf die Einkommen- und Lohnsteuer beschränkt sei, anstatt das Steuersystem insgesamt zu betrachten und besonderes Augenmerk auf die gesamte Struktur des Staatseinnahmen aus der Genderperspektive zu legen (siehe BEIGWUM 2002, S. 18).

Die Checkliste kam im Zuge der dem politischen Willen folgenden Konzipierung der Steuerreform nicht in dem von der Arbeitsgruppe erwarteten Ausmaß zum Einsatz, jedoch waren die zuständigen SteuerexpertInnen, hervorzuheben wären GL Univ.-Prof. Dr. Peter Quantschnigg, MR Dr. Anton Rainer- der Schätzmeister der Sektion IV und Mag. Bernadette Gierlinger, bereits soweit sensibilisiert, um die Auswirkungen der Steuerreform auf Frauen und Männer im Rahmen von GM zu prüfen. Erstmals in Österreich wurde ein Bundesgesetz einer derartigen Prüfung unterzogen.

Zum Unterschied von der ersten Etappe der Steuerreform 2004 werden durch das Steuerreformgesetz 2005 auch höhere Einkommen durch die Tarifreform steuerlich entlastet.[7]

Die Bundesministerin für Gesundheit und Frauen, Maria Rauch-Kallat, freute sich in einer Presseaussendung, dass mit „Gender Mainstreaming – die differenzierte Untersuchung der Auswirkungen von Maßnahmen auf Frauen und Männer – bei der Steuerreform 2005 erstmals in der Geschichte Österreichs umgesetzt wurde" (BMGF 2004)

Als nächster Schritt im Finanzministerium ist die Anpassung der Steuerstudie an jüngere Daten der Lohnsteuerstatistik geplant. Erstmals lassen sich daraus Daten getrennt nach Vollzeit- und Teilzeitbeschäftigten erheben, die weitere wichtige Aussagen zulassen werden.

Wenn auch noch Aufklärungs-, Überzeugungs- und Sensibilisierungsarbeit zu leisten sein wird, so war das Finanzministerium doch eines der ersten Ressorts, das konkrete Ergebnisse und Vorschläge für die GM-Strategie erarbeitet, GM-Prüfungen von zwei Gesetzen durchgeführt hat und ernsthafte Schritte zur Umsetzung von Gender Budgeting unternimmt.

---

[7] Siehe dazu 451 der Beilage XXII. GP-Regierungsmaterialien, Regierungsvorlage Steuerreformgesetz 2005, Vorblatt S. 2 und S. 3.

Die Zeitströmung hat das Haus, in das die Frau gehören soll, auch 90 Jahre nach Goldscheid nicht weggeschwemmt. Wie weit werden es die Wellen von Gender Mainstreaming und Gender Budget wohl bewegen können?

Literatur

BEIGEWUM (2002): Frauen macht Budgets – Staatsfinanzen aus der Geschlechterperspektive. Wien.
Bundesministerium für Finanzen: Regierungsvorlage zum Budgetbegleitgesetz 2003 [Erläuterungen/Allgemeiner Teil/3. Teil].
BMGF: Regierungsvorlage zum Steuerreformgesetz 2005, Vorblatt.
BMGF (2004): Steuerreform 2005 bringt vor allem Einkommenszuwächse für Frauen. News/07.05.04-Rauch-Kallat.
Fleischmann, Eduard (2002): Öffentliche Haushalte in Österreich. In: Steger, Gerhard (Hrsg.): Überblick in Öffentliche Haushalte in Österreich. Wien, S. 7-26.
Fritz, Wolfgang (2004): Rudolf Goldscheid und sein Traum vom guten Staat. 12. Teil: Frauenfrage als gesellschaftspolitische Herausforderung. Wiener Zeitung vom 13. April 2004.
Pichler, Alfred (2002): Bundeshaushaltsrecht: Akteure, Kompetenzen, Prozesse in öffentlichen Haushalten in Österreich. Wien.
Steger, Gerhard (Hrsg., 2002): Öffentliche Haushalte in Österreich. Wien.

http://www.bmf.gv.at unter Ministerium/Finanzministerium (Abfrage am 25.8.2005/9:33 Uhr).
http://www.imag-gendermainstreaming.at (Abfrage am 25.8.2005/9:34).

Elfriede Fritz

Anhang 1

Tabelle: Entwicklung von Gleichbehandlung – Frauenförderung und Gender Mainstreaming im Bereich des Bundes

Österreich	EWG / EG / EU; Europarat	UNO
	1976: RL 76/207 EWG-Richtlinie des Rates zur Verwirklichung des Grundsatzes der Gleichbehandlung von Männern und Frauen hinsichtlich des Zuganges zur Beschäftigung, zur Berufsausbildung, zum beruflichen Aufstieg sowie in Bezug auf die Arbeitsbedingungen	*1978*: UN-Konvention zur Beseitigung jeder Form von Diskriminierung der Frau (CEDAW) Art. 4: vorübergehende De-facto-Maßnahmen zur beschleunigten Herbeiführung der Gleichstellung von Männern und Frauen sind zulässig
1981: Interministerielle und ministerielle Arbeitsgruppe(n) zur Förderung der Chancengleichheit und Gleichbehandlung der Frau im öffentlichen Dienst		*1982*: Österreich ratifiziert CEDAW – BGBl Nr. 443/1982
1993: Bundesgesetz über die Gleichbehandlung von Frauen und Männern und die Förderung von Frauen im Bereich des Bundes (Bundes-Gleich-behandlungsgesetz-B-GBG, BGBl Nr. 100/1993	*1.1.1994*: Europäischer Wirtschaftsraum (EWR) – bereits Umsetzung von EG-Recht *1.1.1995*: Beitritt Österreichs zur EU	*1995*: Aktionsplattform der UN-Weltfrauenkonferenz von Peking – Gender Mainstreaming als Strategie
1998: Art. 7 Abs. 2 Bundes-Verfassungsgesetz	Europarat *1998*: Definition von Gender Mainstreaming	
	1999: EU-Vertrag von Amsterdam – Art 2, 3, 137 Abs. 1 (GM) und	

	141 Abs. 4 (Frauenförderung)	
2000: 1. Ministerrats (MR)-Beschluss zu GM: Einrichtung einer Interministeriellen Arbeitsgruppe GM beim (nunmehrigen) Bundesministerium für Gesundheit und Frauen, in der alle Ressorts vertreten sind *2001*: MR-Beschluss betreffend geschlechtergerechtes Formulieren	2000: Antidiskriminierungsrichtlinien: RL 2000/43/EG zur Anwendung des Gleichbehandlungs-grundsatzes ohne Unterschied der Rasse oder der ethnischen Herkunft und RL 2000/78/EG zur Festlegung eines allgemeinen Rahmens für die Verwirklichung der Gleichbehandlung in Beschäftigung und Beruf (Religion, Weltanschauung, Behinderung, Alter, sexuelle Ausrichtung)	CEDAW-Zusatzprotokolle
2002: 2. MR-Beschluss GM-Ressortprojekte *2002*: Novelle zum B-GBG: Öffnungsklausel bei Quote (BGBl I Nr. 119/2002)	RL 2002/73/EG zur Änderung der RL 76/207/EWG – Definition von • unmittelbarer Diskriminierung • mittelbarer Diskriminierung • Belästigung • sexueller Belästigung	
2004: 3. MR-Beschluss GM – Interministerielle AG betreffend Gender Budgeting *2004*: Novelle zum B-GBG (BGBl I Nr. 65/2004): • Einbindung der Umsetzung der Anti-diskriminierungsRLn • Umsetzung der RL 2002/73/EG Das Gesetz heißt ab 1.7.2004: Bundesgesetz über die Gleichbehandlung im Bereich des Bundes		

Quelle: eigene Erstellung

Gender Mainstreaming –
Ein Beitrag zur Hochschulreform

Christine Roloff

1 Ein reziprokes Konzept

Gender Mainstreaming als Beitrag zur Hochschulreform zu sehen, verweist auf ein reziprokes Gleichstellungskonzept. Erst eine reziproke Perspektive – dass Gleichstellung nicht nur den Frauen nützt, sondern dem gesamten Wissenschafts- und Hochschulsystem etwas zu bieten hat – anerkennt, dass Frauen (genauso wie Männer) in Gesamtverantwortlichkeit und im Interesse der Qualität relevant Denkende und Handelnde sind. Frauen sind als Akteurinnen der Hochschulreform – und nicht etwa nur als Akteurinnen ihrer Gleichstellung – ernst zu nehmen (Roloff 1998a). Dieses Verständnis war Auslöser für ein Hochschulreformprojekt an der Universität Dortmund mit dem Ziel, Gleichstellungsaspekte systematisch in die Reformprozesse zu integrieren. Das Projekt wurde 1995 von mir als damaliger Frauenbeauftragten der Universität Dortmund konzipiert und durch den Rektor im Hochschulreformprogramm „Leistungsfähigkeit durch Eigenverantwortung" bei der VolkswagenStiftung beantragt. Nach einem mehrjährigen universitätsinternen Durchsetzungsprozess (Roloff 1998b) – unterstützt durch weitere Wissenschaftlerinnen – wurde es zwischen 1998 und 2003 als Rektoratsprojekt „QueR"[1] unter meiner Leitung mit einer Projektgruppe umgesetzt. Der damals noch nicht eingeführte Begriff Gender Mainstreaming spielte bei der Projektverwirklichung keine Rolle. Da er heute noch vielfach unbekannt und auch umstritten ist, war dies vielleicht von praktischem Vorteil. Der Zugang zu einem integrierten Gleichstellungskonzept über die Hochschulreformen enthielt von vornherein die reziproke Perspektive, die über Geschlechterpolitik hinausgeht und sich allgemein – d.h. für beide Geschlechter – auf qualitative Verbesserung und Modernisierung von Hochschule und Wissenschaft richtet. Das Aufkommen des Gender Mainstreaming erzwingt jedoch eine Auseinandersetzung mit Begriff und Konzept dieser neuen Gleichstellungsstrategie.

Im Folgenden gehe ich deshalb zuerst auf die Begriffe Gender und Mainstreaming ein und beschreibe anschließend das Konzept der integrierten Gleichstellungspolitik, wie es im Rahmen der Hochschulreformen aktuell wurde. Einige Praxisbeispiele beleuchten dann Aspekte der Umsetzung an der Universität Dortmund. Zusammenfassend werden zum Schluss Eckpunkte für einen geschlechtergerechten Reformprozess an Hochschulen formuliert.

---

[1] Das Programm „Leistungsfähigkeit durch Eigenverantwortung" der VolkswagenStiftung zur Förderung der „Selbstheilungskräfte" an Universitäten wurde im Dezember 1994 ausgeschrieben und zielte auf die Reform von Leitungs- und Entscheidungsstrukturen (VolkswagenStiftung 1998). Insgesamt 10 bundesdeutsche Universitäten wurden gefördert. Das Projekt an der Universität Dortmund war das einzige Projekt zum Thema Gleichstellung und wurde mit 767.000 Euro (1,5 Mio DM) gefördert und außerdem vom Ministerium für Wissenschaft und Forschung NRW von 1998 bis 2002 mit jährlich 25.500 Euro bezuschusst. Die Projektarbeit begann im November 1998 und wurde im Januar 2003 mit einer internationalen Tagung offiziell beendet (Roloff/Selent 2003). Das Vorhaben selbst ist nicht zum Abschluss gekommen, sondern seine Themen bleiben aktuell und gestalten Profil und Aufgaben in Forschung, Lehre und Organisation der Universität Dortmund auch zukünftig mit. Das Kürzel *QueR* für den Projekttitel „Qualität und Innovation – Geschlechtergerechtigkeit als Reformstrategie" ist ein Akronym aus dem Projekttitel (Kurzwort aus (Anfangs-)Buchstaben) und verweist gleichzeitig auf die *Quer*schnittaufgabe Gleichstellung.

2 Zum Verständnis der Begriffe Gender und Mainstreaming

Gender bezeichnet die gesellschaftlich gewordene Geschlechtsrolle im Unterschied zu *sex* als dem biologischen Geschlecht. Diese – im Deutschen begrifflich nicht geschärfte – Unterscheidung stammt aus der Theorie zur Erklärung von Ungleichheit (Gries et al. 2001) und ist das Instrument, mit dem gezeigt werden kann, dass die unterschiedliche gesellschaftliche Positionierung von Männern und Frauen keine Konsequenz natürlicher Geschlechterdifferenzen ist. Das soziale Geschlecht wird interaktiv, in Beziehungen unter den Menschen laufend hergestellt, immer wieder inszeniert – die Geschlechterforschung nennt das *doing gender*. Dabei werden Vorstellungen von Mann und Frau, von männlichem und weiblichem Verhalten entworfen und tradiert. Diese halten sich explizit und auch unbewusst innerhalb stereotyper Grenzziehungen und verdecken damit die Vielfalt von Unterschieden auch innerhalb der Geschlechtergruppen.

Gender kann zum einen mit dem Verb *to engender*, d.h. heißt erzeugen, hervorrufen, verursachen, in Verbindung gebracht werden. Zum andern ist der Begriff der Grammatik (lat. genus), ebenfalls einer auf gesellschaftliche Übereinkunft beruhenden Konvention, entlehnt. Zum grammatischen Geschlecht gehören masculinum und femininum, aber auch die dritte Form: neutrum[2]. Bei Verwendung des Genderbegriffs wird jedoch ein Dualismus gedacht, er wird als binärer code verwendet. Erst im Konzept *undoing gender* der Geschlechterforschung ist die Möglichkeit enthalten, die starren Vorstellungen von dem, was die Geschlechter ausmacht und unterscheidet, zu differenzieren bzw. aufzulösen. *Undoing gender* zeigt die Parallelität auf, das was die Geschlechter als Menschen verbindet und wo sie sich gleich sind bzw. wo es auf die Individualität und nicht aufs Geschlecht ankommt.

Die Genderperspektive darf keine geschlechtsspezifische Sichtweise derart sein, dass man von vorneherein zu wissen glaubt, was Männer und was Frauen sind und was ihnen angemessen ist oder ihnen zusteht, wie man sie

---

[2] Vielfach werden auch den Sachen Geschlechter zugeordnet, dies wiederum kulturell induziert. Zum Beispiel gilt die entgegengesetzte Geschlechtszuweisung an Sonne und Mond etwa im Deutschen und Französischen und sogar im Englischen, das ja im bestimmten Artikel keinerlei Unterscheidung macht, aber auch den Mond als *she* und die Sonne als *he* apostrophiert.

behandeln muss, um ihnen gerecht zu werden. Die Genderperspektive ist vielmehr ein Blickwinkel der Gleichstellung, der sowohl für individuelle Entwicklung unabhängig vom Geschlecht offen ist als auch die Begrenzungen, die strukturell und empirisch durch die Geschlechtszugehörigkeit gegeben sind, aufdeckt und Maßnahmen zu deren Abbau ortet und aufnimmt.

Geschlechtergerechtigkeit ist damit eine Art Gratwanderung: Männer und Frauen sind einerseits durch das sozial gewachsene Geschlechterverhältnis und deswegen durch unterschiedliche Erfahrungshintergründe geprägt und durchaus als Geschlechtsgruppen ungleich am sozialen Geschehen beteiligt. Diese im tradierten und gegenwärtigen Geschlechterverhältnis eingelagerten Differenzen, Diskriminierungen und ungleichen Chancen sind anzusprechen und auszugleichen. Andererseits hat sich die soziale Wirklichkeit ausdifferenziert und es müssen deshalb bereits bestehende Veränderungen und Überschneidungen in Lebensverhältnissen und Lebensstilen von Männern und Frauen berücksichtigt werden. Männer und Frauen dürfen nicht vorschnell und überall in zwei (und nur zwei) Gruppen geteilt werden, weil dies individuelle Entwicklungschancen beschneiden kann. Die Genderperspektive kann auch bedeuten, das Geschlecht als Einteilungsmerkmal auszublenden. Es ist also viel komplexer, als der einfache Bezug auf *gender* – insbesondere wenn dabei nur an eine Dualität gedacht ist – weismachen will. Unbedacht angewandt kann die Genderperspektive den Dualismus verstärken und damit die Stereotypisierung verfestigen[3].

Auch der Begriff *mainstreaming* ist erklärungsbedürftig – insbesondere im Bereich Wissenschaft. *Mainstreaming* heißt eigentlich 'in den Hauptstrom übernehmen' d.h. ins Zentrum rücken. Damit wird ausgedrückt, dass die Gleichstellungsaufgabe nicht nur beide Geschlechter angeht, sondern eine zentrale gesellschaftliche und politische Aufgabe ist. *Mainstreaming* soll nicht bedeuten, dass Frauen dem von Männern konzipierten Hauptstrom eingegliedert werden, sondern daran beteiligt sind, diesen mit zu bestimmen. Für den wissenschaftlichen Bereich ist der Begriff *mainstream* eng verknüpft mit der Bezeichnung für eine herrschende Theorie, die ihre Sichtweisen und

---

[3] Ohne theoretischen Hintergrund werden Frauen und Männer als jeweils identische und voneinander per se unterschiedene Gruppen apostrophiert, es findet also eine Verstärkung der Differenzhypothese statt.

Paradigmata gegenüber alternativen und kritischen durchsetzt. Mit Gender Mainstreaming sollen jedoch wissenschaftskritische Perspektiven – z.B. aus der Frauen- und Geschlechterforschung – eingebracht werden.

Mainstreaming wird außerdem von Frauenseite als Hierarchiepolitik kritisiert (Weinbach 2001). Der Top down Ansatz gilt als eine der Haupt-Voraussetzungen für die Einführung des Gender Mainstreaming, ist allein jedoch ungenügend. Das Thema Gender in allen Prozessen, Entscheidungen und Maßnahmen tritt nicht von allein – oder gar auf Befehl – auf, sondern muss von den Beteiligten differenziert und kontextbezogen bearbeitet werden. Bottom up Prozesse insbesondere von Frauen – von denjenigen, die Veränderungen wollen – sind weiterhin unabdingbar.

Gender Mainstreaming als Gleichstellungsstrategie, die das Geschlecht in allen Entscheidungen und Prozessen mit berücksichtigt, ist höchst voraussetzungsvoll. Was bedeutet das für den Bereich Hochschule?

3 Verbindung von Hochschulreform und Gender Mainstreaming

Zunächst ist festzuhalten, dass Frauen die Gleichstellungspolitik an Hochschulen in Deutschland von Anfang an mit strukturverändernden Zielen betrieben haben (Gebhardt-Benischke/Knapp 1984). Allerdings konnte sich dann „Frauenförderung" nur als hauptsächlich auf Frauen bezogenes Agieren durchsetzen. Erst als mit den beginnenden Hochschulreformen die Strukturen im Hochschulwesen allgemein in Bewegung waren, konnte sich die Vorstellung von Frauenförderung als Strukturpolitik wirksam einbringen (Niedersächsisches Ministerium für Wissenschaft und Kultur 1994, Roloff 1996).

Der Übergang vom Bürokratiemodell der Hochschulsteuerung zum deregulierten Autonomiemodell tangierte die Logik des bis dahin entwickelten Gleichstellungsinstrumentariums. Die beginnenden Struktur- und Steuerungsreformen waren Kontext für eine Neuorientierung (Arbeitskreis Wissenschaftlerinnen von NRW 1996, BuKoF 1996, 1997). Die Gleichstellungsbeauftragten hatten an den Hochschulen über ministerielle und gesetzliche Regelungen Kontrolle insbesondere in Berufungs- und Stellenbesetzungsverfahren ausgeübt. Relevante Entscheidungen werden jetzt aber auch beim Mitteleinsatz, der Qualitätskontrolle und in Strukturanpassungen getroffen. Deshalb die Forderung der Gleichstellungsbeauftragten und dann auch die Einsicht von Politik und Staat: Wenn Gleichstellung als gesetzlich verankerter Auftrag – und daran gibt es keinen Zweifel – an Hochschulen effektiv durchgeführt werden soll, dann muss sie in die gängigen Steuerungsinstrumente einbezogen werden, das heißt also in Mittelverteilung auf Grund von Indikatoren, in Evaluationsverfahren und in die Entwicklungsplanung. Das deutsche Hochschulrahmengesetz verlangt nun seit 1998, dass Gleichstellungsaufgaben bzw. -fortschritte bei der staatlichen Finanzierung wie bei der Bewertung von Hochschulen einzubeziehen sind. Die Ländergesetze sind entsprechend angepasst worden. Außerdem verlangen sie teilweise direkt oder indirekt auch Berücksichtigung der Gleichstellung bei Entwicklungsplanungen und die Beteiligung der Gleichstellungsbeauftragten an deren Aufstellung.

Aber noch aus einem anderen Grund wird im Rahmen der Hochschulreform verstärkt über Chancengleichheit, Geschlechtergerechtigkeit[4] und Gleichstellung gesprochen. Gleichstellung hat der Qualitätsverbesserung etwas zu bieten und betrifft Hochschulentwicklung insgesamt (ausführlich: Roloff 1998a). Denn es zeigen sich an der ungleichen Situation von Frauen im Studium, in Lehre und Forschung generelle Strukturdefizite und aktuelle Herausforderungen der Hochschulen in Deutschland, etwa:

---

[4] Wie für den Begriff gender gilt für Geschlechtergerechtigkeit: Ohne Reflexion über die stereotypen Vorstellungen von Geschlecht, von Frauen und Männern könnten sehr traditionelle Differenzzuschreibungen damit verbunden sein. Gerade das Gegenteil ist intendiert, nämlich die Vorstellung, dass beide Geschlechter sich sehr unterschiedlich und vielfältig, aber auch gleich und parallel entwickeln können, dass ihre jeweiligen Potentiale und Begabungen nicht etwa linear mit ihrem biologischen Geschlecht zusammenhängen, sondern dass es soziale Zuschreibungen sind, die sie innerhalb von vordefinierten Geschlechtergrenzen halten, und soziale Zustände, die nach Geschlechtern unterschiedliche Lebensverhältnisse schaffen. Diese festgezurrten Grenzen aufzubrechen, wäre geschlechtergerecht, eigentlich menschengerecht, zu nennen. Die Begriffe Gleichstellung, Geschlechtergerechtigkeit und Chancengleichheit werden im Alltagsgebrauch parallel verwendet. Für das Projekt an der Universität Dortmund war der Begriff Geschlechtergerechtigkeit ein Kompromiss zwischen Projektgruppe und Hochschulleitung.

- die mangelnde Attraktivität naturwissenschaftlich-technischer Studienfächer,
- die ungenügende Qualität der Lehre und Betreuung von Studierenden,
- die überlange Studiendauer,
- das Zufallsprinzip der wissenschaftlichen Nachwuchsförderung.

Es sind solche Defizite, die ein Nicht-Eintreten in bzw. vorzeitiges Ausscheiden aus Studien- und Hochschulkarrieren mit verursachen, von denen Frauen überproportional betroffen sind. Sie können Grundlage für Verbesserungs- und Qualitätsstrategien sein. Es ist also über die Modernisierung der Gleichstellungspolitik hinaus ein Schritt zu einer systematischen Organisationsentwicklung, wenn ungleiche Motivation, Beteiligung und Entfaltungschancen von Frauen zum Anlass genommen werden, strukturelle Organisationsdefizite zu orten und zu verändern. Frauen bringen – genauso wie Männer – ihre Potenziale und Kompetenzen in die Gesamtverantwortlichkeit ein und tragen zum wissenschaftlichen Fortschritt und zur Qualitätsverbesserung bei. Wenn sie fehlen, fehlt die Hälfte der möglichen Leistungsfähigkeit.

Das ist die reziproke Perspektive, die allerdings nicht verwechselt werden darf mit einer instrumentellen These von Frauen als Ressource oder als ungenutztes Potenzial. Es ist jedoch eine Tatsache, dass Frauen an deutschen Hochschulen eine extrem geringe Chance auf eine wissenschaftliche Karriere haben. Über 50 % der Studienberechtigten, die Hälfte der Erstsemester und 45 % der Absolventen an den Hochschulen sind Frauen. Sie sind motiviert, kompetent und leistungsbereit und dennoch sind Professuren nur zu 10 % von Frauen besetzt (BLK 2003). Das heißt ihre Ideen, ihre Einsichten, ihre Kreativität gehen verloren – und damit auch ihre Chance zu Wissenschaft und Gesellschaft konstruktiv und mitbestimmend beizutragen. Deutschland steht dabei nicht allein da, wenngleich am unteren Rand. Der europäische Report zu Frauen in der Wissenschaft – der ETAN Bericht (European Commission 2000) – zieht als Fazit, „dass die Unterrepräsentanz von Frauen nicht nur unwirtschaftlich und ungerecht ist, sondern auch das Erreichen wissenschaftlicher Spitzenleistungen in Frage stellt" (S. viii). Inhaltlich gehört der Genderdiskurs außerdem zu den modernen wissenschaftskritischen Debatten über die Veränderung der Wissensproduktion in Richtung Transdisziplinarität, Problemorientierung und Demokratisierung (Weiler 2002, Neusel 2003).

Im Kontext dieser Überlegungen agierte die Projektgruppe an der Universität Dortmund und trug die Idee der Geschlechtergerechtigkeit als Reformstrategie, d.h. mit einem organisationalen Blick und dem Ziel qualitativer Veränderungen, in die Hochschulreformprozesse hinein. Daraus will ich jetzt einige konkrete Entwicklungen aufzeigen.

4 Gender Mainstreaming im Reformprozess – Praxisbeispiele

Zu den Zielen des Reformprojekts gehörte es, nachhaltig wirkende geschlechtergerechte Maßnahmen im Sinne der neuen Steuerung einzuführen. Maßnahmen im Sinne der neuen Steuerung sind solche, die mit Verantwortungsdelegation, Mittelverteilung, Evaluation, Berichterstattung, Zielvereinbarungen arbeiten. Die Akzeptanz dieser Instrumente war zu Beginn der Projektarbeit 1998 an der Universität Dortmund noch keineswegs gegeben. Vielmehr wurde das Projekt Teil dieses Veränderungsprozesses und trieb ihn gleichzeitig mit voran. Mit der Entwicklung und Durchsetzung von hochschulgeeigneten Strategien für die Verbindung von Reform und Gleichstellung betrat die Projektgruppe Neuland.

Im Rahmen des Programms hat die VolkswagenStiftung Experten und Expertinnen der Hochschulreform als Berater für die beteiligten Universitäten eingesetzt. Diese besuchten die Projekte jedes halbe Jahr, begutachteten den zuvor eingereichten Halbjahresbericht über die Aufgabenstellungen, Erfolge und Schwierigkeiten und stellten weiterführende Fragen sowie gaben Empfehlungen für die weitere Arbeit. Ansprechpartner waren immer die Hochschulleitungen. Gerade für das Thema Geschlechtergerechtigkeit ist dieses Vorgehen des Geldgebers eine wichtige Strategie zur Relevanzsetzung und zur strukturellen Verankerung von Gleichstellungskriterien in die Reformprozesse gewesen. Dennoch blieb der Projektgruppe die Aufgabe, nicht nur die Fachbereiche zur Zusammenarbeit zu motivieren, zu Aktivitäten anzustoßen und dort Akteure und Akteurinnen zu gewinnen, sondern auch das

Gender Mainstreaming – Ein Beitrag zur Hochschulreform

Rektorat zu entsprechenden Strukturentscheidungen im Rahmen der Projektarbeit immer wieder herauszufordern. Im Projekt QueR bündelten sich gleichzeitig Bottom up und Top down Prozesse und die Projektstrategie hat sowohl an der zentralen Steuerung wie in dezentralen Bereichen angesetzt. Zum einen richtete sich die Aufgabe darauf, Kriterien der Chancengleichheit und Geschlechtergerechtigkeit in alle Instrumente und Entscheidungen der Hochschulreform zu integrieren, zum andern wurden in einzelnen Fachbereichen Maßnahmen angestoßen und betreut, die Reformprozesse und Gleichstellung parallel forcierten. Initiativen der Fachbereiche wurden wiederum durch Entscheidungen des Rektorats – etwa zur Mitfinanzierung aus dem Rektoratsfonds – unterstützt.

Es war von Vorteil, dass die Universitätsleitung selbst mit dem Projekt zunächst keine eigenen Ziele verfolgte und dem Projektteam deshalb große Gestaltungsspielräume gelassen hat, die das Projektteam nach innen zum Agieren aber auch nach außen zum Dokumentieren ausgenutzt hat. Vor allem die öffentliche Aufmerksamkeit von außen bewirkte auch ein Umdenken intern, wenn z.B. das zuständige Ministerium für Wissenschaft und Forschung der Universität die Anerkennung über das Vorgehen vermittelt hat. So wurde anlässlich der Unterzeichnung einer Zielvereinbarung zur Gleichstellung zwischen der Landesregierung Nordrhein-Westfalen und der Universität Dortmund im April 2002 von Seiten des Ministeriums betont, dass die Universität Dortmund mit ihrer Gleichstellungspolitik unter den bundesdeutschen Hochschulen eine Vorreiterrolle einnimmt und durch ihr eigenverantwortliches Vorgehen auch die landespolitischen Ziele in diesem Bereich vorangebracht habe. Während der Projektlaufzeit ist die Gesetzeslage entsprechend dem Vorgehen QueR verändert worden. Heute ist die Akzeptanz dafür, dass Geschlechtergerechtigkeit mit zur Qualitätsverbesserung in Forschung und Lehre beiträgt innerhalb der Universität gewachsen.

Die Ansatzpunkte waren also zum einen die Entscheidungen und Steuerungsinstrumente des Rektorats, zum anderen Qualitätsverbesserungsprozesse in Fachbereichen. Als Beispiel für eine zentrale Entscheidung kann der leistungsorientierte Verteilungsschlüssel für die Mittel für Forschung und Lehre gelten. Der Schlüssel wurde erweitert durch die Ermittlung eines „Frauenförderbetrags", d.h. je nach den Verhältnisquoten von Studienanfän-

167

gerinnen, Absolventinnen und Promovendinnen müssen die Fachbereiche jährlich bestimmte Beträge zweckgebunden für Frauenfördermaßnahmen ausgeben. Ein weiteres Beispiel ist die Integration des Gleichstellungsaspekts ins Berichtswesen. Alle Datensätze zur Studierenden- und Personalstatistik differenzieren nach Geschlecht, was die Informationsbasis für die Gleichstellungspolitik verbessert.

Dezentrale Maßnahmen wurden zunächst in vier Pilotfachbereichen vorangetrieben, die sich über ihren Dekan zur Zusammenarbeit bereit erklärten. Einstieg war eine Ist-Analyse mit quantitativen und qualitativen Datenerhebungen zur Spiegelung der jeweiligen – fachspezifisch unterschiedlich ausgeprägten – Situation. Darauf bezogene Verbesserungsmaßnahmen im Sinne der Reform kamen beiden Geschlechtern zugute, fanden aber speziell in den Bereichen statt, in denen für Frauen strukturelle Benachteiligungen festgestellt wurden.

Im Folgenden wird am Beispiel von zweien dieser Pilotfachbereiche die Vorgehensweise beleuchtet. Im ersten Fall handelt es sich um einen Fachbereich mit Studiengängen zur Lehramtsausbildung, in dem überwiegend Frauen studieren, im zweiten um eine Ingenieurwissenschaft mit nur wenigen Studentinnen. Dann gehe ich auf eine strukturelle Entscheidung ein, und zwar die zur Frage der Profilbildung in den Forschungsperspektiven der Universität. Und schließlich erläutere ich die Strategie des Rektorats zur Ankurbelung von Reformprozessen.

4.1 Wissenschaftliche Nachwuchsförderung im Lehramt

Zunächst zum Fachbereich Gesellschaftswissenschaften/Philosophie/Theologie, in dessen Studiengängen in der Hauptsache Lehrerinnen und Lehrer ausgebildet werden. Einerseits im Interesse breiterer beruflicher Einsatzmöglichkeiten der Absolventinnen und Absolventen und andererseits im wissenschaftlichen Interesse der Fachdidaktiken wurde hier der Schwerpunkt auf die Förderung des wissenschaftlichen Nachwuchses gelegt (Schönleben et al. 2002). Die Intensivierung der Nachwuchsförderung in einem Fachbereich mit niedrigen Promotionsraten ist gleichermaßen individuelle Personalentwicklung wie institutionelle Qualitätsverbesserung und Profilierung.

Um das Thema im Fachbereich ins Blickfeld zu rücken, wurde eine Kommission für wissenschaftlichen Nachwuchs eingerichtet. Im Rahmen eines gezielten Projekts „Lehramt und Wissenschaft (LeWis)" wurden kleinere Forschungsvorhaben von Lehrenden durch die befristete Bezuschussung von studentischen und wissenschaftlichen Hilfskräften gefördert. Diese wiederum erhielten Gelegenheit, sich in das wissenschaftliche Arbeiten zu vertiefen und bereits Vorarbeiten für eigene Promotionsvorhaben zu leisten.

Die geringen Promotionszahlen hängen auch damit zusammen, dass die Studiengänge für die Lehrämter Primarstufe und Sekundarstufe I nur sechs Semester Regelstudienzeit umfassen. Promotionen nach diesem Abschluss sind zwar möglich, aber bisher nur über individuelle Wege und Abmachungen mit Doktorvater oder -mutter und Prüfungsausschuss zu erreichen. Für diese Schulstufen studieren größtenteils Studentinnen. Selbst mit ausgezeichnetem Examen und wissenschaftlich ausgerichteter Abschlussarbeit kommen sie, ohne direkt darauf angesprochen zu werden, nicht auf die Idee einer Weiterqualifizierung in der Wissenschaft. Es gab im Fachbereich nur wenige promovierende Frauen in der Lehrerbildung, einige im Gymnasialbereich – dort aber sehr viel mehr Männer.

In der Folge wurde nun ein zweisemestriges Aufbaustudium, genannt proDoc^{LA}, für Absolventinnen und Absolventen der Lehramtsstudiengänge Primarstufe und Sekundarstufe I eingeführt. Durch den Besuch von Veranstaltungen zu empirischen Forschungsmethoden, zur Wissenschaftstheorie, in fachspezifischen Vertiefungen sowie begleitenden Kolloquien können sich diese Studierenden in zwei Semestern gut auf ein kurzes und erfolgreiches Promotionsstudium vorbereiten. Das Aufbaustudium endet mit einem Zertifikat als offizielle Zulassung zum Promotionsstudium.

Das neue Studienangebot hat einen transparenten und offiziellen Weg zur wissenschaftlichen Weiterqualifizierung geöffnet, was auf großes Interesse stößt. Es verbreitet die Perspektiven eines vor allem von Frauen gewählten Berufsfeldes, qualifiziert auch vermehrt für Führungsaufgaben im Schulbereich und erhöht die Attraktivität des Lehramtsstudiums an der Universität Dortmund. Nach Einführung dieses regulären Aufbaustudiums stieg die Zahl von proDOC^{LA}-Studierenden innerhalb eines Semesters von 3 auf 28 an – heute sind es weit über 50 – und der Frauenanteil beträgt 75 %. Die Evaluation bei Studierenden und Lehrenden hat ergeben, dass das Angebot den Orientierungen auf wissenschaftliche Fragestellungen im Lehramt entgegenkommt. Inzwischen ist es auch möglich, für dieses Aufbaustudium ein Stipendium aus dem universitätsinternen Stipendienprogramm zu beantragen. Positiv entwickelt haben sich in dem Zeitraum außerdem die Frauenanteile im Promotionsstudium der beteiligten Fächer allgemein. Sie sind von 43 % im Wintersemester vor dem QueR-Projekt auf 61 % im letzten Wintersemester gestiegen.

4.2 Gewinnung neuer Zielgruppen für die Ingenieurwissenschaften

Maschinenbau ist nicht nur ein Studienfach mit traditionell wenigen Studentinnen, es ist auch eine Ingenieurwissenschaft, die – wie andere auch – in den 90er Jahren einen massiven Einbruch der Studierendenzahlen hinnehmen musste. Gleichzeitig wurden von der Industrie mit der Nachfrage nach Qualifikationen wie BWL- und Fremdsprachenkenntnisse, Teamfähigkeit, Interdisziplinarität neue Anforderungen an ausgebildete Ingenieure und Ingenieurinnen gestellt. Die klassische Klientel des Maschinenbaustudiums – technikbegeisterte und mathematisch-technisch begabte junge Männer – blieb aus und andere wurden nicht durch die traditionellen Studieninformationen angesprochen. Hier zeigte sich also ein Reformbedarf, der ausgezeichnet mit dem Aspekt des Geschlechterverhältnisses zu verknüpfen war (Wirtz 2002).

Studieninformationsbroschüren hatten sich bisher damit begnügt, den Studienverlauf und die zu studierenden Fächer darzustellen. Dadurch wurden junge Frauen und Schülerinnen, selbst wenn sie durch ihre Schulleistungen und Interessen potenzielle Ingenieurstudentinnen sein könnten, nicht adäquat angesprochen – aber auch nicht die vielseitig begabten weiblichen und männlichen Jugendlichen, die durch die neuen Anforderungen für eine ingenieurnahe Berufstätigkeit interessiert werden könnten. Zunächst wurden also die Studieninformationsmaterialien modernisiert und auf die aktuellen Entwicklungen im Beruf sowie auf die Interessen der Schülerinnen und Schüler zugeschnitten. Außerdem sprechen sie durch geschlechtergerechte Sprache und gezielte Hinweise auf Ingenieurinnen junge Frauen besser an.

Die Fakultät Maschinenbau hat in der Folge eine Referentin für Nachwuchsentwicklung und Kommunikation eingestellt, die Kontakt nicht nur zu Schulen sondern für die Studierenden auch zu Berufstätigen herstellt und dabei auf die Beteiligung von Studentinnen, Schülerinnen und weiblichen Berufstätigen achtet. Über Vorträge von Ingenieurinnen und individuelle Kontakte im Sinne eines Mentoring werden Studentinnen bereits im Studium mit Wissenschaft und Industrie vertraut gemacht. Ehemalige werden dafür kontaktiert und zu solchen Vorträgen und Kontakten eingeladen. Die besondere Aufmerksamkeit auf die Motivation und Entfaltungsmöglichkeiten von jungen Frauen hat dazu geführt, allgemein die Studienbedingungen zu untersuchen und zu verbessern.

Zusätzlich zum klassischen Maschinenbaudiplomstudium sind interdisziplinäre Studiengänge eingerichtet worden, die Studentinnen anziehen, und zwar Logistik und Wirtschaftsingenieurwesen. Der Anteil der in der Fakultät Maschinenbau eingeschriebenen Studentinnen ist in den letzten sechs Jahren von 8 % auf nunmehr über 20 % gestiegen. Ebenfalls ist der Frauenanteil im Mittelbau von 2 % auf 8 % gestiegen. Dies ist eher ein Synergieeffekt der Projekts QueR, aber zeigt, wie durch Studien- und Fächerplanung neue Zielgruppen angesprochen und besser integriert werden können. Die Steigerung der Studierendenzahl zwischen dem vorletzten und dem letzten Wintersemester betrug über 450, davon war ein Viertel Frauen.

So hat das Projekt in den Fachbereichen – je nach institutionellen Problemlagen und Reformstand unterschiedlich angesetzt und darauf bezogen Zielsetzungen entworfen und Maßnahmen eingeführt. Erfolgskriterien lagen dabei nicht allein in der Erhöhung der Frauenanteile, obwohl es die, wie gezeigt, auch gab – sondern ebenso in den erweiterten Handlungschancen und Entscheidungsoptionen für Frauen in Studium und Wissenschaft und außerdem in der Bereitschaft der Universität und der Fachbereiche, sich auf den Aspekt Geschlechtergerechtigkeit positiv einzulassen, d.h. in einer inhaltlichen, kulturellen und symbolischen Dimension. Es ist sogar so, dass die Steigerung in der Quantität auf diese optionalen und qualitativen Verbesserungen angewiesen ist, wie das die genannten Beispiele zeigen. Ohne ein offenes Aufbaustudium gäbe es nicht die Aufmerksamkeit der Lehramtsabsolventinnen auf den wissenschaftlichen Weg und ohne qualitative Veränderungen in den Studieninformationsmaterialien, in der Studierendenbetreuung und mehr noch in den Studieninhalten keine Erhöhung der Studentinnenanteile im Maschinenbau. Nicht alle Veränderungsschritte und Maßnahmen führen hingegen gleich zu quantitativen Ergebnissen.

Das gilt etwa für die Initiativen zur Integration von Genderforschung und deren Ergebnisse in das wissenschaftliche Profil und in die Lehre.

4.3 Profil Geschlechterforschung

Zum Gender Mainstreaming gehört auch die inhaltliche Dimension, die Akzeptanz der Erkenntnisinteressen und Sichtweisen aus dem Erfahrungshintergrund von Frauen. „Frauenforschung ist Wissenschaftskritik" hat die Niedersächsische Kommission zur Förderung von Frauenforschung und zur Förderung von Frauen in Lehre und Forschung bereits 1994 (Niedersächsisches Ministerium für Wissenschaft und Kultur 1994) formuliert. Es ist hier nicht der Ort, Frauen- und Geschlechterforschung wissenschaftlich zu rechtfertigen. Es ist eine Tatsache, dass es sie gibt und dass sie weltweit und auch in Deutschland eine beispiellose wissenschaftliche, wenn auch nicht institutionelle Erfolgsgeschichte vorweisen kann.

Die Berücksichtigung der Kategorie Geschlecht in der Wissenschaft, in den Inhalten von Forschung und die curriculare Integration von Frauen- und Geschlechterforschung in die Lehre war auch ein Anliegen des Projekts QueR. An der Universität Dortmund hat Frauen- und Geschlechterforschung eine lange Tradition und ist in einigen Disziplinen mit Lehrstühlen aus dem Netzwerk Frauenforschung Nordrhein-Westfalen vertreten. Während der Projektlaufzeit haben sieben Professorinnen im Rahmen der Struktur- und Profilbildung den interdisziplinären Forschungsschwerpunkt „Dynamik der Geschlechterkonstellationen" an der Universität Dortmund konstituiert. Geschlechterforschung gehört damit zu den langfristigen Schwerpunkten, die das Profil der Universität kennzeichnen.

Auf Anregung der Kommission für Lehre und Studium beschloss das Rektorat, in neue Studiengänge zukünftig Gender Studies Module zu integrieren und diese nur zu genehmigen, wenn sie entsprechende Fragestellungen im curriculum berücksichtigen. Es hat dazu eine Arbeitsgruppe einberufen, die die Fachbereiche in ihrem Vorgehen beraten soll. Des Weiteren soll ein thematisches Modul Genderforschung in das vorgesehene überfachliche „studium fundamentale" aufgenommen werden. Studierende sollen einen gewissen Anteil in ihrem Studium Fragestellungen widmen, die über ihr Fachgebiet hinausgehen. Basiswissen über die soziale Konstruktion des Geschlechterverhältnisses ist dann eines dieser Themengebiete. Einen weiteren Ort findet Genderkompetenz im Bereich der Schlüsselqualifikationen für Lehrende, die das Hochschuldidaktische Zentrum anbietet. Neben Genderkompetenz sind das z.B. interkulturelle und Sozialkompetenz, außerdem Fähigkeiten wie Präsentation, Moderation, Teamarbeit.

4.4 Anreizsystem

Ein wichtiger Anstoß zur Entscheidung für und Entwicklung von Maßnahmen war die Einrichtung eines Anreizsystems. Dieses unterstützte auf Antrag Reformprojekte zunächst in den Pilotfachbereichen, später auch in anderen Fachbereichen und im Hochschuldidaktischen Zentrum. Es gab eine universitätsweite Aufforderung, derzeitige Reformen mit geeigneten Gleichstellungszielen zu verbinden. Für die erfolgversprechende Beantragung wurden folgende Kriterien aufgestellt:

- Die Maßnahme zielt auf Qualitätsverbesserung und Innovation unter Berücksichtigung der Geschlechtergerechtigkeit, und zwar in Reformkontexten wie Studieninformation, Studien- und Curriculareform, Qualität der Lehre, Nachwuchsförderung, Personalentwicklung, Profilbildung oder corporate identity und Verbesserung der Organisation.
- Zum zweiten durfte die Maßnahme keine einmalige Aktion sein, sondern soll dauerhafte Entwicklungen oder Innovationen einleiten.

- Auflage war, dass der Fachbereichsrat die Beantragung beschließt und dass der Fachbereich mindestens ein Viertel der Kosten der Maßnahme selbst trägt, also selbst Mittel dafür einsetzt.
- Schließlich wurde verlangt, Frauen bei der Entwicklung und Umsetzung der geplanten Maßnahme zu beteiligen.

Dieses Vorgehen hatte eine merkliche Signalwirkung auf die Fachbereiche, da über die Vergabe von finanziellen Mitteln die Hochschulleitung materiell und ideell ihr Interesse an der Entwicklung von geschlechtergerechten Strukturen in den Fachbereichen verdeutlichte. Das Rektorat entschied formell über die Bewilligung. Dabei kam es darauf an, dass die bezuschussten Maßnahmen die systematische Einbeziehung der Gleichstellung vorantreiben (im Sinne des Gender Mainstreaming). Durch die Mischfinanzierung war der Anreiz so gesetzt, dass die Fachbereiche ein eigenes Interesse an den zu fördernden Entwicklungen und Reformen verfolgen müssen und nicht einfach Gelder bekommen für Projekte, die sie dann nach Ende wieder fallen lassen.

Durch diese Strategie wurde die Aufmerksamkeit zusätzlich auf das Potenzial der Frauen gelenkt, indem die damit verbundenen Aufgaben zum einen gerne an Frauen delegiert wurden und zum andern gleichzeitig die Geldvergabe als Steuerungsinstrument mit an die Beteiligung von Frauen geknüpft war. Dadurch konnten Frauen in den Fachbereichen als Akteurinnen der Reform und der Qualitätsverbesserung auftreten, übernahmen also eine allgemeine Rolle, was ein Wegkommen vom Stempel der Frauenförderung bedeutete. Sie hatten die Ideen zu den Projekten, sie vertraten diese argumentativ, suchten und fanden Verbündete und Unterstützer für die Mehrheiten in den Fachbereichsräten. Die Prozessstrategie wurde zu einem Aspekt und einer Methode der Personalentwicklung und förderte die reziproke Perspektive, für die dann die Zeitung für die Universität Dortmund „unizet" das Wort prägte „Frauen fördern die Hochschule" (Nr. 315/Februar 2000, S. 1). Anders ausgedrückt: zur Perspektive „Frauenförderung ist Personalpolitik für Frauen" kommt die Perspektive „Geschlechtergerechte Organisations- und Personalentwicklung ist qualitätsförderndes Instrument".

5 Eckpunkte für das Gelingen eines geschlechtergerechten Reformprozesses

Zusammenfassend möchte ich die Erfahrungen nutzen, um Eckpunkte für das Gelingen eines solchen Prozesses zu formulieren:

Wie bei der Gender Mainstreaming Strategie ist es unabdingbar, dass die Hochschulleitung die Veränderungen wirklich will. Entscheidungen an Hochschulen verlangen jedoch einen diskursiven und partizipativen Stil und müssen Initiativen, Ideen und Leistungen aller Mitglieder berücksichtigen. Die Hochschulleitung hat dennoch Mittel, und muss diese auch einsetzen, um Reformprozesse einzuleiten, z.B. indem sie eindeutig Stellung bezieht und die Relevanz einer Innovation verdeutlicht. Sie kann dabei alle Gremien nutzen: Dekanekonferenzen, Senat, interne Medien. Dieses Bemühen darf nicht nachlassen. Es genügt nicht, dass die Hochschulleitung das Thema einmal anspricht, sondern sie muss selbst darin ein Vorbild sein, indem sie qualitative und quantitative Gleichstellungsfortschritte und geschlechtergerechte Entwicklungen als Ziel immer wieder ins Spiel bringt und alle dezentralen Stellen zu entsprechendem Verhalten motiviert. Dazu gehört auch die Integration in alle Steuerungsinstrumente und Entscheidungen. Ganz wichtig ist dies auch für die Verwaltungsstellen, dass auch sie darin Bescheid wissen und die Genderfrage in Datensystemen, Controlling etc. berücksichtigen, Anreize so setzen, dass Fachbereiche aufmerksam werden. Mit den Fachbereichen ist es sinnvoll, Zielvereinbarungen zu konkreten Entwicklungen zu treffen, diese in die Mittelvergabe einzubeziehen. Und strukturelle Verankerung ist wichtig, damit auch spätere Dekane oder Gremien an die einmal getroffenen Entscheidungen gebunden sind.

In die Zukunft gedacht, ist Personalentwicklung für Hochschulen ein entscheidender Punkt. Deshalb noch einen Ausblick auf Personalentwicklung als Reforminstrument im Schnittpunkt von Hochschulreform und Geschlechtergerechtigkeit (Abbildung 1).

Abbildung 1: Personalentwicklung im Schnittpunkt von Hochschulreform und Geschlechtergerechtigkeit

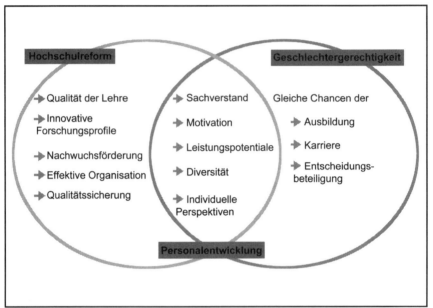

Quelle: eigene Erstellung

Hochschulreform verlangt Qualitätsverbesserung in der Lehre, Innovation bei der Forschung, eine produktive Nachwuchsförderung, ein effektives Management und eine ständige Qualitätssicherung. Dies alles kann nur mit wachen Studierenden und tatkräftigem Personal geleistet werden. Dafür muss Personalentwicklung sorgen. Sie fördert den Sachverstand und die Motivation und damit die Leistungspotentiale der Hochschule. Sie muss auf Diversität achten und den Menschen individuelle Perspektiven bieten, damit sie sich für die Institution einsetzen können. Und schließlich ist Personalentwicklung eng verbunden mit Geschlechtergerechtigkeit, denn ohne Chancengleichheit in der Ausbildung, in der Karriere und in der Beteiligung an Entscheidungen gehen der Hochschule tendenziell die Hälfte des möglichen Wissensbestandes verloren, was wiederum Qualitätseinbußen mit sich bringt, die die Reformen in der Hochschule beeinträchtigen. Positiv formuliert: Die reziproke Perspektive einer integrierten Geschlechterpolitik wirkt sich gleichstellungsfördernd und zugleich qualitätsverbessernd aus.

Literatur

Arbeitskreis Wissenschaftlerinnen von NRW (1996): Memorandum III: Vorwärts – Auf der Stelle! Dortmund.
Bundeskonferenz der Frauen- und Gleichstellungsbeauftragten an Hochschulen (BuKoF) (Hg., 1996): Finanzautonomie und Frauenförderung. Bonn.
Bundeskonferenz der Frauen- und Gleichstellungsbeauftragten an Hochschulen (BuKoF) (Hg., 1997): EVAluation – Qualität hat ein Geschlecht. Bonn.
Bund-Länder-Kommission für Bildungsplanung und Forschungsförderung (BLK) (2003): Frauen in Führungspositionen an Hochschulen und außerhochschulischen Forschungseinrichtungen. Siebte Fortschreibung des Datenmaterials, Materialien zur Bildungsplanung und Forschungsförderung Heft 109. Bonn.
European Commission/Research Directorate-General (2000): Science policies in the European Union: Promoting excellence through mainstreaming gender equality. A Report from the ETAN Expert Working Group on Women and Science. European Communities.
Gebhardt-Benischke, Margot/Knapp, Ulla (Hg., 1984): Was Frauen tun können, um die Hochschule zu verändern – Antidiskriminierungsprogramm im Wissenschaftsbetrieb. Alsbach.
Gries, Pia/Holm, Ruth/Störtzer, Bettina (2001): Karriere eines feministischen Konzepts? Der „Gender"-Begriff in der Diskussion. In: Forum Wissenschaft, Nr. 2, 18 Jg., S. 11-14.
Neusel, Aylâ (2003): Zukunftsentwürfe für die Universität. In: Roloff, Christine/Selent, Petra (Hg.), S. 56-73.
Niedersächsisches Ministerium für Wissenschaft und Kultur (Hg., 1994): Frauenförderung ist Hochschulreform – Frauenforschung ist Wissenschaftskritik. Bericht der niedersächsischen Kommission zur Förderung

von Frauenforschung und zur Förderung von Frauen in Lehre und Forschung. Hannover.

Roloff, Christine (1996): Hochschulstrukturreform und Frauenpolitik. In: Zeitschrift für Frauenforschung, 14. Jg., Heft 3, S. 5-22.

Roloff, Christine (Hg., 1998a): Reformpotential an Hochschulen – Frauen als Akteurinnen in Hochschulreformprozessen. Berlin.

Roloff, Christine (1998b): Reform von innen? Erprobung eigenverantwortlicher Gleichstellungspolitik. In: Roloff, Christine 1998a, S. 239-258.

Roloff, Christine (Hg., 2002): Personalentwicklung, Geschlechtergerechtigkeit und Qualitätsmanagement an der Hochschule. Bielefeld.

Roloff, Christine/Selent, Petra (Hg., 2003): Hochschulreform und Gender Mainstreaming – Geschlechtergerechtigkeit als Querschnittaufgabe. Bielefeld.

Schönleben, Stefanie/Pfaff, Carsten/Koch-Tiele, Andrea (2002): Neue Optionen für frauendominierte Studienabschlüsse: proDOC^{LA}. In: Roloff, Christine (Hg.): S. 194-206.

Unizet – Zeitung für die Universität Dortmund (2000): „Frauen fördern die Hochschule", Nr. 315/Februar, S. 1.

VolkswagenStiftung (1998): Leistungsfähigkeit durch Eigenverantwortung. Hochschulen auf dem Weg zu neuen Strukturen. Hannover.

Weiler, Hans N. (2002): Wissen, Herrschaft und Kultur – Die internationale Politik der Wissensproduktion und die Zukunft der Hochschulen. Festrede anlässlich der Internationalen Konferenz „Rethinking University. Ergebnisse der Internationalen Frauenuniversität 'Technik und Kultur' (ifu 2000) im internationalen Vergleich – Impulse für die Hochschule der Zukunft", Berlin. In: http://www.vifu.de/ifu-today/ifu-doku/2festreden/2weiler-frametext.html (Abfrage im Juli 2005).

Weinbach, Heike (2001): Über die Kunst, Begriffe zu fluten – Die Karriere des Konzepts „Gender Mainstreaming". In: Forum Wissenschaft, Nr. 2, 18 Jg., S. 6-10.

Wirtz, Bettina (2002): Kommunikation und Nachwuchsentwicklung in der Fakultät Maschinenbau. In: Roloff, Christine (Hg.): S. 159-169.

Männerbeteiligung und Gender Mainstreaming (GeM): „Garant für Erfolg oder neuer Mythos?"

Anne Rösgen

Einleitung

Das Thema „Männerbeteiligung" ist in der Gleichstellungspolitik bisher unterbelichtet und dies in doppelter Hinsicht: Männer werden als *eigenständige Zielgruppe* und *als Akteure* zuwenig beachtet: *"Männer werden nur mittelbar einbezogen, um die Akzeptanz für Gleichstellung von Frauen zu fördern (...). Die Beteiligung von Männern an Erziehungs- und Hausarbeit wird nicht in deren eigenem Interesse eingefordert, sondern um Frauen zu entlasten"* (vgl. www.work-changes-gender.org). GeM verlangt jedoch, in allen Bereichen die Unterschiede zwischen den Lebensverhältnissen, den Situationen und Bedürfnissen von Männern und Frauen zu berücksichtigen[1]. Wie sehen aber die Lebensrealitäten von Männern heute aus, was gilt es hier also wie „zu berücksichtigen"? Die Umsetzung von GeM liegt *faktisch* weitgehend in der Verantwortung von Männern – auch wenn dies noch keineswegs allen klar ist – weil es beim GeM um weitreichende strukturelle und kulturelle

---

[1] Auf weit verbreitete Missverständnisse und Fehlinterpretationen des Konzeptes was etwa GeM bedeute, dass z.B. in allen geförderten Maßnahmen gleich viel Männer und Frauen zu sein hätten und man nun aus Paritätsgründen neben Frauen- auch Männerbeauftragte zu installieren hätte bzw. dass nun endlich deutlich werde, dass Männer auch benachteiligt seien etc. gehe ich hier nicht ein.

Veränderungen geht, die einen Top Down-Ansatz und damit das Engagement der (obersten) Führungskräfte verlangen. Und die sind bekanntlich immer noch weit überwiegend männlich. Wie gehen sie mit den neuen Anforderungen um? Müssen diese „Machtmänner" gegen die eigenen Interessen handeln? Diese Fragen stehen im folgenden Beitrag im Mittelpunkt, werden aber eingebettet in Klärungen im Hinblick auf das Konzept GeM. Vorher sind aber noch einige Bemerkungen zum Thema Männlichkeit nötig.

Ich gehe zunächst davon aus, dass das Ende des Patriarchats nicht abzusehen ist, und dass es gerade angesichts der starken gesellschaftlichen Veränderungen wichtig ist, sich noch einmal darauf zu besinnen, was es bedeutet, dass sich *wegen*

> „der Art und Weise, in der unsere Gesellschaft über die Jahrhunderte gestaltet wurde, (…) eine starke Neigung zur Begünstigung der Männlichkeit" ergeben hat. „Wir nennen diese Verzerrung männliche Dominanz. Sie drückt sich aus in der Dominanz über Natur und Umwelt, über andere Männer, über Frauen" (Simons/Weissman 1990, S. 42; Übers. A.R.).

Diese Patriarchatsdefinition ist einerseits „vollständiger" als andere, da sie die Dominanz von Männern auch über andere Männer beinhaltet (darauf wird noch zurückzukommen sein), andererseits fehlen wichtige Aspekte: diese Ordnung wird von Männern *und* Frauen aufrechterhalten und durch ökonomische, legale und symbolische (Ideen)Systeme gestützt.

Allerdings führen die aktuellen Transformationsprozesse (je nach politischem Standpunkt mit post-industrieller (Bertram 2001) oder informationeller (Castells 2003) Gesellschaft, mit Globalisierung oder Finanzkapitalismus beschrieben) tatsächlich u.a. zu Veränderungen in der geschlechtsspezifischen Arbeitsteilung, zu Krisenerscheinungen der patriarchalischen Familie, zur Neudefinition von Geschlechterrollen. Welche Chancen aber auch welche Herausforderungen damit verbunden sind, wird in der gleichstellungspolitischen Debatte – wenigstens in Deutschland – noch unterkomplex diskutiert und Konsequenzen bleiben oft unklar. Leider können die offenen Fragen auch in diesem Beitrag nicht abschließend beantwortet werden.

Wenn von Veränderungen der geschlechtsspezifischen Arbeitsteilung und der hierdurch ausgeprägten Geschlechterrollen die Rede ist, so ist doch stets die Frage, wie weitgehend diese Flexibilisierungen gehen. Mit Abbildung 1 seien die Zweifel an raschen Veränderungen der Männerrolle ausgedrückt:

Tabelle 1: Männerrollen – im Wandel?

1866 „Schafft Zustände, worin jeder herangereifte Mann ein Weib nehmen, eine durch Arbeit gesicherte Familie gründen kann".
1966 „Die Frau eines Stahlwerkers braucht nicht zu arbeiten".
2003 „Die neuen Zumutbarkeitsregeln bewirken, dass wir uns auf die wirklichen Jobsucher konzentrieren. Einmal drastisch gesprochen: Die Ehefrauen gut verdienender Angestellter oder Beamter akzeptieren einen Minijob oder müssen aus der Arbeitsvermittlung ausscheiden".
Bundesminister Clement

Quelle: eigene Erstellung

Sind Einschätzungen zur Krise der patriarchalen Familie wie die folgende von Castells daher eher zu optimistisch?
„Die massenhafte Einbeziehung von Frauen in die bezahlte Arbeit hat die Verhandlungsmacht von Frauen gegenüber Männern erhöht und die Legitimität der Herrschaft der Männer aufgrund ihrer Position als Ernährer der Familie untergraben" (Castells 2003, S. 148, Herv. i.O.).

Auch wenn es sich vielleicht nur um „patriarchale Modernisierung" (Jurczyk 2001, S. 163) handelt ist Castells aber auf jeden Fall darin zuzustimmen, dass deutliche Veränderungen im Geschlechterverhältnis im Gange sind und dass es interessant ist, der Frage nachzugehen, warum dies gerade jetzt[2] geschieht – feministische Bewegungen hatte es ja auch schon früher gegeben. Nach Castells wird die Krise des Patriarchalismus *ungewollt ausgelöst* durch die Transformation der Wirtschaft und des Arbeitsmarktes (infor-

---

[2] Beginnend in den letzten Jahrzehnten des vergangenen Jahrhunderts.

mationeller Kapitalismus) in Verbindung mit der Eröffnung von Bildungschancen für Frauen sowie die Möglichkeit der Geburtenkontrolle und *willentlich gefördert* durch die Frauenbewegungen[3] (vgl. Castells 2003, S. 147ff).

An den wirtschaftlichen Veränderungen kann man anknüpfen, wenn man die aktuellen Interessen von Männern an Gleichstellungspolitik entwickeln will[4].

2 Männer als Zielgruppe von Gleichstellungspolitik

„Das Normalarbeitsverhältnis" der Industriegesellschaft beruhte wesentlich auf einer klaren geschlechtsspezifischen Arbeitsteilung (Bertram 2001b), die nun zerbricht.

Es geht u.a. darum, dass das Zeitregime der „Industriegesellschaft" in der „Dienstleistungsgesellschaft" nicht mehr trägt. Gleichförmige Arbeitsrhythmen und das Abwechseln von Produktion und Reproduktion werden immer seltener, die Zeit „verflüssigt" sich, denn die Arbeitsorganisation folgt der Logik der zu erbringenden Dienstleistung oder der Aufrechterhaltung der (weltweiten) Kommunikation. In den neu entstehenden Dienstleistungsbereichen werden vorwiegend Frauen beschäftigt, ein Grund, warum es für sie immer schwieriger wird, neben der Erwerbsarbeit auch noch für die anderen gesellschaftlich notwendigen Arbeiten zuständig zu sein. Alle Menschen müssen – unabhängig vom Geschlecht und bisheriger geschlechtsspezifischen Rollenzuweisungen – Leben und Arbeit anders und flexibler miteinander verbinden, jeden Tag und im Lebensverlauf.

---

[3] Damit wird die Bedeutung der sozialen Bewegungen nicht geschmälert, sie werden aber mit den gesellschaftlichen Rahmenbedingungen verbunden.
[4] Diese hochkomplexen und z.T. widersprüchlichen Entwicklungen können hier nur angerissen werden, um den Diskussionszusammenhang aufzuzeigen, den Sachverhalt stellen sie höchst ungenügend dar.

Man spricht von der „Intervallisierung von Lebensverläufen" oder, wie in Abbildung 2, von einem integrierten Lebenslaufmodell, das bedeutet, dass sich Zeiten von Ausbildung, Arbeit(slosigkeit) und Freizeit abwechseln und das Modell einer langen, ununterbrochenen Erwerbsarbeit mit kontinuierlichem Aufstieg ein Auslaufmodell ist – gegolten hat es ohnehin nur für Männer.

Abbildung 2: Zwei Lebenslaufmodelle

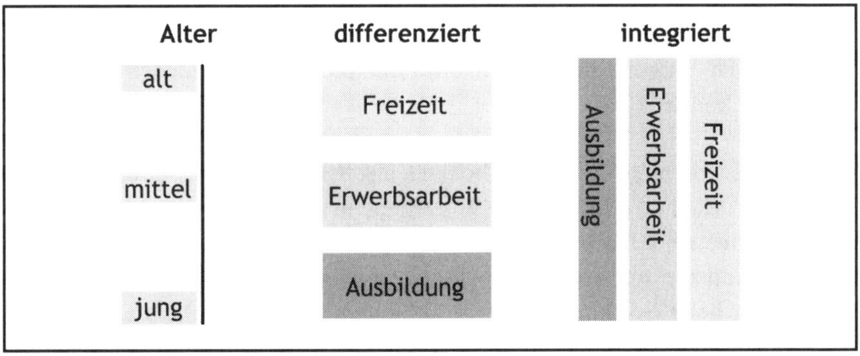

Alter	differenziert	integriert
alt	Freizeit	Ausbildung / Erwerbsarbeit / Freizeit
mittel	Erwerbsarbeit	
jung	Ausbildung	

Quelle: Naegele et. al. 2003

In einem internationalen Projekt befassen sich (2001 bis 2004) Forschungsteams in sechs Ländern (Spanien, Norwegen, Bulgarien, Israel, Deutschland und Österreich) mit den aktuellen Umbrüchen in männlichen Arbeitsverhältnissen, den Zusammenhängen zur Veränderung des männlichen Selbstverständnisses und den darin enthaltenen Möglichkeiten für die Gleichstellung der Geschlechter. Gefördert im fünften Forschungsrahmenprogramm der EU geht man der Frage nach, ob die Veränderung der Leitbilder mit dem Tempo der Veränderungen am Arbeitsmarkt Schritt halten? Das (männliche) „Normalarbeitsverhältnis" verschwindet – aber Männer stützen ihre Identität noch immer fast ausschließlich auf die Erwerbsarbeit:

„Ob Karrierist oder Familienernährer – die vorherrschenden Männlichkeiten in unserer Gesellschaft konstituieren sich ganz zentral über Erwerbsarbeit. Diese dient nicht nur dem Erwerb eines Einkommens, sondern ist für Männer auch die vorherrschende Form der Strukturierung von Zeit, der Vermittlung sozialer Kontakte, der Zuweisung von Status und Sozialprestige, der Konfrontation mit der äußeren Realität und für die Selbstwertschätzung" (Work Changes Gender 2003, S. 3). Der Familienforscher Hans Bertram meint, dass Männer über die Integration verschiedener Lebensbereiche viel von Frauen lernen könnten, denn diese hätten sich – trotz mangelnder Unterstützung – dazu entschieden (Bertram 2001b). Dabei ignoriert er jedoch die unterschiedliche „Geschichte" von Männern und Frauen, denn Frauen haben nie ihre Identität überwiegend auf Erwerbsarbeit gestützt[5]. Das Projekt work-changes-gender sucht – realistischer – nach Wegen, die es Männern ermöglichen, mit Brüchen und Unsicherheiten konstruktiv umzugehen.

Damit kommen die „Männlichkeit als Risiko" (Zwick 2003) und der „Preis der Macht" (Hollstein 1997) erneut in den Blick. Statistisch längst aufgearbeitet sind die in allen Altersgruppen höhere männliche Sterblichkeitsrate und die um sechs bis acht Jahre niedrigere Lebenserwartung, die dreimal so hohe Selbstmordrate von Männern und ihre höhere Gefährdung durch Drogenmissbrauch, tödlichen Verkehrsunfällen u.v.a.m. Es erscheinen die ersten geschlechterspezifischen Gesundheitsberichte, die deutlich machen, was in der Genderforschung längst bekannt ist: es ist das Männlichkeitsideal, das davon abhält, sich um den eigenen Körper rechtzeitig zu kümmern. Es sind das weitere Lebensspektrum von Frauen, mehr Interessen und FreundInnen, die gelungenere Entspannung, die nicht „nur" für die einzelnen Menschen wichtig sind, sondern Kompetenzen hervorbringen, die in der Dienstleistungsgesellschaft gefragt sind (Bertram 2001b).

Besonders bedrückend ist, dass sich in der geschlechtsspezifischen Sozialisation sowenig ändert:

„Furchtsamkeit und zögerliches Verhalten von Jungen lösen bei Erwachsenen immer noch Unbehagen aus. Besonders Väter reagieren besorgt, wenn ihre Söhne zu ‚weich', zu ‚sensibel', zu ‚lahm' wirken. Und ermutigen sie unbewusst, zu tun, was sie als Kinder selber gelernt

---

[5] Erst heute gibt es eine relevante Gruppe von Frauen, die ähnliche erwerbsorientierte Biographien leben, allerdings bekommen sie in der Regel dann keine Kinder.

haben: Gefühle von Angst körperlich auszuagieren, durch Aktivität und wildes Toben. Oder sie gleich ganz zu unterdrücken" (Romberg, 2003, S. 17).

Männer kommen aber auch noch dadurch unter Druck, dass die Probleme in den Partnerschaften zunehmen und die Trennungen häufig von den Frauen ausgehen. Hollstein (2004) und Gesterkamp (2003) beschäftigen sich mit den Zusammenhängen zwischen Geschlechterrollen, Geschlechterdemokratie und Liebe.

All dies wird nicht erzählt, um die Bedürftigkeit von Männern gegen die Benachteiligung von Frauen zu stellen, sondern um weitere Gründe für die Notwendigkeit der Neudefinition der Geschlechterrollen aufzuzeigen, auch und gerade im Interesse von Männern. Es wird aber auch sichtbar, dass Geschlechterdemokratie nicht ohne Männlichkeitskritik erreichbar ist (Döge 2001). Die Publikationen dazu (von Männern) mehren sich. Auf der individuellen Ebene ist aber Zivilcourage gefragt, denn das Abweichen von traditionellen Rollen ruft den Widerstand der Geschlechtsgenossen auf den Plan. Wenn sich Männer bei einem scheinbar harmlosen Ansinnen wie der Übernahme von Teilzeitarbeit als „Weichei", „Frauenversteher", „Beckenrandschwimmer", „Aktienfrühverkäufer" etc. titulieren lassen müssen, so ist das noch das Geringste – wichtiger sind die Reaktionen in der Hierarchie.

Eine individuelle Neupositionierung, ein Abweichen von traditionellen Geschlechterrollen, fällt auch deshalb so schwer, weil die alten Muster durch ein System gestärkt werden, das neben der Steuer- und Sozialgesetzgebung auch kulturelle Normen und Werte beinhaltet. Daher ist ein weiterer Arbeitsschwerpunkt des erwähnten Projektes work-changes-gender die Erforschung der männerbündischen Arbeitskultur:

Anne Rösgen

> „Sie zeigt sich in den Führungsetagen durch informelle Ausgrenzungen, heimliche Spielregeln, in die Ausgewählte Stück für Stück eingeweiht werden, der Unterordnung aller sozialen Kontakte unter berufliche Interessen und durch eine geschlossene Darstellung der so entstandenen Männerbünde nach außen. Eine solche vorherrschende Arbeitskultur verhindert nicht nur den Aufstieg von Frauen und nicht konformen Männern, sondern wirkt sich auf das gängige Verständnis von Leistung, berufliche Zeitstrukturen, Formen der Hierarchie und auf die Wertschätzung und Bewertung verschiedener Berufe und Arbeiten aus. Durch diese Arbeitskultur werden immer wieder Männlichkeitsentwürfe gestärkt, die sich auf Beruf und Karriere konzentrieren, sei es auch als Ernährer für eine Familie" (Work Changes Gender 2003, S. 5).

Hier ist also ein weiterer blinder Fleck der Gleichstellungspolitik auszumachen: die informelle Organisationskultur die fast noch immer eine „männerbündische" ist.

Sie ist einerseits ein wesentliches Hemmnis für Gender Mainstreaming, wenn sie zuwenig beachtet und damit die Umsetzung von GeM gefährdet wird[6], andererseits könnten aber gerade hier Anknüpfungspunkte für gemeinsame Strategien von Frauen und (nicht konformen) Männern liegen, wenn man sich über Alternativen zu den vorherrschenden Männlichkeitsmodellen (die durch die informelle Arbeitskultur gestärkt werden) bzw. allgemeiner zu anderen Arbeitsmodellen und Lebensentwürfen verständigen würde. Die bisherige geschlechtsspezifische Arbeitsteilung folgt dem – obsoleten – Einverdienermodell, aber auch das Zweiverdienermodell stellt alleine noch keine Lösung dar, sondern müsste durch ein Zweisorgemodell ergänzt werden. Bisher werden Probleme von Männern, die die Sorge für Abhängige mit beruflichen Anforderungen verbinden wollen, jedoch lediglich in den allgemeinen Topf der „Vereinbarkeitsfragen" geworfen.

---

[6] In allen neueren Konzepten zum Change Management, zur Organisationsentwicklung, zur Gestaltung von Veränderungsprozessen wird auf die Notwendigkeit der Veränderung auch der Organisations- bzw. Unternehmenskultur hingewiesen, weil sonst die Innovationen sozusagen auf „informellem Wege" verhindert werden. Dies gilt es also auch im Gender Mainstreaming Prozess entsprechend zu würdigen.

„Männer werden nur mittelbar einbezogen, um die Akzeptanz für Gleichstellung von Frauen zu fördern z.b. um Frauen verstärkt den Zugang zu „männlichen" Berufen und Positionen zu verschaffen. Die Beteiligung von Männern an Erziehungs- und Hausarbeit wird nicht in deren eigenem Interesse eingefordert, sondern um Frauen zu entlasten. Damit gehen weite Teile der bisherigen Gleichstellungspolitik an den Interessen und Problemen von Männern vorbei. Männer erscheinen in dieser Perspektive als „strategisches Moment" für eine frauenorientierte Gleichstellungspolitik" (Work Changes Gender 2003, S. 5).

3 Männer als Akteure von Gender Mainstreaming

Gender Mainstreaming braucht das Engagement der höchsten Führungsebenen in Politik und Wirtschaft und die sichtbare Unterstützung der obersten Leitung in allen Organisationen. Auch wenn die öffentlichen Verwaltungen und Unternehmen männerbündische Organisationskulturen pflegen und die Führungskräfte privilegiert sind, so können sie doch für Gender Mainstreaming gewonnen werden.

Aus mehrjähriger Praxis in Gender Bildungsveranstaltungen und bei der Begleitung von GeM Prozessen in Ländern und Kommunen[7] kann hier über konkrete Erfahrungen mit männlichen Protagonisten berichtet werden. In den (angeordneten) GeM Workshops sind BürgermeisterInnen und DezernentInnen, Amtsleitungen, Abteilungsleitungen aus Ministerien und Behörden, aber auch Führungskräfte aus Unternehmen. Männer stellen die übergroße Mehrheit der Teilnehmenden. In einer Einstiegsübung wird deutlich, dass sie unter Gleichstellungspolitik überwiegend klassische Frauenförderung verstehen, diese oft noch reduziert auf die Frage der zahlenmäßigen Repräsentanz von Frauen auf den verschiedenen Ebenen der Organisation. Erfahren sie dann,

---

[7] Die Autorin hat seit Ende der 90er Jahre ca. 700 Teilnehmende in ein- oder zweitägigen Gender Bildungsveranstaltungen fortgebildet, weit überwiegend Führungskräfte. Es wird von ihr die Implementierung von GeM in zwei deutschen Großstädten und in einem Bundesland begleitet.

dass es sich bei GeM um einen komplexen Veränderungsprozess handelt, so gibt es Wiedererkennungseffekte mit anderen Prozessen, z.b. der Verwaltungsreform oder der Einführung von Qualitätsmanagementsystemen. Dann ist insbesondere den Männern die Rolle, die sie dabei zu spielen haben, d.h. diesen Prozess zu steuern und zu verantworten, schnell klar.

Über die weiteren Hintergrundinformationen insbesondere über die wirtschaftlichen Gründe bzw. die Verknüpfung von GeM mit den wirtschaftspolitischen Zielen der Europäischen Union (EU) sind sie meistens überrascht, denn Kenntnisse über die EU Politik sind in Deutschland leider noch immer nicht sehr verbreitet. Wenn aber deutlich wird, dass die EU – durch die Konkurrenz mit den USA und Japan motiviert – mit Hilfe der neuen gleichstellungspolitischen Konzepte u.a. eine höhere Erwerbsquote, eine bessere Nutzung von Humanressourcen und die Entwicklung des Dienstleistungssektors anstrebt, so wird das starke Engagement der EU erst verständlich. Dies löst unterschiedliche Reaktionen aus: manche sind verärgert, wenn sie erkennen, dass die EU Politik nicht ausschließlich vom Streben nach Gerechtigkeit geprägt ist, andere leiten daraus ab, dass es sich beim GeM nicht um eine vorübergehenden Modeerscheinung handelt, wenn es um die Bewältigung von strukturellen Veränderungen geht.

In der weiteren Beschäftigung mit der veränderten geschlechtsspezifischen Arbeitsteilung und der damit einhergehenden Notwendigkeit der Veränderung der Männerrolle[8] kommt man immer näher an die männlichen Führungskräfte als Geschlechtswesen heran. Auch hier sind die Reaktionen auf die Notwendigkeit zur Flexibilisierung der noch sehr starren Männerrolle unterschiedlich: während die einen erschrocken und abwehrend feststellen, dass die Veränderungen im Arbeitsleben, wie oben beschrieben, auf sie – in der Verwaltung und in ihrem Alter – so nicht zutreffen, finden andere, dass man sich damit sehr wohl auseinandersetzen müsse, sei es im eigenen oder im Interesse der Bürger und wieder andere, die eher weniger konformen Männer sehen hier große Chancen auch für sich persönlich. Wir treffen auch auf eine

---

[8] Hier kann nicht das ganze Seminarprogramm beschrieben werden, aber die thematischen Inputs werden durch Übungen zur Sensibilisierung und Bewustwerdung gestützt und begleitet.

– noch kleine – Gruppe von aktiven Vätern[9], die über das Fehlen von Ansprechpersonen (es gibt nur Frauenbeauftragte) und Angeboten (es gibt nur Mutter-Kind-Gruppen) berichten und fordern einen anderen Umgang mit männlichen Vereinbarkeitsproblemen, die sich von denen von Frauen unterscheiden. Es leuchtet ein, dass die Veränderung der traditionellen Arbeitsteilung auch eine Abschaffung des geschlechtsspezifischen Lohngefälles voraussetzt und nicht „nur" adäquate Kinderbetreuungsmöglichkeiten.

In den Workshops wird in der Arbeit in geschlechtshomogenen Gruppen oft sehr deutlich, wie stark die Teilnehmer vom männlichen System von Konkurrenz und Hierarchie geprägt sind. „Im Konkreten ist es diese Konkurrenzdynamik, die männliche Lebenschancen schwer beeinträchtigen kann. Der Austragungsort dieser Konkurrenzen ist überall dort, wo Männer zusammenkommen, vor allem aber die Arbeitswelt" (Lehner 2003, S. 225). Es gibt Fälle, in denen es in einer Männergruppenarbeit nicht gelingt, sich über die Aufgabe „Männerprobleme in der Arbeitswelt" zu verständigen. Es kann aber auch sein, dass die Aufgabe fehlinterpretiert wird und man die Fragen nicht auf sich selbst bezieht, sondern auf „die Männer" schlechthin oder aber sich auf die scheinbar „objektiven" Daten und Fakten[10] konzentriert oder findet, dass keines der aufgeführten Probleme zutreffend sei. Dies interpretieren wir mit Lehner als „Anpassungsverhalten an eine von Konkurrenz dominierte Männerwelt, in der es vor allem darum geht, ohne zu große emotionale Betroffenheit und persönliche Anteilnahme am anderen eigene Interessen durchzusetzen" (Lehner 2003, S. 228). Hinzu kommt, dass schon die Aufgabe an sich – über Probleme von Männern zu reden – der männlichen Geschlechtsrolle widerspricht: Männer haben keine Probleme oder wenn doch, dann redet man nicht auch noch darüber sondern versucht sie im Alleingang

---

[9] Dies ist kein Zufall, denn gerade hoch qualifizierte und karrierebewusste Männer interessieren sich für familienfreundliche Arbeitszeitmodelle. In Deutschland ist der Anteil der Väter in Elternzeit von 1,5 auf 5 % gestiegen und drei von vier erwerbstätigen Vätern wünschen sich kürzere Arbeitszeiten (vgl. www.vaeter.de).

[10] Die geringere Lebenserwartung von Männern gegenüber Frauen wird von Männern oft mit dem Hinweis ausgewählt, dass dies ja nun mal feststehe und man hier auf der sicheren Seite sei. Tatsächlich ist jedoch die Lebenserwartung schichtspezifisch sehr verschieden und auf die in den Seminaren vertretenen Führungskräfte trifft dieser „objektive" Tatbestand gar nicht zu.

zu lösen. Für die meisten männlichen Führungskräfte ist eine solche Arbeit, die auch noch als „Männergruppe" bezeichnet wird, eine völlig neue Erfahrung. Die meisten erkennen, dass in der Auseinandersetzung mit den Zumutungen der männlichen Geschlechtsrolle Chancen liegen und bisweilen wird der Wunsch nach weiteren Erfahrungsmöglichkeiten dieser Art geäußert – schließlich seien Frauengruppen ja auch selbstverständlich.

4 Resümee: Männerbeteiligung an Gender Mainstreaming ist kein neuer Mythos!

Es ist schwer, bei der Vielfalt der Teilnehmer und Gruppen ein gemeinsames Resümee zu ziehen. Wir können aber feststellen, dass GeM als Strategie und Methode, in seiner Prozesshaftigkeit von Männern durchschnittlich leichter verstanden wird als von Frauen, da es ihrer langjährigen Führungserfahrung entspricht. Viele sind ausgesprochen erleichtert, dass es mit Hilfe von GeM möglich ist, gleichstellungspolitische Fragen in gemischtgeschlechtlichen Gruppen ohne moralische Schuldzuweisungen und emotionale Anfeindungen zu verhandeln. Der Bezug zur EU enthält auch etwas zum Festhalten, eine Autorität, die zu akzeptieren ist, auch wenn man mit deren Politik im Einzelnen nicht immer einverstanden ist. Die Widerstände von Männern gegen GeM sind auf keinen Fall größer als die von Frauen. Die wesentlichen Hemmnisse für die Umsetzung von GeM liegen nicht bei „den Männern", wie ich im Folgenden zeigen möchte.

„One of the most important problems with the implementation of this concept is that the main focus on women as the subject of change in the national adaptations of gender mainstreaming represents a misleading misconception of the gender mainstreaming concept" (Behning/Pascual 2001, S. 343).

Dies trifft auf Deutschland zu und ist Ausdruck eines anderen grundlegenden Problems mit weitreichenden Folgen:

„(...) that the national adaptations of the gender mainstreaming concept can be conceived more or less as continuations of identifiable national paths previously developed in order to cope with inequalities in society" (Behning/Pascual 2001, S. 343).

In der Regel wird die Entwicklung von Umsetzungskonzepten (von GeM) der institutionalisierten Gleichstellungspolitik zugeschoben und dort aber auch angenommen. Viele männliche Akteure im GeM führen Klage gegen das Verhalten von Frauen im GeM Prozess und meinen, dass Frauen häufig die „Interpretationshoheit" für sich beanspruchen und Männer als Subjekte von Geschlechterpolitik und als Kooperationspartner oft gönnerhaft behandeln, bemuttern oder bedauern, aber leider nicht ernst nehmen, dass sie sich gerade mit jungen, veränderungswilligen Männern zuwenig auseinander setzten (vgl. z.B. Gesterkamp 2001). Dies entspricht auch meinen Beobachtungen und ich möchte dem hinzufügen, dass gerade Frauenpolitikerinnen häufig mit einer zu engen Definition von Patriarchalismus[11] argumentieren bzw. gänzlich ohne sich mit den Arbeiten der Männerforschung auseinander zu setzen.

Für den feministischen Umgang mit den neuen gleichstellungspolitischen Konzepten ist das Thema der Frauenringvorlesung typisch. Schon die Frage ist falsch gestellt, denn GeM ist weder „der Durchbruch der Frauenpolitik" noch „deren Ende", es ist einfach etwas anderes, wie in Abbildung 3 dargestellt ist.

---

[11] Im Unterschied zu der von mir in der Einleitung zitierten Definition wird undifferenziert von „den Männern", die Frauen unterdrücken ausgegangen. So wird wesentlich moralisch argumentiert und die Art und Weise, in der der Patriacharlismus in die Strukturen „eingeschrieben" ist übersehen.

Abbildung 3: EU Doppelstrategie zur Gleichstellung von Frauen und Männern

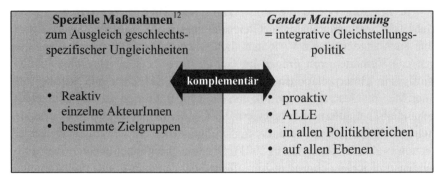

Quelle: eigene Erstellung

Das Konzept Gender Mainstreaming ist auch keineswegs „uneindeutig" wenn es als Teil dieser umfassenden gleichstellungspolitischen Doppelstrategie wahrgenommen wird. Viele kennen die „Rahmenstrategie der Gemeinschaft" zur Gleichstellung nicht und machen sich nicht die Mühe, sich mit den gleichstellungspolitischen Zielen der EU auseinanderzusetzen, so wie sie in den verschiedenen Dokumenten der EU zu finden sind: insbesondere die ausgewogene Beteiligung an der Entscheidungsfindung in Politik und Wirtschaft, Auflösung der horizontalen und vertikalen Segregation des Arbeitsmarktes und Lohngleichheit, Änderung der Berufsklassifikation und Lohnsysteme, Individualisierung und entsprechende Sozial- und Steuergesetzgebung, Vereinbarkeit von Familie und Erwerbsarbeit für Frauen und Männer, Mentalitätsänderung/Kulturwandel (vgl. Rösgen/Kratz 2003 und EU Kommission 2004).

Männerbeteiligung an der Gleichstellungspolitik als Akteure und als Zielgruppe ist also kein neuer Mythos, sondern eine schlichte Notwendigkeit. Das ist insoweit nichts Neues, hat man doch immer gewusst, dass Geschlechterdemokratie ohne Männer nicht zu erringen ist. Aber nun ergeben sich –

---

[12] Unter speziellen Maßnahmen, auch positive actions genannt, werden überwiegend, aber nicht ausschließlich, Maßnahmen der Frauenförderung gefasst.

insbesondere durch die sozio-ökonomischen Entwicklungen in der „postindustriellen" Gesellschaft und die Politik des Gender Mainstreaming – neue Anknüpfungspunkte und es wird sichtbar, dass die Verhältnisse auch im Interesse der Mehrheit der Männer nicht so bleiben können, wie sie sind. Ein Garant für den Erfolg ist die Männerbeteiligung alleine natürlich nicht, auch wenn schon sehr viel gewonnen wäre, wenn das Thema endlich aus der Frauenecke herauskäme.

Literatur

*weiterführende Literatur

Behning, Ute/Pascual, Amparo Serrano (2001): Comparison of the adaptation of gender mainstreaming in national employment strategies. In: Behning/Pascual (Eds.): Gender Mainstreaming in the European Employment Strategy. Brussels.

Bertram, Hans (2001a): Work & Life – Balance. In: Deutsche Telekom (Hrsg.): Work & Life Balance. Bonn (Broschüre).

Bertram, Hans (2001b): Arbeit und Leben. Die gewonnenen Jahre, die Entwicklung des Humankapitals und die Implosion der Geburtenrate. Statement anlässlich der Pressekonferenz der Deutschen Telekom „work & life balance" am 5.6.01 in Bonn.

*Böhnisch, Lothar (2003): Die Entgrenzung der Männlichkeit. Verstörungen und Formierungen des Mannseins im gesellschaftlichen Übergang. Opladen.

*Böhnisch, Lothar (2001): Männlichkeiten und Geschlechterbeziehungen – Ein männertheoretischer Durchgang. In: Brückner, Margit/Böhnisch, Lothar (Hrsg.): Geschlechterverhältnisse. Gesellschaftliche Konstruktionen und Perspektiven ihrer Veränderung. Opladen.

*Bründel, Heidrun/Hurrelmann, Klaus (1999): Konkurrenz, Karriere, Kollaps. Männerforschung und der Abschied vom Mythos Mann. Stuttgart.

Castells, Manuel (2003): Die Macht der Identität. Bd. 2 der Trilogie „Das Informationszeitalter". Opladen.

DIE Deutsches Institut für Erwachsenenbildung (Hrsg., 2000): Männer. Zeitschrift für Erwachsenenbildung Heft IV.

Döge, Peter (2001): Geschlechterdemokratie als Männlichkeitskritik. Blockaden und Perspektiven einer Neugestaltung des Geschlechterverhältnisses. Bielefeld.

EU Kommission (2004): Seite zur Gleichstellungspolitik und zum Gender Mainstreaming (http://europa.eu.int/comm/employment_social/equ_opp/ index_de.htm, Abfrage am 25.8.2005).

GEO Wissen Nr. 26 (2000): Männer und Frauen, Hamburg (www.geo.de, Abfrage am 25.8.2005/9:21 MEZ).

Gesterkamp, Thomas (2002): gutesleben.de. Die neue Balance von Arbeit und Liebe. Stuttgart.

Gesterkamp, Thomas (2001): Irgendwann ist alles Essig. Gender Mainstreaming in den Gewerkschaften. In: DGB (Hrsg.) Einblick. Gewerkschaftlicher Info-Service.

*Hollstein, Walter (2004): Geschlechterdemokratie. Männer und Frauen: Besser miteinander leben. Opladen.

*Hollstein, Walter (2000): Mann sein geht nicht. Wenigstens nicht so. In: Zeitschrift für Erwachsenenbildung IV, Männer, S. 15.

Hollstein, Walter (1997): Der Preis der Macht. In: Weibblick Heft 30 Mai/Juni.

*Höyng/Puchert (1998): Die Verhinderung der beruflichen Gleichstellung. Männliche Verhaltensweisen und männerbündische Kultur. Bielefeld.

Jurczyk, Karin (2001): Patriarchale Modernisierung: Entwicklungen geschlechtsspezifischer Arbeitsteilung und Entgrenzungen von Öffentlichkeit und Privatheit. In: Sturm, Gabriele u.a. (Hrsg.): Zukunfts(t)räume. Geschlechterverhältnisse im Globalisierungsprozess, Königstein/Taunus.

Lehner, Erich (2003): Frauen-, Männer-, Geschlechterpolitik oder: Wer braucht Männerpolitik? In: Zulehner, Paul M. (Hrsg.): MannsBilder. Ein Jahrzehnt Männerentwicklung. Ostfildern.

Naegele, G. et al 2003: A new organisation of time over working life. Download unter http://www.eurofound.eu.int/publications/EF0336.htm (Abfrage am 25.8.2005/9:22 MEZ).

Romberg, Johanna (2003): Jungs. In: GEO Magazin 03/03.
Rösgen, Anne/Kratz, Maria-Teresia (2003): Chancengleichheit und Gender Mainstreaming in der EU. Studienbrief 2-010-0312 des postgradualen und weiterbildenden Fernstudiengangs Europäisches Verwaltungsmanagement, Fernstudienagentur des FVL (Hrsg.) http://www.fvl-agentur.de/shop/shop.htm (Abfrage am 25.8.2005/9:23 MEZ).
Simons, George F./Weissman, Deborah G. (1990): Men and Women. Partners at Work. Lanham (USA).
Work Changes Gender (2003). Neuorientierung männlicher Lebensweisen. Neue Formen der Arbeit, Chancen für die Gleichstellung der Geschlechter. Kurzbericht Forschungsprojekt. www.work-changes-gender.org (Abfrage am 25.8.2005/9:23 MEZ).
Zulehner, Paul M. (2003): MannsBilder. Ein Jahrzehnt Männerentwicklung. Ostfildern.
Zulehner, Paul M./Volz, Rainer (1999): Männer im Aufbruch. Wie Deutschlands Männer sich selbst und wie Frauen sie sehen. Ostfildern.
Zwick, Michael (2003): Männlichkeit als Risiko. Stuttgart.
http://www.ruendal.de/aim/tagung04/pdfs/michael_zwick.pdf (Abfrage am 25.8.2005/9:24 MEZ).

Internetadressen

Seiten der deutschen Bundesregierung: www.gender-mainstreaming.net und http://www.genderkompetenz.info (Abfrage am 25.8.2005/9:25 MEZ).
Zeitschrift für Männer und Jungenarbeit www.switchboard-online.de (Abfrage am 25.8.2005/9:26 MEZ).
www.vaeter.de (Abfrage am 25.8.2005/9:27 MEZ)

Gender Mainstreaming und Männerbeteiligung – „Garant für Erfolg oder neuer Mythos?"

Karl Schörghuber

In der Diskussion um die Frage der Männerbeteiligung im Rahmen der Strategie des Gender Mainstreaming bedarf es einer Verständigung über die Rahmenbedingungen des Redens darüber. Dabei ist in diesem Beitrag weniger die Art und Weise der Kommunikation gemeint, wobei auch diese in ihrer Symbolik natürlich hoch wirksam und aussagekräftig zu sein scheint. Es geht mehr um Hintergründiges: zum einen um die Klärung, was unter Gender Mainstreaming und Gleichstellung denn nun „wirklich" zu verstehen ist, auf welchen Ebenen, mit welchen Zielen und welchen angenommenen Nebenwirkungen, vor dem Hintergrund welcher Erfahrungen und welcher erkenntnistheoretischer, gesellschaftspolitischer und anthropologischer Grundannahmen gesprochen wird, und zum anderen um die Motive und Ziele zur Fokussierung dieses Themas.

Dies sei anhand der Ausgangsfragestellung nach „Erfolg" oder „Mythos" beispielhaft skizziert. Natürlich ist beides aufgrund von Männerbeteiligung herauszulesen, sowohl die Chance auf Erfolg als auch die Gefahr, einer Scheinlösung hinterherzulaufen (denn das wird wahrscheinlich in diesem Zusammenhang unter Mythos verstanden). Es scheint aber um diese beiden Perspektiven oft nicht zu gehen. Manchmal könnte die Frage mitschwingen, ob durch Männerbeteiligung nicht der erfolgreiche Weg der feministischen Bewegung und auf anderer Ebene die Effekte aus der Frauenförderung behindert oder gar verhindert werden. Es könnte auch Veränderung als Thema mitschwingen: Was verändert sich für die eingespielte Form des Umgangs mit Benachteiligungen und die Formen des Kampfes für Gleichstellung? Diese geheimen begleitenden Fragen sind nun nicht über die rationale Argumentation und den Verweis auf Definitionen, Theorieversatzstücke, praktische Beispiele beantwortbar – sie sind nämlich nicht beantwortbar, weil sie nicht so gestellt werden, dass Motive und Interessen sichtbar gemacht werden.

Auf einer pragmatischen Oberflächenebene scheint es ja relativ klar zu sein: Zur Implementierung der Strategie des Gender Mainstreaming in politische Systeme wie in Organisationen braucht es Frauen *und* Männer in der Planung, Umsetzung und Auswertung – als Beteiligte sowie als Betroffene. Gender Mainstreaming ist eine Strategie, mit der der Auftrag zur Gleichstellung und damit zu einer tiefgreifenden Umgestaltung der Gesellschaft in den etablierten Strukturen verankert wird. Meines Wissens sind hier auch Männer zu finden und wirken sich diese Strukturen auch auf die Lebenswelten von Männern aus.

Dieser Aspekt der Männerbeteiligung könnte nun auch mit dem Verweis auf gängige Definitionen von Gender Mainstreaming und Gleichstellung relativ rasch abgehandelt werden stünden dazu nicht viele davon berührte Themenbereiche, mitschwingende, verdeckte oder auch widersprüchliche Sinnmomente und Interessen entgegen, die eine Behandlung des Themas auf einer pragmatisch-sachlichen Ebene nur schwer möglich machen. Die offenen Fragen lauten dann weniger, ob in die Strategie des Gender Mainstreaming, wie sie derzeit formal definiert wird, Männer einzubinden sind oder nicht. Es tauchen vielmehr grundsätzliche Fragen der Gleichstellung und deren möglicher Erreichung auf:

- In welche Gleichstellungs-Strategien sind Männer einzubinden und in welche nicht? Inwieweit absorbieren Gender Mainstreaming – Strategien alle anderen denkbaren Strategien zur Erreichung von Gleichstellung?

*Gender Mainstreaming und Männerbeteiligung –
„Garant für Erfolg oder neuer Mythos?"*

- Welchen Sinn macht es, wenn Männer an Gleichstellungs-Strategien beteiligt werden? Welche Aspekte bringen Männer in den Prozess des Gender Mainstreaming ein?
- Woher kommt überhaupt die Frage nach dem Sinn der Männerbeteiligung an Gleichstellungs-Strategien?
- Welche Annahmen über Männer, deren Rollen, Handeln, Kompetenzen, Wirkungen, Rechte usw. schwingen hier in welchem Kontext mit, und was sind die zugehörigen Annahmen über Frauen?
- Welche Annahmen über Verhältnisse innerhalb von Frauen, Männern, zwischen ihnen und den vielfältigen Gender-Unterschieden gehen hier ein?
- Welche gesellschaftspolitischen Veränderungstheorien gehen hier ein?
- Welche Rechte sind bedroht und welche (moralischen) Pflichten werden hier verletzt?
- Welche Grundannahmen über „die" Natur der Dinge und Verhältnisse schwingen auf welchen Seiten mit?

Wie nun diesen vielen möglichen Perspektiven auf das Thema gerecht werden? Der Bezugsrahmen für diesen Beitrag ist zum einen die erwartete Länge des Beitrags und zum anderen der Hintergrund der Einladung zur Tagung: Die Anfrage zu diesem Beitrag ist an einen „Praktiker" gerichtet, an einen Berater im Bereich des Gender Mainstreaming und der Implementierung gleichstellungsorientierter Maßnahmen. Dies legt nun nahe, den Zugang über kurz angerissene Thesen, Beispiele und weiterführende Fragestellungen zu wählen. Ich spreche auch hauptsächlich BeraterInnen und teilweise noch Führungskräfte von Organisationen und Institutionen an. Die Theorien, die diese eher praxisorientierten Überlegungen im Hintergrund leiten, werden sehr sparsam angedeutet.

Noch eine Klärung soll an den Beginn gestellt werden: Hier soll davon ausgegangen werden, dass die Einzel-Perspektiven auf Frauen und auf Männer zu kurz greifen, dass es immer um Verhältnisse zwischen Frauen und Männern, zwischen Frauen- und Männer-Systemen geht. Und auch diese These greift wiederum um ein Vielfaches zu kurz: Genderspezifische Unterschiede auf Frauen und Männer (sex) zu reduzieren bedeutet einen Kunstgriff, um die Komplexität nicht überborden zu lassen. Für viele genderspezifische Fragestellungen sind die unterscheidenden (und damit entscheidenden) Grenzziehungen quer zur traditionellen Zweigeschlechter-Aufteilung zu ziehen – darüber braucht es natürlich immer wieder neuerliche Vergewisserungen und Verständigung über den Diskursrahmen.

1 Wege der Beteiligung

Der gesellschaftspolitische Prozess, in dem Gender Mainstreaming als eine zentrale Strategie zur umfassenden Gleichstellung populär (gemacht) wurde und von der österreichischen „Gender-TrainerInnen-Szene" aufgenommen wurde, kann aus vielerlei Perspektiven nachgezeichnet werden. So wäre die Entwicklung auf gesamtgesellschaftlicher Ebene zu beschreiben und zu erklären, sie kann aber auch aus der Sicht eines Trainers/Beraters in diesem Bereich erzählt werden, wobei hier ergänzt werden muss, dass diese Trainings und Beratungen immer mit einer Frau gemeinsam durchgeführt wurden.

Die beginnenden 90er Jahre waren eine Zeit der „mühsamen" Gender-Trainings. Es war eine Zeit, in der man noch als Person andere Personen sensibilisieren und überzeugen wollte. Im Erziehungssystem arbeitete man daran, dass LehrerInnen den Mädchen endlich die gleiche Aufmerksamkeit schenkten wie Burschen und dass Männer endlich die Verantwortung für die Durchführung von Burschenarbeit übernehmen. Zum einen sind die Erfolge im Hinblick auf den Abbau diskriminierender Hürden für Frauen unübersehbar, zum anderen wurde aber bei Trainings auch die Sinnlosigkeit und Wirkungslosigkeit dieser Versuche, die Personen zu missionieren und die Strukturen wenig zu beachten, zunehmend evident. Die Versuche, die Aufmerksamkeit aller Beteiligten auf Strukturen zu richten und einen organisationalen, systemischen Fokus einzuführen, stieß aber auf Hindernisse: Die sozialisierte TeilnehmerInnen-Szene mit ihren Erwartungen einer personorientierten Vorgehensweise und die Szene der AuftraggeberInnen, bei denen eine organisationsbezogene Vorgangsweise Misstrauen, Unverständnis und im besten Falle noch sanftes „Gewähren-lassen" hervorrief.

Es war eine Zeit, in der Männer in Gender-Seminaren als Teilnehmer gesessen sind und in ihrer ersten Wortmeldung (oder auch schon vorher in nonverbaler Form) ihre Schuld bekannten, sich entschuldigten nicht nur wegen ihrer eigenen Unterdrückungs-Handlungen oder der ihrer Vorväter, sondern manchmal sogar wegen ihrer Anwesenheit bei einem Gender-Training, was ja doch nur Frauen zustünde, so der Glaube einmal. Das ist natürlich auch vor dem Motivhintergrund, den Interessen und vielleicht sogar den Störungen der Männer zu sehen: Wer durfte sich interessieren? Männer, die Kritik von Frauen mit eigenen Defiziten gut zusammenbringen können, Männer, die hier ein gutes Feld sahen, eigene Standpunkte zu entwickeln und sich zu entwickeln, Männer, die feministische Kritik gut in ihre Vorstellungen von gesellschaftspolitischen Entwicklungen zusammenbringen konnten usw. Zu überlegen ist natürlich, welche Männer nun durch welche Formen der Auseinandersetzung quasi zu „Dauerkarten-Teilnehmern" im Prozess der Gender-Sensibilisierung der 80-er und 90-er gemacht wurden.

Nun waren das Zeiten, die noch vom Kampf gegen die generelle Diskriminierung von Frauen und des Weiblichen geprägt waren, alte, patriarchale Muster waren ausfindig zu machen und in ihren Wirkungen und „wirklichen" Ursachen aufzuzeigen. Frauen als Personen sowie in den gesellschaftlichen Machtstrukturen wenig verankerte Gruppierungen und Bewegungen trugen die Last, die gesellschaftlichen Machtstrukturen standen entgegen. Nicht dass dieser Zustand jetzt als ganz anders zu beschreiben wäre, allerdings scheint die Zeit gekommen zu sein, dass Gleichstellung auf einer breiteren Basis und „in" den gesellschaftlich etablierten Strukturen (nicht mehr nur „gegen" sie) verhandelt und mancherorts sogar zum expliziten Ziel wird. Das Verständnis von Gender Mainstreaming vor diesem Hintergrund muss – will es auch nur einigermaßen wirksam werden – Männer nicht nur als Gegner mit einbeziehen.

Die Welt sollte damit vielgestaltiger werden, Sicherheiten und bisher fix angenommene Denkmuster bröseln. Die Frage ist dann wieder offener: Welche Prozesse sind geeignet, Gleichstellung als entscheidende Zielkategorie auf politischer Ebene im weitesten Sinne zu befördern? Geht man davon aus, dass Diskriminierung und Ungleichstellung auf unterschiedlichen System-Ebenen (re-)produziert und (re-)konstruiert werden, lautet eine interessante Teilfrage dann: Wie sind Oberflächen- und Tiefenstrukturen von politischen Systemen, Institutionen, Organisationen und auch Personsystemen zu erreichen?

In unserem Verständnis von Gender Mainstreaming (Schörghuber & Rosenbichler 2005) kommt der strukturellen, organisationalen Sichtweise die zentrale Bedeutung zu. Beziehungssysteme, Organisations-Strukturen und politische Strukturen wie auch Normen und Werte rücken in den Mittelpunkt und entlasten die Person. Welche Erleichterung ist jetzt „spürbar", wenn (Un-)Gleichstellung insbesondere auch auf struktureller Ebene analysiert werden kann und Struktur-Konzepte überlegt und durchgeführt werden können, ohne die persönliche Betroffenheit, Schuld und Aggression, Leiden und Mitleiden usw. immer im Gepäck mittragen zu müssen? Welche Erleichterung ist in genderspezifischen Beratungen zu „spüren", wenn der strukturelle Systemzusammenhang fokussiert wird und dessen diskriminierender/ gleichstellungsorientierter Wirksamkeit nachgegangen wird? Die breite wissenschaftliche Überprüfung, ob diese Erleichterung direkt korreliert mit den erfolgreich durchgeführten Schritten im Gender Mainstreaming-Prozess und konkret wahrnehmbaren Veränderungen, steht natürlich noch aus.

Diese Erleichterung (und positive Wirkung) ist nun nicht nur im Rahmen genderspezifischer Trainings und Beratungen wahrzunehmen. Gibt es doch viele Beratungssituationen vor einem anderen Hintergrund, die mit anderen Zielen (beispielsweise Management-Entwicklung, Leitbildentwicklung, ...) verknüpft werden. Natürlich erfordern auch diese Beratungsprozesse genderspezifische Blickweisen und Interventionsrichtungen und ist in diesem Bereich der Wandel von der personorientierten Zugangsweise hin zum strukturellen, organisationalen Blick und zum System-Umfeld zu forcieren.

So nebenbei sind wir auf eines der bedeutsamsten Argumente *für* die Strategie des Gender Mainstreaming gestoßen: Beratungsprozesse von Projekten sowie Maßnahmen im Bereich der Personal-, Team- und Organisationsentwicklung werden durch die Integration der Strategie des Gender Mainstreaming zusätzlich zu Unterstützungsprozessen für Gleichstellung.

Die oben beschriebene Erleichterung wie auch die Annahme, dass damit Gleichstellung auf (der entscheidenden) struktureller Ebene befördert wird, könnte und müsste noch weiter argumentativ untermauert werden. Denn zugegebener Maßen kann dieser Erfahrungsbericht keinerlei Anspruch auf allgemeine Gültigkeit erheben. Als Theoriemodelle, die diese Erfahrungen helfen, plausibel zu erklären, sei exemplarisch verwiesen auf: H. v. Foerster, E. v. Glasersfeld und H. Willke. Diese Autoren beschäftigen sich mit der Entwicklung von Systemen aus systemisch-konstruktivistischer Perspektive. Diese theoretischen Modelle erscheinen uns (vgl. Schörghuber & Rosenbichler 2005) in höchstem Maße geeignet, die Implementierung von Gender Mainstreaming und gleichstellungsorientierten Maßnahmen in Organisation zu unterstützen.

Nun kommt das Thema „Beteiligung der Männer" in diesem Absatz explizit noch nicht vor. Das soll erklärt werden mit dem Hinweis auf das zugrunde liegende Verständnis von Gender Mainstreaming: Geht es um strukturelle Veränderungen in Richtung Gleichstellungsziele, ist es eine Frage der „sauberen" Prozessgestaltung, beide Geschlechter als Beteiligte und Betroffene einzubeziehen. Die Chance auf gleichstellungsorientierte Entwicklungen liegt in der professionellen Gestaltung dieses Prozesses, der natürlich angereichert werden kann durch verschiedenste Unterstützungselemente, sollte eine Geschlechtergruppe nicht gleichgestellt am Prozess teilnehmen können. Die Form dieser Unterstützungselemente ist wiederum entsprechend der Kriterien für Gender Mainstreaming-Prozesse zu reflektieren, da sie ansonsten kontraproduktiv wirken können (siehe die Beispiele weiter unten).

Frauen und Männer gleichermaßen sind in diesem Prozess GestalterInnen und Zielgruppe gleichstellungsorientierter Zielformulierungen und Maßnahmen.

2 Männer im Gender Mainstreaming?

Die Auseinandersetzung mit der Frage, ob und wie sich Männer an den Strategien des Gender Mainstreaming und damit natürlich auch an den Diskursen um das Ziel Gleichstellung beteiligen können und sollen, ist als ein laufender Prozess zu verstehen. Dies führt zur Frage: Wie und wozu sollen Männer an diesem Diskussionsprozess teilnehmen? Wie soll die Beteiligung zu diesem Klärungs-Prozess von Beteiligung aussehen?

Was ist mit „Beteiligung" gemeint? Unter Beteiligung wird zumeist die Eingliederung, Integration, die Mitarbeit von Personen im Rahmen eines mehr oder weniger feststehenden Verfahrens verstanden. Benannte EntscheidungsträgerInnen/Rechte-InhaberInnen bekunden Interesse oder auch nur Bereitschaft, andere Personen oder Personengruppen zu beteiligen.

Wird diese Perspektive auf die Beteiligung der Männer im Rahmen des Gender Mainstreaming übertragen, könnte das heißen, dass im Prozess des Gender Mainstreaming und in der Ausarbeitung von Gleichstellungs-Zielen vieles in irgendeiner Form festgeschrieben ist, wurde doch die historische Entwicklung der geschlechterspezifischen Gleichberechtigung, Gleichbehandlung, Chancengleichheit und Gleichstellung bisher überwiegend von Frauen getragen. Das führt zu expliziten und impliziten Normen und Werten, die die Möglichkeiten der TeilnehmerInnen an diesem Prozess beeinflussen. Männer könnten sich jetzt im Rahmen der „neuen" Strategien des Gender Mainstreaming daran beteiligen.

Was kann nun quasi „festgeschrieben" sein: Strategien, Ziele, Visionen, Rechte, ...? Hier wäre allerdings gleich kritisch einzuhacken: Können beispielsweise Gleichstellungs-Ziele ohne einer breiten Verständigung aller Geschlechter verhandelt bzw. noch spannender: „gesamtgesellschaftlich wirksam" werden? Angenommen es wären Rechte festgeschrieben, was ohne Zweifel über die historischen Verdienste feministischer Theorie und Praxis argumentiert werden könnte. Es könnte das Recht sein, das Gleichstellungs- und Gender-Thema alleine getragen und erfolgreich vertreten zu haben. Nun sind natürlich die feministischen Bemühungen und Kämpfe entsprechend zu würdigen und zu bedanken. Gleichzeitig damit wären aber auch die künftigen Aufgaben und Ziele zu definieren, wobei es die Schwierigkeit gibt, dass

Gender Mainstreaming und Männerbeteiligung –
„Garant für Erfolg oder neuer Mythos?"

sich die Rahmenbedingungen verändert haben. Zwischen feministischen Ansätzen und der Strategie des Gender Mainstreaming liegt ein Paradigmenwechsel auf allen Ebenen. Dieser Wechsel zeigt sich dann unter anderem in den veränderten Anforderungen an die in den jeweiligen Situationen handlungsrelevanten Personen ebenso wie in der (hoffentlich zahlreichen) Beteiligung von Männern.

Die Frage der Beteiligung ist aber auch vor dem Hintergrund des Geschäftsfeldes Gender Mainstreaming zu sehen. Natürlich ziemt es sich (scheinbar) nicht, in einen ethisch fundierten Diskurs der Gleichstellung die wirtschaftliche Komponente einzufügen. Dazu sei nur an das Argument Ende der 90-er Jahre erinnert, wonach Gender Mainstreaming deswegen abzulehnen sei, weil es auch von wirtschaftlichen Interessen mitgetragen wurde und zunehmend vor einem wirtschaftlichen Hintergrund aus argumentiere: Frauen würden vermehrt in den Arbeitsprozess eingebunden und Gender Mainstreaming führe dadurch zu einer erhöhten volkswirtschaftlichen Leistungsfähigkeit.

„Gender" wird zu einem Geschäft, Männer dringen in eine Welt ein, in einen Wirklichkeits- und Machtbereich ebenso wie in einen Geschäftsbereich – zufällig genau in der Zeit, wo Gender auch zum Geschäft wird. In der bisherigen Genderarbeit waren (und sind größtenteils) Frauen unter sich, haben sie das Anliegen getragen.

Die Frage der Beteiligung von Männern im Bereich des Gender Mainstreaming kann als Machtdiskurs geführt werden, der alleine die Klärung der Frage zum Ziel hat: „Dürfen die Männer das überhaupt?" Eine andere konstruktive Form wäre die Auseinandersetzung um: Wie kann die Entwicklung von Systemen (Personen, Organisationen, ...) in Richtung Gleichstellungs-Zielen angestoßen und begleitet werden? Auf dieser Basis kann dann die Frage diskutiert werden: Wobei können Frauen und Männer sich unterstützen und welche Kompetenzen müssen Frauen und Männer dabei haben?

3 Das Verständnis von Gender Mainstreaming oder die Kompetenz zur Beratung

Ausgangspunkt dieser Überlegungen ist die These, dass das Verständnis von Gender Mainstreaming ausschlaggebend ist, welche Beteiligungsformen von Frauen und Männern als günstig erachtet werden.

Eine Verständnisdimension für die Begrifflichkeit „Gender Mainstreaming" eröffnet die Management-Perspektive. Vielen Führungs- und Management-Modellen dient ein absolutes Grundmodell menschlichen Handelns als Ausgangspunkt, wie es in vereinfachter und um entscheidende Dimensionen verkürzter Form seit einigen Jahren auch als „neues" Modell im Gender Mainstreaming propagiert wird. Das Handlungsmodell-Modell, auf das ich mich beziehe, unterscheidet kurz und grob dargestellt zwischen Ist-Stand, Zielbestimmung, Ausarbeiten von Planungsvarianten, Entscheidungsprozessen, Maßnahmen der Durchführung, Überprüfungen und Evaluationsformen. Unmittelbar zugehörig sind mehrfache Rückbinde-Prozesse (Schleifen) und die gemeinsame Abstimmung und Definition bedeutsamer Rahmenbedingungen.

Vor dem Hintergrund dieses Modells seien einige Formen des Verständnisses von Gender Mainstreaming dargestellt und in ihren Auswirkungen auf die Sinnhaftigkeit der Beteiligung von Frauen und ev. Männern beschrieben. Die Beschreibung erfolgt – wie oben kurz benannt – aus der Perspektive des Arbeitsfeldes als Berater von Gender Mainstreaming-Implementierungen. Die folgenden ausgewählten Formen des Verständnisses von Gender Mainstreaming beruhen auf Beobachtungen im beruflichen Alltag.

a) Ziel oder Maßnahme – oder die Weite des Blicks

Zum ersten wäre das Verständnis zu nennen, wonach Gender Mainstreaming als Prozess und Ziel gleichzeitig gedacht wird. Das Ziel der „Gleichstellung" und der Prozess des „Thematisierens von Gender" werden nicht unterschieden. Es ist ein Denken in Maßnahmen und es ist zumeist ein sehr engagiertes

Gender Mainstreaming und Männerbeteiligung –
„Garant für Erfolg oder neuer Mythos?"

Denken und Handeln. Als Indizien dafür sollen genannt werden: Halbe Management-Regelkreise dienen als leitende und einzige Theoriemodelle, die Gestaltung eines Gleichstellungs-Diskurses innerhalb des jeweils beratenen Systems wird unwichtig und fällt zufällig oder aus Zeitgründen unter den Tisch, Fragen nach den Gleichstellungszielen an BeraterInnen werden von diesen „wenig geschätzt", usw.

Um etwas konkreter zu werden einige Beispielssituationen:

- In einer Gemeinde werden unter dem Titel Gender Mainstreaming von den BeraterInnen Maßnahmen vorgeschlagen, die darauf gerichtet sind nachzuweisen, dass Frauen weniger (sozialen) Raum und Einfluss haben. Es werden viele Aktivitäten durchgeführt, die nachhaltige Wirkung ist gering. Es werden keine Gleichstellungsziele thematisiert oder vereinbart, damit sind strukturelle Veränderungen auch nicht zu erwarten.
- Immer wieder wird im Umfeld des Gender Mainstreaming ein Versatzstück aus dem Projektmanagement-Bereich als „zentrales Modell" genannt. Aus welchen Gründen auch immer fallen in diesem Modell die Kategorien Ziele und Planung zusammen, was Fragen und Probleme aufwirft. Es könnte damit beispielsweise Schwierigkeiten mit den Planungsvarianten geben oder Zielvereinbarungen, die auch einmal unabhängig von den Planungs- und Umsetzungsprozessen gedacht werden können, sind weniger zu erwarten.
- Eine (teilweise ein wenig anders gelagerte) Variante der oben genannten Vorstellung ist es, das Bewusstsein der jeweiligen Zielgruppen zu sensibilisieren. Es gibt dabei ein Ziel, das ist darin gelegen, dass die Beteiligten „richtig" denken. Weniger wichtig ist es, dass Strukturen und Prozesse fokussiert und einer gezielten Entwicklung in Richtung Gleichstellung unterworfen werden. Die Erwartung besteht darin, dass die Personen zu ändern sind, und dann verändern sich Strukturen. „In Ehren", ganz effektiv scheint diese Vorgangsweise nicht zu sein, wie auch Beispiele aus der Vergangenheit (siehe oben) zeigen.

Diese Vorgehensweisen leben von den vielen unbenannten und nicht ausgesprochenen Gleichstellungs-Vorstellungen aller Beteiligten, insbesondere von jenen Vorstellungen der BeraterInnen, die eben „ohnehin klar sind". Implizite Übereinstimmung als Wert an sich dominiert. Es sind sich alle einig über die Diskriminierungs-Strukturen und -Prozesse. Es sind sich auch alle einig über das, wohin es geht. Als Berater (auch als Berater von BeraterInnen) darf ich da vorsichtig bleiben: Wenn sich alle einig sind, könnten Momente wie: Macht, Schuld, Heimliches, Verdecktes u.ä. im Spiel sein.

Um es noch einmal deutlich zu sagen: Mit dem Zugang, die Maßnahmen selbst schon als Ziel zu begreifen und zu transportieren sind tiefgreifende Veränderungen von und in Systemen nicht zu erwarten. Diese tiefgreifenden Veränderungen sind aber im Bereich des Gender Mainstreaming notwendig, will man das Ziel Gleichstellung mit der Strategie des Gender Mainstreaming verbinden. (Dass diese Verbindung aus EU-Sicht unzweifelbar gegeben ist, kann in den relevanten EU-Dokumenten nachgelesen werden).

Was bedeutet das nun für die Frage der Männerbeteiligung? Sind implizite Vorannahmen über Gleichstellung, Nicht-Diskriminierung usw. in diesem Prozess zentral, müssen hier jene Personen federführend sein, die diese impliziten Vorannahmen am Besten tragen, sie am glaubwürdigsten verkörpern und ihnen am besten genügen. Und das sind Frauen – oder soll ein Mann glaubwürdig in der Lage sein, die historischen Längen der Unterdrückung abzustreifen? Frauen müssen in diesen Prozessen (insofern diese als Gender Mainstreaming verstanden werden können) federführend bleiben, sollen damit antidiskriminierende und frauenfördernde Wirkungen hervorgerufen werden.

Aus organisationstheoretischer Perspektive könnte ergiebig bearbeitet werden:

- Das geschilderte Problem kann zu einem großen Teil auch ein Problem der Anschluss-Problematik sein, die da lautet: Um in einer Organisation Gender Mainstreaming zu implementieren darf die Intervention und die vorgestellte Wirkung das System nicht überfordern, d.h. auch oft: es darf die Wirkung nicht zu hoch sein. Da Zielvereinbarungen im Rahmen von Organisationsentwicklungs-Prozessen eine große Energie haben und freisetzen, erscheint es vielleicht oft günstig zu sein, Gleichstellungsziele nicht ausdrücklich zu thematisieren. Will man als BeraterIn also an die Organisation anschlussfähig sein, sind Normen und Erwartungen der beratenen Systeme teilweise zu übernehmen (hoffentlich in reflektierter Form). Von daher ist auch das Geschlecht der beratenden Person zu bestimmen: Welche Person ist anschlussfähiger und gleichzeitig in der Lage, Ziele zu thematisieren und einen effektiven Implementierungsprozess anzustoßen und zu begleiten. Sehr oft wird herauskommen, dass dies optimaler Weise Frau und Mann sein sollen.

- Was sind die Kompetenzen, die gebraucht werden, um Ziele zu thematisieren und wirksam werden zu lassen in einer Organisation?
- Was ist das zugrundeliegende Selbst- und Funktions-Verständnis der jeweiligen BeraterInnen?
- Wie kann Veränderung und Entwicklung stattfinden in diesen KundInnen-Organisationen, um die Organisationen so zu bezeichnen, die an der Implementierung von Gender Mainstreaming interessiert sind?

b) Implizites Wissen als zentrale Kategorie

Gender Mainstreaming kann auch als Strategie zur Förderung von Frauen gesehen werden, auf der Basis der unausgesprochenen oder auch deklarierten Ist-Standsbestimmung: Frauen sind diskriminiert, also ist ohnehin klar, was zu tun ist. Dieses Grundverständnis von Gender Mainstreaming ist ähnlich dem oben genannten; implizites Vor- und Einverständnis kann als tragendes Element ausgemacht werden. Indizien dafür sind wenig verhandelte und auch nur annähernd operationalisierte Chancengleichheitsziele. Die Aussage, dass Gender Mainstreaming oft als Fortsetzung bzw. als andere Strategie der Frauenförderung begriffen wird, beruht auf praktischen Erfahrungen: Viele Gender Mainstreaming-Projekte und Gender Mainstreaming-Maßnahmen öffentlicher Stellen gehen von Frauenförderung aus und haben diese als Ziel, ohne die im Bereich des Gender Mainstreaming vorauszusetzenden Systemanalysen, Definition von Gleichstellungs-Zielen auf den unterschiedlichen Ebenen usw. in substantieller Weise einzubeziehen. Die Vorgangsweisen der

BeraterInnen unterscheiden sich in nichts von den Vorgangsweisen, wie sie in Frauenförderungs-Projekten umgesetzt wurden.

Aus der Sicht der Männerbeteiligung ist bei einem derartigen Verständnis von Gender Mainstreaming die Frage und die Antwort einfach: Was tun Männer dabei? – Nichts! Aus der Sicht der von der EU sehr klar definierten Strategie des Gender Mainstreaming ist aber auch einzuwenden: Ist das dann die als Gender Mainstreaming zu bezeichnende Strategie zur Erreichung von Gleichstellungs-Zielen?

c) Frauenförderung und Gender Mainstreaming

Damit wäre nun auch das Verhältnis von Frauenförderung und Gender Mainstreaming zu diskutieren. Von der Beantwortung der Fragen

- was gehört in den Bereich der Frauenförderung und was ist Gender Mainstreaming zuzurechnen?
- welchen Stellenwert haben Gleichstellungsziele und inwiefern werden zur Gleichstellung zweier Gruppen auch beide Gruppen gebraucht?

hängt ja auch ab, an welchen Projekten/Maßnahmen/Entwicklungsstrategien sich Männer beteiligen können/sollen und an welchen nicht. So ist es aus meiner Sicht nicht wünschenswert, wenn sich Männer an Frauenförderungs-Projekten beteiligen, außer diese implementieren die Strategien des Gender Mainstreaming und setzen sich dazu mit Männer-Perspektiven auseinander.

d) Gleichstellung als Beziehungsbegriff

Was bedeutet Gleichstellung und wie kann dies als Vision und Ziel erarbeitet, formuliert, vereinbart und erreicht werden?

Gender Mainstreaming und Männerbeteiligung –
„Garant für Erfolg oder neuer Mythos?"

Gleichstellung ist zu definieren als gleichwertige und gleich viele Handlungsmöglichkeiten von Frauen und Männern in vergleichbaren Situationen, wobei die Bewertung dieser individuellen Möglichkeiten auch aus einer Außenperspektive und vor dem Hintergrund statistischer Daten zu berücksichtigen ist (vgl. Schörghuber & Rosenbichler 2005). Gleichstellungs-Ziele fokussieren das Verhältnis zwischen Frauen und Männern, beziehen die Innenperspektive der Betroffenen ebenso mit ein wie die Beurteilung von außen über Statistiken und Zahlen, die dann zu interpretieren sind.

Diesem Verständnis zufolge sind für die Definition und insbesondere für die Vereinbarung von Gleichstellungszielen innerhalb eines Systems Frauen und Männer mit ihren jeweiligen Voraussetzungen, Rahmenbedingungen, Zielen und Interessen usw. notwendig. Für die Erhebung wie für die Interpretation der Daten sind Frauen und Männer ebenso einzubinden wie für die Planung von Maßnahmen.

Die m.E. sinnvollste Möglichkeit zur Durchführung des Gender Mainstreaming in politischen Systemen wie in Wirtschaftsunternehmen ist, den

- Gleichstellungs - Zielediskurs gleichgewichtig mit dem
- Prozessgestaltungs- und dem
- Maßnahmendiskurs zu führen.

Diese Diskurse sind gut in weitere Entwicklungs-Vorhaben der Organisationen einzubetten.

Dazu sind nun Diskurs-, Verständigungs-, Beratungs- und Entwicklungs-Architekturen zu entwickeln und zu verhandeln. Das bedeutet in anderen Worten, dass in einer Organisation wie in klassischen Organisationsentwicklungs-Projekten zu vereinbaren ist, wer mit wem, wann, zu welchem Thema und mit welchen Zielen redet, wer davon wie informiert wird usw. Diese Gesprächsstrukturen auf der Basis gleichstellungsorientierten Vorgehens zu gestalten (zu vereinbaren, durchzuführen und auszuwerten) – darin liegt die Herausforderung für BeraterInnen. Und das zu können ist weniger eine Frage des Geschlechts. BeraterInnen können Frauen und Männer sein, entscheidend ist die fachliche Beratungs- und Prozesssteuerungs-Kompetenz aber auch eine ausgewiesene Handlungs- und Reflexionsfähigkeit auf normativer Ebene erscheint notwendig zu sein.

Das bedeutet weiters: Die Strategie des Gender Mainstreaming entpersonalisiert nicht nur bei den beratenden Systemen, sondern auch bei den BeraterInnen.

In einfachen Worten gesprochen: Ob ein Mann oder eine Frau die Implementierung eines Gender Mainstreaming-Prozesses nicht können und beispielsweise Maßnahmen nicht von Zielen unterscheiden können, ist ziemlich egal. Beide hintertreiben die Wirksamkeit der Strategie und gießen Wasser auf die Mühlen von KritikerInnen und GegnernInnen der Strategie des Gender Mainstreaming.

4 Beratung von Gleichstellungsmaßnahmen in Organisationen – durch Frauen und/oder Männer?

Frauen und Männer gemeinsam begleiten und beraten idealer Weise die Implementierung von Gender Mainstreaming und Gleichstellungs-Zielen in einer Organisation. Ausgangspunkt dieser These ist die Feststellung, dass sich durch die Einführung von Gender Mainstreaming die Komplexität ohnehin komplexer Beratungssituationen noch weiter erhöht sowie die Anschlussfähigkeit der BeraterInnen an das Organisations-System noch vielmehr am Prüfstand steht (siehe obiges Kapitel).

Woher kommt die Komplexität bei der Implementierung von Gender Mainstreaming in Organisationen? Woher kommt auch die „Gefährlichkeit" einer Organisationsentwicklung mit dem Fokus Gleichstellung? Einige Punkte seien genannt:

1. Das Einnehmen der Gender-Perspektive im alltäglichen wie im politischen Handeln auf impliziter Ebene ist eine Selbstverständlichkeit, das Geschlecht läuft immer mit. Diese Selbstverständlichkeit bestimmt die

Beziehungen und Kommunikationen in einer Organisation, diese Selbstverständlichkeiten gehen auch in die expliziten und impliziten Leitbilder, Ziele und Visionen einer Organisation ein. Sie bestimmen deren Selbstverständnis und dies wird thematisiert. Es rückt in den Mittelpunkt der Veränderungen.

2. Systementwicklung mit dem Ziel der strukturellen Veränderung des Systems/der Organisation im Hinblick auf Gleichstellung führt quasi automatisch zu den zentralen Abläufen und Strukturen einer Organisation. Das ist dadurch erklärbar, dass Gender Mainstreaming als Querschnittsmaterie wirksam nur zu implementieren ist, wenn die zentralen Prozesse und Strukturen einer Organisation erfasst werden. Das bedeutet, dass durch Gender Mainstreaming immer die Qualität des Gesamtsystems Thema wird und damit Organisationsentwicklung ist.

3. Wie kann Gleichstellung gedacht werden? Hier wird, wie oben ausgeführt, davon ausgegangen, dass Gleichstellung nur über Beziehungssysteme und Handlungsmöglichkeiten und nicht über die alleinige Personperspektive definierbar ist. Diese Beziehungssysteme können auf einer Oberflächen- und Tiefenstruktur-Ebene beschrieben werden, komplexe dynamische Zusammenhänge und Wirkungen sind ansatzweise verstehbar zu machen.

Das bedeutet beispielsweise, dass Personen, die frauenfeindliche Witze erzählen und so in einer Organisation Frauen und Männern einen Platz zuweisen, nicht nur Personen sind, die Witze erzählen. Das wäre doch ein wenig einfach. Es sind auch Kommunikationen, die auf einer Kommunikations- und Organisations-Kultur aufsetzen und aus dieser Perspektive erst ihre Wirkung entfalten.

Das bedeutet, dass nicht mehr die Person Ziel„scheibe" moralischer und moralisierender Impulse ist, sondern Systeme insgesamt zur Veränderung anstehen.

Das bedeutet weiter, dass Gender Mainstreaming zu einem Organisations-Kultur-Projekt wird – und umgekehrt, dass in geplante Veränderungsprojekte in Organisationen das Gender-Thema explizit einzuführen ist.

4. Um die Lage noch ein wenig zu differenzieren und in einer adäquaten Komplexität darzustellen: Zumeist ist im Auftrag zur Personal- und Organisationsentwicklung die genderbezogene Gleichstellungsperspektive nur als ein Teilbereich oder gar als Unterbereich enthalten. Die Erforschung von Konstruktionsprozessen von Geschlecht in der Organisation wird normalerweise nicht beauftragt. Es ist daher in „normale" Trainings- und BeraterInnen-Leistungen die Strategie des Gender Mainstreaming so zu integrieren, dass dies die Qualität und Effektivität der Beratung erhöht.

Wo und wie geht nun das Geschlecht der BeraterInnen als Voraussetzung ein?

Die Beteiligung von Frauen und Männern in der Funktion als BegleiterInnen und BeraterInnen bei der Implementierung der Strategie des Gender Mainstreaming braucht spezifische Kompetenzen, die hier in mehrfacher Weise unterteilt werden:

a) Kompetenz zur Gestaltung von Beratungsprozessen, deren Beauftragung, Durchführung und Auswertung,
b) die genderspezifische theoretische Kompetenz, wie beispielsweise feministische Theoriebildungen, Wissen aus der Männerforschung, usw.,
c) als Verschnitt-Kompetenz die Fähigkeit zur gender-reflektierten Gestaltung von Veränderungsprozessen,
d) die Integration theoretischer Grundannahmen aus den Bereichen: Lernen, Entwicklung, ethische Grundlagen, erkenntnistheoretische Grundlagen,
e) die Anschlussfähigkeit an das zu beratende System.

Grundsätzlich ist das Geschlecht in allen diesen Teilbereichen wirksam, und bei der Diskussion dieser Punkte erscheint es fast als eine Notwendigkeit, als Frau und Mann im Beratungsprozess präsent zu sein. Besonders prägnant erscheint es bei der ersten und letzten der angeführten Anforderungen zu sein: Es gibt beispielsweise Situationen, in denen Frau und Mann unterschiedliche Sicherheiten vermitteln, was besonders in der Auftragsphase von entscheidender Bedeutung ist. Beraterin und Berater haben sich hier immer wieder zu fragen: Wer kann welche Bereiche ansprechen, wer kann welche Punkte/Themen glaubwürdig vereinbaren?

Es kommt immer wieder zu Situationen, wo Frau oder Mann nicht verstanden werden (können), wo Interventionen von Frau oder Mann nicht angenommen werden (können). Auch hier ist mit dem Wechsel der Entwicklungs-Prozess konstruktiv und effektiv zu steuern.

Ergiebig ist auch der Austausch nach Beratungssequenzen, wo über die Wirksamkeiten des Geschlechts der BeraterInnen ebenso reflektiert wird wie über die Wirksamkeit des Beratungsprozesses im Hinblick auf das Ziel der Gleichstellung.

Der Auftritt von Frau und Mann als BeraterInnen erscheint auch interessant im Hinblick auf Erkenntnisgewinn über die Gestaltung gleichgestellter Arbeitssysteme: Was können gleichgestellte Formen der Zusammenarbeit sein, zwischen Frauen und Männern im Rahmen von Gender Mainstreaming (so einmal das biologische Geschlecht gemeint ist)?

5 Mann oder Frau? Zwei Beispiele zur Begleitung von Gender Mainstreaming-Prozessen

Im Folgenden werden zwei Beispiele geschildert, die mit dem Anspruch ausgestattet sind, Gleichstellung von Frauen und Männern zu befördern. Dabei könnte die Frage, ob Frau und/oder Mann diese „Fälle" beraten, begleitet oder analysiert hat, offen bleiben, ist die Position des Autors doch ohnehin klar, dass effektive Begleitprozesse im Bereich des Gender Mainstreaming und der Gleichstellung Männer und Frauen als BegleiterInnen und BeraterInnen haben.

Das erste Beispiel führt uns in eine Profit-Organisation, in der im Rahmen von Fortbildungsmaßnahmen für das obere und mittlere Management (Personalentwicklung) auch Organisationsentwicklungsmaßnahmen angestoßen und Diskriminierungen aufgrund des Geschlechts abgebaut werden sollten. Im Rahmen der Ist-Analyse werden dem Auftrag entsprechend mehr Management-Kompetenzen, die Rahmenbedingungen des Führens und der

Teamzusammenarbeit beobachtet und analysiert, wobei hier neben den Perspektiven der klassischen Management- und Organisations-Analyse auch die Perspektive Gender zentral mitgedacht wird. Im Verlauf der Beratungsprozesse und Fortbildungsmaßnahmen wird das Thema Gleichstellung immer bedeutsamer und die Themen Gender Mainstreaming und (hier nicht weiter mitdiskutiert, in der Praxis jedoch wenig trennbar) Diversity-Management kommen langsam auf den Tisch. Nun, nach der Zeit des Auftauens, können genderspezifische Informationen aus der Ist-Stands-Erhebung in die Veränderungsprozesse eingebracht und vom System auch angenommen werden. Es werden Gleichstellungs-Ziele diskutierbar und Maßnahmen zur Gleichstellung erarbeitet und beschlossen. So wird beispielsweise die Kommunikations-Kultur in den Pausen an den Kaffeetischen beredet. Die Tatsache, dass Frauen dort weniger zu finden sind, was mit Themen und Späßen zu tun haben könnte, wird für interne Kommunikations- und Entwicklungsprozesse als hinderlich eingestuft, aber genauso auch für individuelle Karrieren, die von diesen Informationen auch abhängen. Änderungen werden angedacht und durchgeführt.

In einem zweiten Beispiel wird die Einführung eines Mädchenzimmers in einer technischen Schule beschrieben. Da der Mädchenanteil sehr gering ist und gesteigert werden soll, überlegen sich engagierte Lehrerinnen, als eine Maßnahme der Frauenförderung ein Mädchenzimmer (ein Raum, der reserviert ist für Mädchen und ihnen als Rückzugs- und Entwicklungsraum dienen soll) einzuführen. Dies gelingt nach zähem Ringen und unter großem Einsatz der Lehrerinnen. Das Zimmer erhält nach einer kurzen Anlaufphase großen Zuspruch der Mädchen, im Laufe der Zeit wird die Frequentierung geringer und nimmt schließlich radikal ab. Was ist passiert? Das Mädchenzimmer wurde im System Schule zu einem Symbol für die Unterstützungsbedürftigkeit der Mädchen, für deren geringere Leistungsfähigkeit und – pointiert formuliert – Dummheit. Das Mädchenzimmer, als eine Maßnahme der Frauenförderung gedacht, verkehrt sich in deren Gegenteil, die Mädchen müssen sich fast schützen vor ihr.

Unseres Erachtens kann es nun nicht darum gehen, die Maßnahme „Mädchenzimmer" in den Mistkübel der Geschichte zu werfen, es können auch nicht die Männer, die ja abwerten, und nicht die Mädchen, die sich abwerten lassen als „Schuldige" ausfindig gemacht werden. Einem systemisch-konstruktivistischen Beratungsverständnis zufolge sind die „Mechanismen" der Abwertung im gesamten Schulsystem aufzuspüren.

Was ist daraus zu lernen? Würde die Schule in einen Prozess des Gender Mainstreaming einsteigen, wäre die Einführung von Mädchenzimmern im Rahmen der Gleichstellungsorientierung in der gesamten Schule zu diskutieren. Entsprechend der oben angeführten Vorgehensweise wären die Wirkungen im Gesamtsystem zu überlegen. Möglicherweise ist das Ergebnis dieses alternativen Prozesses auch die Einrichtung eines Mädchenzimmers, es wären dennoch der Prozess und die Form der Einführung eines Mädchenzimmers, die Einbindung der unterschiedlichen Persongruppen und die Art der gewählten Begleitmaßnahmen dieser Einführung in einer veränderten und hoffentlich konstruktiveren Form wirksam.

Projekte mit dem Ziel der Gleichstellungsorientierung können nur eine Personengruppe (hier: Frauen) fokussieren oder die Wirkungen auf das Gesamtsystem mitberücksichtigen. Nachdem diese Berücksichtigung von Maßnahmen hinsichtlich Frauen und Männer (d.h. in diesem Beispiel: das Gesamtsystem) für die Strategie des Gender Mainstreaming obligatorisch ist, kann dieses Beispiel nicht als Beispiel für Gender Mainstreaming dienen, es ist der Frauenförderung zuzurechnen.

Konsequenz dieses Beispiels könnte nun sein, dass auch Projekte aus der Frauenförderung die Wirkungen auf das Gesamtsystem einbeziehen, dass auch diese Projekte im Hinblick auf deren Wirkung auf Frauen und Männer und deren Verhältnisse überprüft werden, dass auch in diesen Projekten die Strategie des Gender Mainstreaming mitgedacht wird.

Beide Beispiele fokussieren – in dieser Beschreibung – auf Frauen und Männer als Betroffene, beide Beispiele sind von Frauen und Männern analysiert oder (im ersten Fall) als BeraterInnen begleitet worden.

Zuletzt

Gender Mainstreaming bedeutet in Entwicklung zu bisherigen Vorgehensweisen zur Herstellung von Geschlechtergerechtigkeit einen Paradigmenwechsel. Es kommen vermehrt Systeme und Zusammenhänge in den Blick. Innerhalb dieser Systeme/Organisationen werden alle relevanten Prozesse und Strukturen überprüft im Hinblick auf ihre Wirkungen auf allen Ebenen für alle beteiligten und betroffenen Frauen und Männer und insbesondere deren Beziehungssysteme und in weiterer Folge auch versucht, diese (neu) zu gestalten. Um solche Systeme angemessen beschreiben zu können und um in ihnen handlungsfähig zu sein, ist es günstig, weniger die einzelnen Elemente zu sehen, sondern die Beziehungen zwischen den Elementen. Nicht die Erlebnisse, Erfahrungen, Interessen und Ziele von Einzelpersonen sind im Blick, sondern systemische Zusammenhänge auf Oberflächen- und Tiefenstruktur.

Um Gleichstellung zwischen zwei oder mehreren Elementen (beispielsweise Frauen und Männern) begreifen zu können, um jene Prozesse, die zu Ungleichstellung oder Gleichstellung führen auch nur ansatzweise erklären zu können, muss der Fokus weg von der Person und hin zu Beziehungen zwischen Personen und Beziehungen zwischen Personen und ihrer Umwelt gehen. Diese Beziehungen (innerhalb von Frauen, innerhalb von Männern, zwischen Frauen und Männern) sind zu thematisieren und gleichstellungsorientiert zu entwickeln. Allerdings sind diese Beziehungsgefüge äußerst komplex, sie ruhen auf einem breiten Fundament aus Haltungen, Normen, kulturellen Annahmen, impliziten Vorannahmen und unbewussten Wissensfragmenten.

Vor diesem Hintergrund sind die Methoden des Gender Mainstreaming auszuwählen und in ihrer Wirkung zu überprüfen, inwieweit sie geeignet sind, im System den Blick auf Beziehungen, Rahmenbedingungen des Handelns, Handlungsmuster, Werthaltungen und Wirkzusammenhänge zu öffnen. Und um dies effektiv zu tun, sind Frauen *und* Männer nicht nur als betroffene Zielgruppe und als AkteurInnen im Kommunikations-Prozess zu begreifen, sondern auch als MitgestalterInnen dieses Entwicklungs-Prozesses in der Funktion als Beraterin oder Berater.

Literatur

Foerster, Heinz v./Glasersfeld, Ernst v. (1999): Wie wir uns erfinden: Eine Autobiographie des radikalen Konstruktivismus. (Konstruktivismus und systemisches Denken). Heidelberg.

Schörghuber, Karl/Rosenbichler, Ursula (2005): Gender Mainstreaming in sozialwirtschaftlichen Organisationen. In: Fasching, H./Lange R. (Hrsg.): Sozial managen. Grundlagen und Positionen des Sozialmanagements zwischen Bewahren und radikalem Verändern. Wien.

Willke, Helmut (1998): Systemisches Wissensmanagement. (UTB für Wissenschaft; 2047). Stuttgart.

Gender Mainstreaming als Berufsfeld

Nadja Bergmann

Vorliegender Artikel geht aus Sicht einer „Praktikerin" im Berufsfeld Gender Mainstreaming der Frage nach, welche beruflichen Möglichkeiten (aber auch Grenzen) in diesem Berufsfeld skizziert werden können. „Praktikerin" bin ich durch meine mittlerweile fast vierjährige Arbeit als Koordinatorin bei der Koordinationsstelle für Gender Mainstreaming im Europäischen Sozialfonds (ESF)[1] geworden. Mein eigenes Tätigkeitsfeld ist also im arbeitsmarktpolitischen Bereich angesiedelt: der Unterstützung der arbeitsmarktpolitischen AkteurInnen bei der Umsetzung von Gender Mainstreaming. Mit vorliegendem Artikel soll aber der Versuch unternommen werden, die Ausführungen auf eine breitere – über die Arbeitsmarktpolitik hinausgehende – Basis zu stellen.

Auch wenn es „den" Beruf Gender Mainstreaming nicht gibt bzw. Gender Mainstreaming ExpertIn bislang keine festgelegte Berufsbezeichnung ist, hat sich in der Praxis in den letzten Jahren doch ein Berufsfeld eröffnet, in dem spezifisches Know How und Expertise rund um Gender Mainstreaming nachgefragt werden. Neben einer Verortung dieses Berufsfelds und einer Konkretisierung der nachgefragten Tätigkeitsbereiche in diesem werden das

---

[1] Nähere Informationen unter http://www.gem.or.at.

mögliche Aufgabenspektrum und die entsprechenden Qualifikationsanforderungen umrissen.

1 Verortung des Berufsfelds Gender Mainstreaming

Die Umsetzung der Strategie Gender Mainstreaming bedeutet, dass alle Politikbereiche, Maßnahmen und Programme aus gleichstellungsorientiertem Blickwinkel zu hinterfragen und so zu gestalten sind, dass sie zur Gleichstellung von Frauen und Männern beitragen. Dies betrifft sämtliche, auch vermeintlich neutrale Bereiche wie die Verkehrs- oder Wirtschaftspolitik.

Auf den Punkt gebracht, soll durch den strategischen Ansatz von Gender Mainstreaming ein langfristiger Veränderungsprozess in den verschiedenen Fachabteilungen, Entscheidungsgremien etc. ausgelöst werden, der darin mündet, dass die Gleichstellung von Frauen und Männern ein integrales Ziel der unterschiedlichen Organisationen ist. Dieser Prozess sollte idealtypisch zumindest folgende Schritte beinhalten (siehe z.B. Bergmann/Pimminger 2004):

- Am Beginn steht die Analyse der inhaltlichen Ausrichtung der Arbeit sowie der Arbeitsstrukturen unter Gleichstellungsperspektive,
- auf Basis dessen erfolgt die Festlegung von Gleichstellungszielen, welche von der Organisation oder Institution erreicht werden sollen,
- in weiterer Folge werden Umsetzungsschritte und -strategien erarbeitet, wie die Arbeit und Arbeitsstrukturen unter Gleichstellungsperspektive geändert werden sollen,
- anschließend werden Kriterien und Kontrollstrukturen festgelegt, um erzielte Fortschritte (bzw. fehlende Fortschritte) überprüfen zu können.

Die Umsetzung von Gender Mainstreaming in der Praxis bedeutet, dass eine Verbindung zwischen dem fachspezifischen Wissen in den unterschiedlichen Fach- und Politikbereichen mit gleichstellungspolitischem Know How hergestellt wird.

Ernst genommen, sollte Gender Mainstreaming zu einer radikalen Hinterfragung des jeweiligen Arbeits- und Politikbereichs aus Gleichstellungsperspektive führen und entsprechende inhaltliche und organisationspolitische Konsequenzen nach sich ziehen.

Diese Anforderung stößt vor allem am Beginn eines Gender Mainstreaming Prozesses in den unterschiedlichen Fachgebieten auf große Schwierigkeiten, teilweise bedingt durch mehr oder weniger offenen Widerstand gegen Veränderungen aus gleichstellungspolitischer Perspektive, teilweise bedingt durch ein gewisses Unverständnis bei den verschiedenen AkteurInnen, was denn nun Gleichstellung in ihrem Arbeitsgebiet bedeuten möge.

Hier liegt ein zentraler Ansatzpunkt des Berufsfelds „Gender Mainstreaming": die Unterstützung und „Befähigung" der regulären AkteurInnen, in ihrem Tätigkeitsfeld Gleichstellungsfragen und -ziele zu integrieren und umzusetzen und auch die Tätigkeits- und Arbeitsprozesse entsprechend zu hinterfragen und umzugestalten.

2 Konkrete Nachfrage nach Gender Mainstreaming ExpertInnen

Dass sich öffentliche Einrichtungen, Abteilungen und Organisationen dazu entschließen, Gender Mainstreaming in ihrem Fachgebiet umzusetzen – zumindest einmal den formalen Willen dazu zu bekunden – ist ein Prozess, der jüngst in Gang gesetzt wurde.

Die Gründe für das Interesse an einer Umsetzung von Gender Mainstreaming sind vielfältig. Gerade im öffentlichen Bereich spielen Impulse seitens der EU eine wichtige Rolle. Sie hat zumindest formal festgelegt, dass Gender Mainstreaming in sämtlichen Politikbereichen umzusetzen ist (siehe Europäische Kommission 1996). Im Vertrag von Amsterdam (1997, Inkrafttreten 1999) wurde Gender Mainstreaming in das Primärrecht der Europäischen Union aufgenommen.

Auch die österreichische Regierung hat sich mittlerweile politisch und rechtlich verpflichtet, die Strategie Gender Mainstreaming umzusetzen und dies in einigen Ministerratsbeschlüssen bestätigt. In einzelnen österreichischen Bundesländern wurden durch Landtags- oder Regierungsbeschlüsse ebenfalls Rechtsgrundlagen der Gender Mainstreaming Umsetzung geschaffen[2]. An diese Beschlusslage anknüpfend ist in der Praxis zu beobachten, dass die Nachfrage nach entsprechender Gender Mainstreaming Expertise von folgenden Institutionen oder Organisationen betrieben wird:

- Eine spürbare Nachfrage kommt von Bereichen, die mit EU-Mitteln oder sonstigen öffentlichen Fördermitteln arbeiten – allen voran Projekte im Bereich der Arbeitsmarkt- und Bildungspolitik, teilweise im Umwelt-, Wissenschafts- oder Schulbereich sowie regionalpolitische Maßnahmen. Sowohl Förderstellen (z.B. Ministerien, Arbeitmarktservice), als auch Projekt- und Maßnahmenträger haben hier einen Unterstützungsbedarf. Die nachgefragte Gender Expertise reicht hier von der Unterstützung bei der Erstellung von Programmen durch die öffentliche Hand bis zur Hilfe bei der Projektauswahl und -durchführung von privatwirtschaftlichen oder öffentlichen Institutionen. In bislang besonders stark männerdominierten Bereichen wie der Wirtschaftspolitik oder Infrastrukturförderung sind hingegen kaum Initiativen auszumachen.
- Unterschiedliche Beiräte, Planungs- und Entscheidungsgremien wollen durch die Einbindung entsprechender ExpertInnen sicherstellen, dass gleichstellungspolitisches Know How in ihren Vorhaben integriert wird. Diese können von der Landschaftsplanung bis zu Beteiligungsverfahren, der Konzeption von Pilotprojekten bis zur Erstellung von Bezirksbudgets reichen.
- Auf Landes- bzw. Regionalebene gibt es jüngst unterschiedliche Initiativen zur Umsetzung von Gender Mainstreaming – sowohl von der Landesregierung und -verwaltung als auch in regionalen Behörden und Gemeinden. In der Praxis ist es zumeist so, dass in bestimmten Ressorts oder Regionen begonnen wird, mittels Pilotvorhaben erste Umsetzungserfahrungen zu sammeln. Beispielsweise wird eine gleichstellungsorientierte Gesetzesfolgenabschätzung entwickelt, der Schwerpunkt auf eine

---

[2] Ein Überblick über Initiativen und Beschlüsse auf Bundes- und Bundesländerebene findet sich auf www.imag-gendermainstreaming.at.

geschlechtssensible Stadt- bzw. Regionalplanung gelegt, ein geschlechtssensibles Statistiksystem aufgebaut oder es werden Gender Trainings für die Führungs- und Schlüsselkräfte angeboten. Für derartige Aufgaben werden zumeist – neben der Arbeit interner ExpertInnen – auch externe BeraterInnen und TrainerInnen zugekauft.
- Verschiedene Organisationen, Institutionen und Unternehmen wollen aus den unterschiedlichsten Motivationslagen Gender Mainstreaming umsetzen. Gerade öffentliche oder öffentlichkeitsnahe Einrichtungen wie Organisationen der ArbeitnehmerInnen oder Bildungseinrichtungen setzen hier entsprechende Initiativen. Eine Nachfrage besteht hier nach externer Beratung durch Gender Mainstreaming ExpertInnen sowie der Unterstützung beim Aufbau von internem Know How, also der Befähigung der Führungskräfte und MitarbeiterInnen einer Organisation, schrittweise selbst die Gleichstellungsperspektive in ihre Arbeit zu integrieren.

3 Das Aufgabenspektrum im Berufsfeld Gender Mainstreaming

Das Aufgabenspektrum von Gender Mainstreaming ExpertInnen hängt stark von den konkreten Anforderungen der nachfragenden Organisation oder dem Handlungskontext ab.

In der Praxis stellen sich Fragen wie „Wie ‚gendere' ich meine Organisation?", „Was hat Gender Mainstreaming mit dem Bau eines Technologiezentrums zu tun?", „wie kann Gender Mainstreaming in ein Umweltförderprogramm integriert werden?" etc.

Dabei kann das Aufgabenspektrum in zwei Hauptbereiche differenziert werden: einerseits in inhaltliche Fragestellungen, wie das Aufbereiten eines Themas oder Politikfeldes aus der Genderperspektive, die Durchführung von Analysen oder die Erarbeitung konkreter Umsetzungsvorschläge, andererseits methodische Anforderungen, wie Beratungen, Prozessbegleitungen etc., die bei der strukturellen Integration von Gender Mainstreaming in einer Organisation oder Institution unterstützen sollen.

Nachfolgende Auflistung soll einen Überblick darüber bieten, welche Tätigkeitsschwerpunkte in der Hauptsache nachgefragt werden – zumeist auch in unterschiedlichen Kombinationen (siehe auch Bergmann/Pimminger 2004):

Beratungsleistungen
Bei der Beratung von Organisationen, Institutionen oder Unternehmen, wie diese Gender Mainstreaming implementieren oder zumindest in Teilbereichen verwirklichen können, reichen die Wünsche vom Anbieten „schneller" Lösungen und „Kochrezepte" bis zur Entwicklung fundierter Strategien, wie tatsächlich längerfristige Veränderung in Richtung Gleichstellung zu erreichen sind, beispielsweise die angebotenen Dienstleistungen zu gestalten sind, damit sie tatsächlich Frauen und Männern gleichermaßen zugute kommen und Ungleichheiten abgebaut werden. Dabei können die Beratungsleistungen die Entwicklung eines Implementierungskonzepts oder Aktionsplans zur Einführung von Gender Mainstreaming (siehe Bergmann/Pimminger 2004, S. 47ff), die Erstellung von Schulungsplänen für Führungskräfte und MitarbeiterInnen zur Auseinandersetzung mit Gleichstellungsfragen innerhalb ihres Arbeitsbereiches etc. umfassen.

Begleitung einer Organisation oder Institution bei der Integration von Gender Mainstreaming
Lassen sich Institutionen oder Organisationen auf längerfristige Änderungsprozesse im Sinne einer Integration von Gender Mainstreaming ein, ziehen sie hierzu oft spezifische ExpertInnen hinzu, die den Prozess anregen und begleiten. Organisationsentwicklung und -beratung verknüpft mit gleichstellungsorientiertem Know How sind hier wesentliche Standpfeiler. Beispielsweise wurde beim Arbeitsmarktservice Österreich der Ansatz gewählt, das bestehende Qualitätsmanagement zur verbindlichen Verankerung von Gleichstellungszielen und deren Kontrolle zu nutzen (Frauenbüro MA57 2003, S. 60ff).

Inhaltliche Expertise - Erarbeitung konkreter Umsetzungsvorschläge
Da eine längerfristige Implementierung von Gender Mainstreaming inklusive einem entsprechenden Aufbau von Know How und Ressourcen in den seltensten Fällen erfolgt, wird oft anlassbezogene inhaltliche Expertise nachgefragt. Wenn es beispielsweise um die Entwicklung eines Arbeitsmarktprojektes geht oder die Gestaltung eines Parks sind konkrete inhaltliche Vorschläge gefragt, wie diese aus Gleichstellungsperspektive zu gestalten sind (siehe z.B. Bergmann/Pimminger 2000, Frauenbüro MA57 2003).

Entwicklung von und Begleitung bei Pilotprojekten
Es wird eine Abteilung, ein Politikbereich oder eine Maßnahme als „Pilotbereich" definiert, wo in überschaubarem Rahmen erprobt werden soll, wie Gleichstellung umgesetzt werden kann. Beispielsweise wie die Arbeit und Struktur einer Suchtpräventionsstellen umzugestalten wäre (siehe z.B. Pilotprojekt der Stadt Zürich unter http://www.stzh.ch/bfg/gm/bsp_suchtpraeventionsstelle.htm) oder wie ein Bezirksbudget unter Gleichstellungsperspektive zu planen ist (siehe z.B. Bergmann et al 2004).

Schulung und Sensibilisierung
Die vielleicht größte Nachfrage gibt es in der Praxis nach Sensibilisierung-, Trainings- und Schulungsangeboten. So genannte „Gender Trainings" stehen hoch im Kurs. Die Palette der nachgefragten (und angebotenen) Schulungen und Gender Trainings reicht von sehr allgemeinen Informationsveranstaltungen zu Gender Mainstreaming und einem ersten Einstieg in Gleichstellungsfragen bis zu längerfristigen Konzepten, die eine fundierte Auseinandersetzung mit dem Thema ermöglichen. Diese sollen neben einer allgemeinen Sensibilisierung zum Thema vor allem auch eine Verbindung von Gleichstellungsfragen mit dem jeweiligen Fachbereich der Teilnehmenden ermöglichen (bspw. Gleichstellungsfragen im Gesundheitsbereich) und die Erarbeitung von konkreten fachspezifischen Handlungsansätzen beinhalten. Je nach Zielgruppe gibt es unterschiedliche Trainingskonzepte – vom Einzelcoaching für Führungskräfte bis zu Arbeitsworkshops für bestimmte MitarbeiterInnengruppen. Bei der Umsetzung von Gender Mainstreaming spielen derartige Trainings einerseits eine wichtige Rolle, da sie zur Reflexion über ge-

schlechtsspezifische Rollenzuschreibungen und das bestehende Geschlechterverhältnisse anregen sowie Anknüpfungspunkte zum Abbau bestehender Diskriminierungsmechanismen und -strukturen bieten sollen, andererseits sind sie auch umstritten, da sich in der Praxis die Tendenz zeigt, dass die Umsetzung von Gender Mainstreaming mit einem Training „abgehakt" werden soll (siehe auch Netzwerk Gender Training 2004).

Entwicklung und Bereitstellung von Methoden und Instrumenten
Zur systematischen Integration von Gender Mainstreaming in den verschiedenen Aufgabenbereichen ist die Entwicklung und Anwendung von Methoden und Instrumenten zielführend. Ein Beispiel dafür sind Gleichstellungsprüfungen („Gender Impact Assessment", siehe Verloo/Roggeband 1996), mit deren Hilfe alle Vorhaben und Entscheidungen einer Gleichstellungsprüfung unterzogen werden. Diese allgemeinen Methoden können für verschiedene Bereiche spezifiziert werden, wie beispielsweise im Bereich der geschlechtssensiblen Gesetzesfolgenabschätzung. Hierzu wurde in Deutschland eine Arbeitshilfe erarbeitet, die dabei unterstützen soll, Gender Mainstreaming bei der Vorbereitung von Rechtsvorschriften zu integrieren (siehe Bundesministerium für Familie, Senioren, Frauen und Jugend 2003[3]).

Die nachgefragte Expertise in diesem Bereich bezieht sich sowohl auf die Entwicklung von passenden Methoden für den jeweiligen Arbeitsbereich als auch auf Schulungen zu deren Anwendung oder die Anwendung selbst.

Begleitung und Durchführung von Gender Analysen
Ein Teilaspekt der Gender Mainstreaming Umsetzung ist die Durchführung von Gender Analysen im jeweiligen Arbeitsbereich. Für diese werden oft externe ExpertInnen herangezogen oder Aufträge zur Durchführung erster Erhebungen und Analysen im jeweiligen Bereich vergeben.

Informations- und Öffentlichkeitsarbeit
Da auch die Kommunikation und Öffentlichkeitsarbeit für Gender Mainstreaming wichtige Teile der Implementierung sind, werden von Orga-

---

[3] Nähere Informationen unter: http://www.bmfsfj.de/Politikbereiche/Gleichstellung/gendermainstreaming.html.

nisationen und Institutionen Informationsveranstaltungen zum Thema nachgefragt oder die Erstellung von Informationsmaterial, Broschüren etc. in Auftrag gegeben.

Koordination und Vernetzung
Die Vernetzung mit anderen Institutionen oder innerhalb eigener Organisationen zum Erfahrungsaustausch wird von einigen Einrichtungen als sehr wertvoll und hilfreich betrachtet. Derartige Initiativen werden aber selten extern nachgefragt, sondern zumeist von internen ExpertInnen abgedeckt.

Begutachtungsfunktion
In manchen Gremien ist es bereits üblich, neben anderen Gutachten auch eine Begutachtung aus Gleichstellungsperspektive anzufordern. Dies kann die unterschiedlichsten Bereiche – von der Wohnbauförderung bis zu Flächenwidmungsplänen – betreffen. Zumeist werden entsprechende FachexpertInnen mit gleichstellungspolitischem Schwerpunkt für derartige Gutachten herangezogen. Bei der Auswahl von Projektanträgen innerhalb bestimmter Programme wird es ebenfalls üblich, Begutachtungen aus Gleichstellungsperspektive anzufordern.

Evaluierungsfunktion
Schließlich werden für die Evaluierung der erzielten Fortschritte ExpertInnen herangezogen: einerseits zur Entwicklung passender Kontroll- und Dokumentationsinstrumentarien, andererseits zur Durchführung entsprechender Analysen und Evaluierungen (siehe dazu den Beitrag von Ulli Gschwandtner/Birgit Buchinger in diesem Buch).

Diese recht umfangreiche Darstellung der möglichen Aufgabenfelder darf aber nicht darüber hinwegtäuschen, dass es in der Praxis oft so ist, dass wirklich umfassende, das heißt auch zeitaufwändige Prozesse selten nachgefragt werden. Vielmehr ist bei vielen Organisationen und Institutionen die Tendenz erkennbar, dass die Durchführung von zwei, drei Veranstaltungen (z.B. Gender Trainings) oder die Erstellung einer Checkliste für einen bestimmten Aufgabenbereich bereits als Erfüllung von Gender Mainstreaming angesehen wird und wieder zur „normalen Tagesordnung" übergegangen werden kann, ohne dass tatsächliche Änderungen stattgefunden haben. Hier muss die kritische Frage gestellt werden, ob die Beziehung von ExpertInnen nicht oft eine Feigenblatt-Funktion erfüllt. Auch wenn eine eindeutige Grenzziehung schwierig ist – ab wann kann von einer ernsthaften Auseinandersetzung gesprochen werden – sollten bei der Abklärung einer potentiellen Beauftragung die Zielsetzungen und Eckpfeiler festgehalten werden, die zeigen, ob die Umsetzung von Gender Mainstreaming seitens der auftraggebenden Stellen Ernst genommen wird. Die kritische Auseinandersetzung damit, welche Aufgaben angenommen werden und welche nicht, bleibt aber niemanden erspart, die oder der in diesem Feld arbeitet.

4 Qualifikationsanforderungen an Gender ExpertInnen

Da es keine expliziten Definitionen gibt, was ein/e Gender Mainstreaming ExpertIn ist, gibt es auch keine genauen Festlegungen, welche Qualifikationsanforderungen diese/r mitbringen sollte. Soll dem umfassenden Konzept von Gender Mainstreaming Rechnung getragen werden, stellen sich recht umfangreiche Anforderungen an eine/n ExpertIn. Aus der praktischen Erfahrung können folgende Stränge identifiziert werden:

- inhaltlicher Hintergrund und Verankerung in Frauen- und Genderforschung,
- methodisches Know How wie Vermittlungs-, Beratungs- und Vernetzungskompetenzen und zumindest ein gewisses fachliches Grundwissen im jeweiligen Tätigkeitsgebiet (z.B. Arbeitsmarktpolitik, Regionalplanung etc.).

In der Praxis gibt es in erster Linie drei Zugänge zum Berufsfeld Gender Mainstreaming:

- Organisations- und UnternehmensberaterInnen, die sich zusätzliche Gender Kompetenzen aneignen,

- Frauen- und GenderforscherInnen sowie -praktikerInnen (beispielsweise Frauenbeauftragte), die sich Vermittlungs-, Beratungs- und methodische Kompetenzen aneignen,
- Fachfrauen/männer, die sich auf Gleichstellungsfragen in ihrem Arbeitsfeld spezialisieren, z.b. im Planungs- oder Budgetbereich.

Insgesamt kann von einem „sehr freien" Markt der Gender Mainstreaming ExpertInnen gesprochen werden, da es (noch) kein geregeltes Berufsbild mit entsprechenden Qualifikationsanforderungen gibt. Unternehmens- und Organisationsberatungen, Forschungsinstitutionen oder Frauenprojekte bieten in den unterschiedlichsten Bereichen Unterstützung bei der Umsetzung von Gender Mainstreaming an und es gibt auch sehr viele selbständige TrainerInnen und BeraterInnen, die hier tätig sind. Da sich in der Regel sehr wenige Organisationen und Institutionen fix angestellte Gender Mainstreaming ExpertInnen „leisten" ist die anlassbezogene Expertise und Beratung hier auch der Normalfall, die neben anderen Beratungs- und Trainingstätigkeiten angeboten wird. Da auch nachfragende Organisationen und Institutionen oft überfordert sind, welche Anforderungen sie an Gender Mainstreaming ExpertInnen stellen, ist in der Praxis zu beobachten, dass Empfehlungen, der Erfahrungsaustausch und die Frage „wer hat sich einen guten Namen gemacht" oft das wichtigste Entscheidungskriterium sind. Die Konkurrenz zwischen den ExpertInnen ist auch nicht zu unterschätzen, da die Beschäftigungsmöglichkeiten rund um Gender Mainstreaming und Gleichstellung doch relativ begrenzt sind.

Das Andenken von Qualitätsstandards sowie Qualifikationsnachweisen für Gender Mainstreaming ExpertInnen wäre hier sicher ein wichtiger Schritt. Inzwischen werden bereits umfassendere Lehrgänge und Ausbildungen angeboten mit dem Ziel, Interessierten die notwendigen Kenntnisse und Hilfsmittel zu einer/m Gender Mainstreaming ExpertIn zu vermitteln. Auch hier gibt es keine einheitlichen Standards, wiewohl davon auszugehen ist, dass nur fundierte, längerfristige Ausbildung eine ernsthafte Auseinandersetzung bietet.

Aufgrund der vielfältigen und vollkommen unterschiedlichen Anforderungen, die sich in diesem Aufgabenfeld stellen, ist aber auch festzuhalten, dass die Festlegung von Qualitätsstandards ein schwieriger Schritt ist. Dazu kommt, dass diese Anforderung voraussetzt, dass die Umsetzung von Gender Mainstreaming selbst mit expliziten Qualitätskriterien verknüpft wird, damit auch Entsprechendes von den AkteurInnen erwartet werden kann. Hier ist allerdings noch ein weiter Weg zu gehen.

5 Reflexion der Erfahrungen als GeM-Koordinatorin

Trotz aller Einschränkungen und Probleme, die mit dem Berufsfeld Gender Mainstreaming verbunden sind, gibt es natürlich eine Vielzahl von interessanten und herausfordernden Elementen:

Als besonders positiv hervorzuheben ist die große Abwechslung, die mit diesem Aufgabenfeld verbunden ist. Dies bezieht sich auf die Art der Tätigkeit – inhaltliche Auseinandersetzung mit Gleichstellungsfragen, Aneignung unterschiedlicher (Analyse-)Methoden, Austausch mit ExpertInnen, Durchführung von Beratungen – wie auch auf den Inhalt der Arbeit: das „Aufspüren" von Gleichstellungsfragen und die praktische Umsetzung in ganz unterschiedlichen Feldern und thematischen Zusammenhängen. Der Spielraum, Neues auszuprobieren und erkunden zu können, ist sehr groß.

Allerdings ist die Unterstützung der Umsetzung von Gender Mainstreaming auch mit viel notwendiger Überzeugungsarbeit verbunden, der Überwindung von Ignoranz geschlechtsspezifischer Ungleichheitsstrukturen sowie offenen Widerständen gegenüber Veränderungen. Das bestehende Institutionen- und Organisationsgeflecht, welches bei allen stattgefundenen Änderungen immer noch durch patriarchale hierarchische Strukturen geprägt ist, stellt – aller prinzipiellen Bekenntnisse zur Umsetzung von Gender Mainstreaming zum Trotz – immer noch eine große Barriere bei der Umsetzung gleichstellungspolitischer Anliegen dar. Hier stoßen eigene gleichstellungspolitische Ansprüche schnell an die Grenze des Machbaren. Die Ambivalenz „mehr" zu wollen contra sich mit kleinen und kleinsten Schritten vorzuarbeiten, um widerständige AkteurInnen doch noch gewinnen zu können, ist täglicher Bestandteil der Arbeit. Der theoretische Anspruch und die nicht immer so einfache Wirklichkeit klaffen oft auseinander. Dazu kommt eine hohe Abhängigkeit von den AkteurInnen in den Organisationen und Institutionen – im Rahmen einer Gender Mainstreaming Beratung ist es möglich, Impulse zu geben. Was letztendlich wirklich umgesetzt wird, liegt außerhalb des eigenen Handlungsbereichs.

Ob Gender Mainstreaming langfristig für gleichstellungspolitische Fortschritte genutzt werden kann, wird positiv (z.b. Stiegler 2001) bis kritisch (z.B. Nohr/Veth 2002) eingeschätzt. In Österreich kann aufgrund der realpolitischen Entwicklung der letzten Jahre generell nicht davon gesprochen werden, dass gleichstellungspolitische Ziele verfolgt werden. Vor diesem Hintergrund kann nicht von Erfolgen oder Misserfolgen der Strategie Gender Mainstreaming gesprochen werden, da es – im Gesamten gesehen – wenig Interesse daran gibt, Gleichstellung als übergreifendes Ziel in allen Politikbereichen zu integrieren. Allerdings kann für einzelne Bereiche festgestellt werden, dass nicht zuletzt durch das formale Bekenntnis zu Gender Mainstreaming doch einiges in Bewegung geraten ist. Gender Mainstreaming wurde und wird hier als Argumentationshilfe genutzt, um gleichstellungspolitische Schritte einzufordern und entsprechende Änderungen einzuleiten. Mit der Arbeit im Berufsfeld Gender Mainstreaming kann also zumindest in einigen Bereichen auch etwas bewegt werden.

Literatur

Bergmann, Nadja/Pimminger, Irene (2004): Praxishandbuch Gender Mainstreaming. Konzept. Umsetzung. Erfahrung. Wien (als Download erhältlich unter http://www.gem.or.at, Abfrage am 25.8.2005/9:28 MEZ).

Bergmann, Nadja/Gubiter, Luise/Klatzer, Elisabeth/Klawatsch-Treitl, Eva/ Neumayr, Michaela (2004): Gender Budgeting. Handbuch zur Umsetzung geschlechtergerechter Budgetgestaltung. Wien.

Bergmann, Nadja/Pimminger, Irene (2000): GeM-ToolBox. Leitfäden zur Umsetzung von Gender Mainstreaming. Wien (als Download erhältlich unter http://www.gem.or.at, Abfrage am 25.8.2005/9:28 MEZ).

Bothfeld, Silke/Gronbach, Sigrid/Riedmüller, Barbara (2002): Gender Mainstreaming – eine Innovation in der Gleichstellungspolitik. Zwischenberichte aus der politischen Praxis. Frankfurt, New York.

Bundesministerium für Familie, Senioren, Frauen und Jugend (2003): Arbeitshilfe zu § 2 GGO: Gender Mainstreaming bei der Vorbereitung von Rechtsvorschriften. Berlin.

Europäische Kommission (1996): Mitteilung der Kommission: Einbindung der Chancengleichheit in sämtliche politischen Konzepte und Maßnahmen der Gemeinschaft. Brüssel (als Download erhältlich unter http://europa.eu.int/comm/employment_social/equ_opp/gms_de.html#neu, Abfrage am 25.8.2005/9:30 MEZ).

Frauenbüro MA57 (Hrsg., 2003): Leitfaden Gender Mainstreaming. Wien.

Netzwerk Gender Training (2004): Geschlechterverhältnisse bewegen. Erfahrungen mit Gender Training. Königstein/Taunus.

Nohr, Barbara/Veth, Silke (2002): Gender Mainstreaming. Kritische Reflexionen einer neuen Strategie. Berlin.

Stiegler, Barbara (2001): Wie Gender in den Mainstream kommt: Konzepte, Argumente und Praxisbeispiele zur EU-Strategie des Gender Mainstreaming. Bonn (als Download erhältlich unter http://library.fes.de/fulltext/asfo/00802toc.htm, Abfrage am 25.8.2005/9:31 MEZ).

Verloo, Mieke/Roggeband, Connie (1996): Gender impact assessment. In: Impact Assessment V.14 Nr. 1/1996, International Association for Impact Assessment.

Gendern heißt ändern!
Standards und Qualitätskriterien für Gender Mainstreaming-Prozesse

Ulli Gschwandtner
Birgit Buchinger

Vorbemerkung

Auf Basis der Erfahrungen aus Forschungsprojekten, Gender Mainstreaming Beratungsprozessen und Gender Trainings sowie vor dem Hintergrund laufender Reflexionen, die von den Autorinnen Ulli Gschwandtner und Birgit Buchinger (Inhaberinnen der Firma Solution) in den letzten Jahren durchgeführt wurden, wird im Rahmen des vorliegenden Beitrages die Strategie Gender Mainstreaming zur Diskussion gestellt.

Zunächst werden die häufigsten Kritikpunkte an Gender Mainstreaming ausgeführt, um dann, davon abgeleitet, Standards und Qualitätskriterien zu entwickeln, die – im Sinne eines „Trotzdem" – für die Planung und Realisierung von Gender Mainstreaming Prozessen sprechen.

2 Kritiken an der Strategie Gender Mainstreaming

2.1 Einleitung

„Gender Mainstreaming hatte Schwung in die schwerfällige gleichstellungspolitische Debatte gebracht und das öffentliche Interesse an geschlechterpolitischen Fragestellungen verstärkt", so Barbara Nohr und Silke Veth in ihrer Einleitung zur Publikation „Gender Mainstreaming. Kritische Reflexionen einer neuen Strategie" (Nohr/Veth 2002, S. 9). Da ist etwas dran. Denn aktuell ist Erstaunliches zu beobachten. Einflussreiche gesellschaftliche Institutionen wie Gewerkschaften, Kirchen, Landesregierungen oder Parteien sowie privatwirtschaftliche Unternehmen verpflichten sich dem Grundsatz des Gender Mainstreaming. ManagerInnen und UniversitätsprofessorInnen absolvieren Gender Trainings, die Nachfrage an Beratungsleistungen ist explodiert. Gender Mainstreaming habe eine gewisse „Macht des Faktischen" erlangt, so Nohr und Veth weiter.

Gleichzeitig mehren sich jedoch auch kritische Stimmen, insbesonders von feministischen Wissenschafterinnen. Im Folgenden werden die verschiedenen Standorte und Perspektiven der Kritiken kurz zusammengefasst.

Die Kritik bezieht sich sowohl auf das Konzept von Gender Mainstreaming allgemein als auch auf die Umsetzung der Strategie Gender Mainstreaming.

2.2 Kritik am Konzept

Die Kritik am Konzept von Gender Mainstreaming beruht auf mehreren Zugängen. Susanne Schunter-Kleemann (2003, S. 19ff) führt folgende wesentlichen Kritikpunkte an der Herkunft des Konzepts aus: Das Konzept geht auf „Managing Diversity" zurück, ein in den achtziger Jahren entwickeltes Konzept der Personal- und Organisationsentwicklung, das von einem „marktliberalen, ausgesprochen harmonistischen Gesellschaftsverständnis" ausgeht. Interessengegensätze zwischen Arbeit und Kapital gäbe es in diesem Konzept ebensowenig wie „verfestigte Verteilungsungerechtigkeiten zwischen den Geschlechtern", so die Autorin weiter.

Die EU-Kommission wiederum adaptierte diesen Management-Ansatz Mitte der 90er Jahre und propagierte ihn – unter Bezugnahme auf die entwicklungspolitisch ausgerichtete, internationale Frauenszene – unter dem Namen „Gender Mainstreaming". Dies vor dem Hintergrund, dass Umfragen zeigten, dass nur 28 Prozent der befragten Europäerinnen den Binnenmarkt und den Euro positiv bewerteten. Gender Mainstreaming hatte demnach vorerst Frauen als Zielgruppe vor Augen und sollte ein wichtiges Instrument der Gleichstellung werden.

Allerdings existiert bezüglich Gender Mainstreaming bislang keine rechtlich gültige Definition auf europäischer Ebene, die meisten (nationalen) Dokumente setzen diese Gültigkeit einfach voraus. Es gäbe jedoch keine Möglichkeit, Gender Mainstreaming einzuklagen, so Schunter-Kleemann (2003) weiter in ihren Ausführungen. Diesbezüglich ist eindeutig Handlungsbedarf auf Seiten der europäischen Union und der Nationalstaaten festzuhalten.

Auch an den Begriffen „Gender" und „Mainstreaming" wird vielfach Kritik geübt. Zum einen seien diese Begriffe englisch, schwer zu übersetzen und zudem unklar. Außerdem wird der ursprünglich als herrschaftskritisch verstandene Begriff „Gender" im Prozess der Institutionalisierung in Bürokratien verflacht. In dem Beitrag „Gender Mainstreaming. Postmoderner Schmusekurs oder geschlechterpolitische Chance. Argumente zur Diskussion" führt Barbara Stiegler (2003, S. 12) in der Rezeption verschiedener Diskurse unter anderem die Gefahr an, dass Frauen im Gender Begriff unsichtbar gemacht würden. Weiters sei, wie sie gemäß Stiegler (ebd.) etwa die Kritik von Christine Thürmer-Rohr rezipiert, zu hinterfragen, ob Frauen überhaupt in den Mainstream hinein wollen, da dieser Teil der Dominanzkultur sei und emanzipatorische Perspektiven ausblende.

Gender Mainstreaming wird als nur „rhetorische Modernisierung" (Wetterer 2002) dargestellt, es bleibe zu befürchten, dass in Organisationen von feministischen Forderungen nur so viel übrig bleibe, „wie in das Denken nach Effizienzkriterien passt und unter ökonomischen Gesichtspunkten machbar" sei (Pühl 2003, zit. nach Stiegler 2003, S. 14). Es setze sich – so etwa die Position von Nohr (2002) – diskursiv ein Gesellschaftsbild durch, in dem Ungleichheiten auf Unterschiede an „Leistungsfähigkeit" zurückgeführt werden, das Ziel „Chancengleichheit" beschränke sich dann auf eine „gerechte" Verteilung von Positionen innerhalb der bestehenden (u.a. patriachalen) Hierarchien und Konkurrenzmuster und bestätige diese.

Susanne Schunter-Kleemann verweist – so Barbara Stiegler – auf ein weiteres Defizit: Die „Multiplizierung der Orte, an denen Geschlechterpolitik gemacht wird, werde zu einer Ortlosigkeit von Geschlechterpolitik führen". Vor dem Hintergrund, dass dadurch die AkteurInnen der Geschlechterpolitik nicht mehr eindeutig identifizierbar seien, bestehe die Gefahr einer „Geschlechterpolitik ohne die demokratische Kontrolle der Frauen" (Schunter-Kleemann 2002, zit. nach Stiegler 2003, S. 14).

Ein weiterer Kritikpunkt fokussiert auf den Aspekt, dass Gender Mainstreaming in neoliberale Strategien optimal eingepasst werden kann. Susanne Schunter-Kleemann verweist in diesem Zusammenhang auf folgende Tendenzen: forcierter Rückzug des Staates (etwa bei wohlfahrtsstaatlichen Leistungen), Privatisierungen im Öffentlichen Dienst oder Flexibilisierung und Deregulierung der Arbeitsverhältnisse. Diese gesamteuropäischen Strategien hätten negative Auswirkungen auf die Gleichstellung der Geschlechter und können durch „ein noch so gutes GM" nicht ausgeglichen werden (Schunter-Kleemann 2003, S. 26f).

Widersprüchlich am Konzept Gender Mainstreaming sei auch, dass der Mainstream als „Malestream" – so von Feministinnen formuliert – kaum von innen heraus verändert werden könne. Es sei absurd, den „Patriarchen zum Akteur seiner eigenen Abschaffung" zu machen (Weinbach 2001, zit. nach Stiegler 2003, S. 14). Auch in Hinblick auf die Ergebnisse der Geschlechterforschung sei das Konzept von Gender Mainstreaming wenig hilfreich: Gerade die Geschlechterforschung stelle Eindeutigkeiten der Geschlechterzugehörigkeit in Frage, Gender Mainstreaming beziehe sich oftmals auf „Sex", auf die Geschlechtervariablen „Frauen" und „Männer", leiste also einer „Stereotypisierung" und „Homogenisierung" Vorschub (Stiegler 2003, S. 14).

Gendern heißt ändern!
Standards und Qualitätskriterien für Gender Mainstreaming-Prozesse

Vielfach wird zudem befürchtet, dass Gender Mainstreaming Frauenpolitik ersetzen bzw. abschaffen würde, viele Akteurinnen seien nunmehr mit Gender Mainstreaming beschäftigt und könnten so keine aktive, eigenständige und emanzipatorische Frauenpolitik machen. Vielmehr bestehe die Gefahr, dass unter dem Deckmantel von Gender Mainstreaming ein gegeneinander Ausspielen „alter" und „neuer" Konzepte stattfinde, wodurch die bisherigen Errungenschaften der Frauenpolitik abgebaut werden könnten. (Bergmann/Pimminger 2004, S. 67) Erfahrungen zeigen, dass diese Befürchtungen teilweise bereits Realität werden, wie sich in der Abschaffung oder Schwächung autonomer Frauenstrukturen oder in der Umwidmung von Mitteln, die bislang Frauenprojekten zur Verfügung gestanden haben, zu Jungen- oder Männerprojekten, zeigt (Braunmühl 2002, S. 23).

2.3 Kritik an der Umsetzung

Auch an der Umsetzung der Strategie Gender Mainstreaming wird Kritik geübt. Verschiedene Autorinnen bezweifeln grundsätzlich die Wirksamkeit von Gender Mainstreaming in Zeiten des „allgemeinen geschlechterspezifischen Roll-Back" und befürchten, dass Fraueninteressen im Gender Mainstreaming Prozess unter gehen, dies vor allem im Kontext geringer werdender Ressourcen (Jegher 2003, S. 15; Stiegler 2003, S. 16). Gender Mainstreaming erweist sich oftmals als eine Alibiveranstaltung, marginale Projekte werden gegendert, während große politische Konzepte und Unternehmensstrategien davon unberührt bleiben, wie die Praxis zeigt. Weiters ist zu beobachten, dass konkrete Gender Mainstreaming Prozesse auf der Ebene der Formulierung von Leitbildern und dem bürokratischen Abarbeiten von Checklisten und bestenfalls in Ansätzen von Gender Analysen reduziert bleiben.

Wichtig erscheint in diesem Zusammenhang, dass bei der konkreten Umsetzung der Strategie Gender Mainstreaming auch Verfahren der Qualitätssicherung entwickelt werden müssen. Dies verlangt jedoch eine Verbreiterung des Wissens darüber, wie geschlechtliche Differenzierungen in Organisationen eingeschrieben sind, sowie ein Wissen über die Rollen der einzelnen AkteurInnen. Letztlich müssen neue Bündnisse bei der Wissensproduktion, bei der Entwicklung von Maßnahmen sowie bei deren Umsetzung gefunden werden (vgl. Andresen 2003, S. 46).

2.4 Zwischenresümee

Die Kritikpunkte am Konzept Gender Mainstreaming sowie an dessen Umsetzung sind gewichtig, müssen ernst genommen und diskutiert werden. Allerdings ist zu betonen, dass Gender Mainstreaming als Strategie derzeit noch aktiv mitgestaltet werden kann. Der vorliegende Beitrag setzt sich zum Ziel, auf Basis der formulierten Kritik und vor dem Hintergrund der eigenen Erfahrungen bei der Beratung, Begleitung und Durchführung von Gender Mainstreaming Prozessen auf betrieblicher und organisatorischer Ebene, Kriterien zu formulieren, die als Mindeststandards zu verstehen sind.

Die Debatte kann angesichts der dramatischen Entwicklungen, vor allem am Arbeitsmarkt, nicht sein, Gender Mainstreaming abzuschaffen oder zu boykottieren. Es muss eine gebündelte Anstrengung unterschiedlicher Strategien und Vorgehensweisen geben, die die Ungleichheit zwischen Frauen und Männern aus verschiedenen Perspektiven gemeinsam bekämpft. Insofern scheint der Verweis, dass Gender Mainstreaming nur als Doppelstrategie, als Ergänzung von Frauenförderung zu denken ist, von Bedeutung. In diesem Sinne müssen Gender Mainstreaming Prozesse verschiedenen, überprüfbaren Kriterien entsprechen, um die – dieser Strategie zweifelsohne inhärenten – Potentiale für die Gleichstellung der Geschlechter nutzbar zu machen.

3 Kriterien für die Umsetzung von Gender Mainstreaming - Prozessen

Die folgenden Kriterien erheben keinen Anspruch auf Vollständigkeit und verstehen sich als Anregung für weitere Diskussionen. Diese Kriterien sind für Gender Mainstreaming Prozesse generell anwendbar, unabhängig davon, ob sie im öffentlichen Dienst, in der Privatwirtschaft oder im Nonprofit Bereich durchgeführt werden. Sie wurden jedoch im Sinne eines Prozesses chronologisch entwickelt bzw. sind chronologisch zu lesen.

3.1 Klares politisches Bekenntnis und Umsetzungsverantwortung Top Down

Zu Beginn eines jeden Gender Mainstreaming Prozesses muss ein klares politisches Bekenntnis der je Verantwortlichen stehen. Dieses politische Bekenntnis ist schriftlich und transparent (d.h. öffentlich im Sinne der Organisation) zu formulieren. Die Umsetzungsverantwortung muss von oben nach unten (Top Down) organisiert sein, Prozesse, in denen die Führungsebene nicht bereit ist, die Verantwortung für die Umsetzung zu übernehmen, sind nicht als positiv zu bewerten. Diese Verantwortung zeigt sich auch in der Zurverfügungstellung von angemessenen Ressourcen. Gender Mainstreaming Prozesse, die keine oder nur eine geringe Dotation haben, die eigentlich fast „gratis" durchgeführt werden sollen, sind meist zum Scheitern verurteilt. Es ist eine Mindestlaufzeit von drei Jahren für einen solchen Prozess einzuplanen.

3.2 Definition der Globalziele als erster Schritt

In Gender Mainstreaming Prozessen müssen bereits in der Anfangsphase globale, übergreifende Ziele entwickelt und festgeschrieben werden. Diese Ziele können nur vor dem Hintergrund eines Verständnisses von Frauen- und Geschlechterpolitik als parteilicher Politik formuliert werden, welche die Interessen von Frauen und von geschlechtsrollenkritischen Männern organisiert. In diesem Zusammenhang muss klar sein, dass Gender Mainstreaming Prozesse zum Ziel haben, Kulturveränderungen herbei zu führen, dass sie traditionelle Bilder, Rollen und Zuschreibungen von Männlichkeit und Weiblichkeit in Frage stellen sowie auf die gegebene ungleiche Verteilung von produktiver und reproduktiver Arbeit der Geschlechter sowie auf deren ungleiche Entlohnung fokussieren.

3.3 Fortschreibende Genderanalysen

Eine Analyse der Geschlechterverhältnisse ist eine zentrale Voraussetzung für jeden erfolgreichen Gender Mainstreaming Prozess. Diese Analyse muss ebenfalls verschiedene Kriterien erfüllen. Sie darf nicht auf der Ebene von „Sex", also dem Zählen von männlichen und weiblichen Personen (und deren Positionen etc.) stehen bleiben. Vielmehr muss diese Analyse die Wirkungen der geschlechtlich bedingten Lebenslagen und Positionen im Sinne der Geschlechterverhältnisse einbeziehen (etwa horizontale und vertikale Segregation) sowie jene Faktoren berücksichtigen, welche die Verhältnisse herstellen oder verstärken (etwa familienpolitische Maßnahmen wie die Regelung des Kinderbetreuungsgeldes in Österreich). Es geht demnach auch um die Identifikation jener geschlechtlich zugeordneten Normen, Erwartungen und strukturellen Rahmenbedingungen, welche die Differenz zwischen den Geschlechtern hervorbringen und stabilisieren, also um eine Analyse der sozialen Geschlechtlichkeit.

Weiters ist eine solche Analyse nicht nur einmal punktuell zu erstellen, sondern muss laufend fortgeschrieben, erweitert und überprüft werden. Diese Analyse liefert die Grundlage für die Evaluierung eines jeden Gender Mainstreaming Prozesses und kann gegebenenfalls die Reorganisation des Prozesses zur Folge haben.

3.4 Sensibilisierung, Beratung und Trainings müssen auf die frauen- und geschlechterpolitischen Zielsetzungen der Organisationen abgestimmt sein

Ein weiteres wichtiges Kriterium stellt die „Passgenauigkeit" der verschiedenen Module eines Gender Mainstreaming Prozesses dar (etwa Durchführen organisationsadäquater Gender Trainings). Diese können nur auf Basis der frauen- und geschlechterpolitischen Zielsetzungen des gesamten Gender Mainstreaming Prozesses der Organisation durchgeführt werden. Die Ziele müssen allen Beteiligten aktiv kommuniziert werden. Damit ist gewährleistet, dass sich zum einen unterschiedlichste AkteurInnen mit ihren Vorstellungen von Geschlechterverhältnissen und der Frage nach Sex und Gender auseinandersetzen müssen. Zum anderen werden jene AkteurInnen in Organisationen gestärkt, die sich bereits aktiv mit der Geschlechterfrage beschäftigen.

3.5 Demokratische Kontrolle der Zieldefinitionen und der Implementierung muss gewährleistet sein

Definition und Implementierung der gleichstellungspolitischen (Global-) Ziele müssen einer demokratischen Kontrolle unterliegen. Dies bedeutet, dass Gender Mainstreaming Prozesse immer auch Möglichkeiten der Beteiligung von unten bieten und organisieren müssen. Die Kontrolle von unten bedeutet auch, einen Aushandlungsprozess aller beteiligten Frauen und Männer zu ermöglichen und Verhandlungsräume zu schaffen, welche die Geschlechterverhältnisse als Konstruktionen – und damit als veränderbar – begreifen. Dies bedeutet auch, dass Entscheidungsprozesse in Organisationen immer demokratisiert und für die Beteiligung der MitarbeiterInnen geöffnet werden müssen.

3.6 Parallelprozesse müssen Bottom Up laufen (Beteiligung von Frauen, Frauenförderung etc.)

Ohne Beteiligung von Frauen und ihrer Interessenvertreterinnen werden Gender Mainstreaming Prozesse nicht erfolgreich (im Sinne der Zielerreichung) durchgeführt werden können. Neben der generellen Beteiligung möglichst vieler MitarbeiterInnen müssen Frauen in geschlechtshomogenen Gruppen eine je spezifische Agenda Setting betreiben, um eine eigenständige Position auch von unten aufbauen zu können. Ansonsten kann es passieren, dass Bottom Up Prozesse zwar eine demokratische Kontrolle von unten darstellen, diese jedoch unter männlicher Dominanz ablaufen bzw. mit traditionell männlicher Definitionsmacht einhergehen.

3.7 Zielvereinbarungen und Zielkontrolle müssen Teil des Prozesses sein

Neben der Definition von Globalzielen müssen Vereinbarungen über Teilziele und Vereinbarungen über die Kontrolle der Erreichung dieser Teilziele gemacht werden. Dies sollte laufend, im Sinne einer begleitenden Evaluierung, und nicht erst am Ende eines Prozesses durchgeführt werden. So etwa ist bei der Planung einer gegenderten Bildungspolitik einer Organisation zu definieren, welche veränderte Bildungsbeteiligung in welchem Zeitraum, mit welchen Mitteln sowie Inhalten und mit welchem Ergebnis erreicht werden sollen. Nach Ablauf der jeweiligen Projektphasen sind Zielerreichung zu überprüfen sowie diesbezügliche hemmende und fördernde Faktoren zu identifizieren. Sollte sich etwa herausstellen, dass eine definierte Zielgruppe, beispielsweise Frauen im Sachbearbeitungsbereich, nicht erreicht werden konnten, sind die Gründe dafür zu erheben und zu analysieren. Auf Basis dieser Analyse ist eine Reorganisation des Umsetzungsprozesses zu planen und durchzuführen.

3.8 Transparenz und kontinuierliche Informationspolitik als Herzstück

Die Information aller AkteurInnen und Betroffenen stellt ein Herzstück eines jeden Gender Mainstreaming Prozesses dar. Dies bedeutet, dass alle Schritte und Entscheidungen transparent gemacht werden müssen. Die Erfahrung zeigt, dass mangelnde oder nicht kontinuierliche Informationspolitik Gender Mainstreaming Prozesse gefährden können. Oftmals werden Widerstände der Beteiligten nicht ernst genommen. Gender Mainstreaming bedeutet auch aktives Kommunizieren, Verhandeln von Positionen und Reflektieren eigener Verhaltensmuster, Normen und Werte. Dazu brauchen die Beteiligten ein hohes Maß an Information sowie Raum und Zeit für Kommunikation. Dies muss bereits bei der Planung eines jeden Prozesses mitgedacht und kalkuliert werden, etwa in der Planung der zeitlichen Ressourcen für Gender Mainstreaming-Prozesse.

3.9 Pilotprojekte ersetzen keinen Implementierungsprozess, sondern sind Teile desselben

Die bisherigen Erfahrungen mit einzelnen Gender Mainstreaming Prozessen in unterschiedlichen Organisationen zeigen, dass oftmals – neben einer Gender Ist-Analyse und Gender Trainings – auf der Ebene der Maßnahmen schwerpunktmäßig Pilotprojekte durchgeführt werden. Als Pilotprojekte sind spezifische Maßnahmen (etwa im Bereich Öffentlichkeitsarbeit, Medien) zu verstehen, die einmalig durchgeführt werden. Es ist daher von Bedeutung, schon zu Beginn eines Gender Mainstreaming Prozesses hervorzuheben, dass dieser Prozess viele Bausteine hat, sich nicht in einem Pilotprojekt erschöpfen kann und nur die Summe aller getätigten Schritte und Verfahren einen qualitativ hochwertigen Gender Mainstreaming Prozess garantieren.

3.10 Gender Mainstreaming zielt auf Veränderung der horizontalen und vertikalen Segregation

Unsere bisherigen Erfahrungen zeigen, dass Gender Mainstreaming Prozesse vielfach „heiße Eisen" wie die Entgeltfrage, Sexismus oder Teilzeit in Führungsfunktionen nicht angreifen bzw. gewisse Gruppen von Beschäftigten (etwa Reinigungskräfte) aus dem Prozess ausblenden. Richtig verstandenes Gender Mainstreaming muss auch Veränderungen der horizontalen Segregation (etwa Verteilung der Beschäftigten nach Tätigkeiten, Berufen) und vertikalen Segregation (etwa betriebsinterne Qualifizierungsmaßnahmen für Arbeiterinnen, Karriereförderung von Frauen) zum Ziel haben.

3.11 Gender Mainstreaming nur in Verbindung mit Frauenförderung und Gleichstellungspolitik

Wie bereits erwähnt, ist Gender Mainstreaming nur als Doppelstrategie mit Frauenförderung zu denken und umzusetzen, da spezifische Frauenförderungsmaßnahmen angesichts der eklatanten Ungleichheiten und Missverhältnisse zwischen den Geschlechtern weiterhin unverzichtbar ist. Gender Mainstreaming kann und darf Frauenpolitik nicht ersetzen: Vielmehr stellt das bei Frauen oder ihrer Vertreterinnen gesammelte Erfahrungswissen über Diskriminierungen oder Geschlechterungleichheiten die Basis des Prozesses dar. Evident ist, dass ohne emanzipatorische Frauenpolitik die Strategie Gender Mainstreaming nicht entwickelt und ausformuliert worden wäre.

3.12 Bereitschaft zu sozialem Lernen bei Frauen, Männern und Organisationen sind Voraussetzung für Veränderungen in den Geschlechterverhältnissen

Eine wichtige Voraussetzung für die Implementierung von Gender Mainstreaming in Organisationen ist die Bereitschaft der AkteurInnen zu sozialem Lernen. Die Bereitschaft zu sozialem Lernen stellt sich jedoch nicht einfach her, sondern braucht als Grundvoraussetzung innovative Rahmenbedingungen. Dies bedeutet, dass angemessene zeitliche, finanzielle und personellen Ressourcen für Lernprozesse eingeplant und zur Verfügung gestellt werden müssen.

3.13 Gender Mainstreaming Prozesse brauchen Expertise

Die Ergebnisse der Frauen-, Männer- und Geschlechterforschung stellen eine zentrale Voraussetzung für wissensbasierte Veränderungsprozesse dar. Insofern ist es notwendig, dass sich alle an Gender Mainstreaming Prozessen beteiligten AkteurInnen Gender Kompetenz aneignen. Bislang wurde dieses Wissen mehrheitlich von Frauen produziert und diskutiert. Zukünftig wird es jedoch unumgänglich sein, dass auch Männer vermehrt in die Geschlechterforschung einsteigen und Wissen (Connell 1999, Walter 2000) produzieren, differenzieren und diskutieren und diskutieren, dies in Auseinandersetzung mit den Ergebnissen feministischer Wissenschaften. Es reicht allerdings nicht aus, diese geschlechtsspezifische Expertise zu produzieren und zu diskutieren. Erfolgreiche Gender Mainstreaming-Prozesse stehen und fallen mit der Aneignung und Umsetzung der von den Sozialwissenschaften gelieferten Erkenntnisse.

4 Zusammenfassung

Die kontroversielle Auseinandersetzung rund um die Strategie Gender Mainstreaming ist als positiv für die Weiterentwicklung frauenspezifischer, feministischer und emanzipatorischer Anliegen und Politiken zu bewerten. Die Widersprüche sichtbar zu machen und sie produktiv zu nutzen ist ein Anliegen dieses Beitrages. Es erscheint angesichts der nach wie vor ungerechten Verteilung der Produktions- und Reproduktionsverhältnisse zwischen Frauen und Männern notwendig, alle Konzepte zu prüfen und sie auf ihre Stärken und Schwächen hin abzuklopfen. Gender Mainstreaming birgt eine Vielzahl von Gefahren, dies ist unumstritten. Gleichzeitig ist es jedoch auch nicht von der Hand zu weisen, dass die Strategie Gender Mainstreaming eine Vielzahl von neuen AkteurInnen (geschlechtsrollenkritische Männer als Bündnispartner), von guten Modellen, konkreten Veränderungen und theoretischen Auseinandersetzungen (im positiven Sinne der Schärfung) hervorgebracht hat. Die entwickelten und beschriebenen Kriterien können einen Beitrag zur Förderung der Gleichstellung der Geschlechter leisten. „Gender Mainstreaming ist ein Werkzeug, der Bauplan ist je politisch zu bestimmen" (Hagemann-White 2001, S. 35).

Literatur

Andresen, Sünne (2003): Gender Mainstreaming: eine Strategie zum geschlechtergerechten Umbau von Organisationen? In: Widerspruch 44: Feminismus, Gender, Geschlecht. Zürich, S. 39-47.
Bergmann, Nadja/Irene Pimminger (2004): PraxisHandbuch Gender Mainstreaming. Konzept, Umsetzung, Erfahrung. Wien.

Braunmühl, Claudia (2002): Gender Mainstreaming: neue Konzepte – neue Chancen? In: Nohr, Barbara/Silke, Veth (Hg.): Gender Mainstreaming. Kritische Reflexionen einer neuen Strategie. Berlin, S. 17-25.

Connell, Robert W. (1999): Der gemachte Mann, Konstruktion und Krise von Männlichkeit. Opladen.

Frey, Regina (2003): Gender Mainstreaming, Geschlechtertheorie und -praxis im internationalen Diskurs. Königstein/Taunus.

Hagemann-White, Carol (2001): Von der Gleichstellung zur Geschlechtergerechtigkeit: das paradoxe Unterfangen, sozialen Wandel durch strategisches Handeln in der Verwaltung herbei zu führen. In: FORUM BzgA (Hg.): 4 o.O., S. 33-38.

Haug, Frigga (2003): Geschlechterverhältnisse als Produktionsverhältnisse. In: Widerspruch 44: Feminismus, Gender, Geschlecht. Zürich, S. 121-134.

Jegher, Stella (2003): Gender Mainstreaming. Ein umstrittenes Konzept aus feministischer Perspektive. In: Widerspruch 44: Feminismus, Gender, Geschlecht. Zürich, S. 5-18.

Nohr, Barbara (2003): „Frauenförderung ist Wirtschaftsförderung". Die Geschlechterpolitik der rot-grünen Bundesregierung. In: Widerspruch 44: Feminismus, Gender, Geschlecht. Zürich, S. 51-60.

Nohr, Barbara/Silke, Veth (Hg., 2002): Gender Mainstreaming. Kritische Reflexionen einer neuen Strategie. Berlin.

Pühl, Katharina (2003): Geschlechterpolitik im Neoliberalismus. In: Widerspruch 44: Feminismus, Gender, Geschlecht. Zürich, S. 61-83.

Schunter-Kleemann, Susanne (2002): Gender Mainstreaming, Workfare und „Dritte Wege" des Neoliberalismus. In: Nohr, Barbara/Silke, Veth (Hg.): Gender Mainstreaming. Kritische Reflexionen einer neuen Strategie. Berlin, S. 125-140.

Schunter-Kleemann, Susanne (2003): Was ist neoliberal am Gender Mainstreaming? In: Widerspruch 44: Feminismus, Gender, Geschlecht. Zürich, S. 19-34.

Stiegler, Barbara (2003): Gender Mainstreaming. Postmoderner Schmusekurs oder geschlechterpolitische Chance? Argumente zur Diskussion. Reihe: Expertisen zur Frauenforschung. Wirtschafts- und sozialpolitisches Forschungs- und Beratungszentrum der Friedrich-Ebert-Stiftung, Abteilung Arbeit und Sozialpolitik (Hg.). Bonn

Walter, Willi (2000): Gender, Geschlecht und Männerforschung. In: Braun, Christina von/Inge, Stephan (Hg.): Gender-Studien. Eine Einführung. Stuttgart, S. 97-116.

Kurzbiografien

Regine Bendl, ao. Univ.Prof.[in] Dr.[in] Mag[a] an der Abteilung Gender and Diversity in Organizations an der WU (WS 2003/2004). Aigner Rollet Gastprofessur für Frauen- und Geschlechterforschung an der Universität Graz und an der Vrig Universität Amsterdam (1999). Visiting Research Fellow an der Oxford University (2000/2001). Lehr- und Forschungsschwerpunkte: Gender- und Diversitätsmanagement, (Gender-)Subtext in der Organisationsforschung, Feministische Epistemologien.

Nadja Bergmann, Mag[a], arbeitet seit 2001 als wissenschaftliche Mitarbeiterin am Institut L&R Sozialforschung. Sie ist Koordinatorin bei der Koordinationsstclle für Gcnder Mainstreaming im Europäischen Sozialfonds. Themenschwerpunkte: Frauen- und Arbeitsmarktpolitik sowie Gender Mainstreaming.

Birgit Buchinger, Dr.[in] phil, Sozialwissenschaftlerin und Organisationsentwicklerin. Sie verfügt über langjährige Forschungs-, Evaluierungs- und Beratungserfahrung in den Bereichen Arbeitswelt, Frauen- und Genderforschung, Gender Mainstreaming politische Partizipation und soziale Infrastruktur. Seit 1996 ist sie geschäftsführende Gesellschafterinnen der Fa. Solution, Sozialforschung & Entwicklung.

Kurzbiografien

Elfriede Fritz, Dr[in]., Juristin, Leiterin der Abteilung „Handelspolitische Instrumente" in der Sektion Steuern und Zölle des Bundesministeriums für Finanzen (BMF). Seit 1993 Vorsitzende der Arbeitsgruppe für Gleichbehandlungsfragen; seit 2000 Gender Mainstreaming-Beauftragte im BMF.

Barbara Fuchs, Dr.[in], ist seit 1992 Lektorin am Department Volkswirtschaft an der WU-Wien, in den Bereichen Arbeitsbeziehungen, Industrieökonomie, Technologieentwicklung. Seit 1995 ist sie beratend für internationale Technologiefirmen in den Bereichen Geschäftsplanung, Produktentwicklung und strategisches Marketing tätig.

Ulrike Gschwandtner, Mag[a], Solution, Sozialforschung & Entwicklung, Salzburg. Sie ist Sozialwissenschafterin und Trainerin. Forschungsbereiche: Arbeitswelt, Geschlecht, Demokratie. Sie hat langjährige Beratungserfahrung bei der Planung, Durchführung und Evaluierung von Gender Mainstreaming Prozessen auf der Ebene von Betrieben, öffentlichen Einrichtungen und Interessenvertretungen.

Luise Gubitzer, ao. Univ. Prof.[in] Dr.[in], ist Ökonomin am Institut für Institutionelle und Heterodoxe Ökonomie, Department Volkswirtschaft der Wirtschaftsuniversität Wien. Sie beschäftigt sich mit Alternativer Politischer Ökonomie unter Berücksichtigung frauenspezifischer Fragestellungen.

Gabriele Michalitsch, MMag[a]. Dr.[in], ist Politikwissenschafterin und Ökonomin. Lektorin am Department Volkswirtschaft an der WU Wien, Universität Innsbruck, Salzburg, Linz und Klagenfurt. Seit 2002 Vorsitzende der Expertinnengruppe des Europarats zu Gender Budgeting. Forschungsschwerpunkte: Neoliberalismus, Globalisierung, feministische Ökonomie, Geschlechterkonstruktionen in politischen und ökonomischen Theorien.

Christine Roloff, Dr.[in] phil., 1985-2004 wissenschaftliche Mitarbeiterin und Projektleiterin an der Universität Dortmund. Arbeiten zur Frauenforschung, Hochschulstrukturreform und zu Gender Mainstreaming.

Ursula Rosenbichler, Mag[a], ist Beraterin, Trainerin und Coach im Bereich der Entwicklung und Implementierung von Qualifizierungs- und (Persönlichkeits-) Bildungsmaßnahmen mit dem Fokus „Geschlecht als organisations- und teamrelevante Strukturkategorie". Lektorin an der WU-Wien. Gesellschafterin der *abz*wien.*akademie*, Vorstandsmitglied des *abz*wien – Verein zur Förderung von Arbeit, Bildung und Zukunft.

Anne Rösgen, Dr.[in] phil., Diplompädagogin. Seit 1998 freiberuflich tätig: Organisationsberatung und Prozessbegleitung (Change Management), Weiterbildung (Führungskräfte), Evaluation und wissenschaftliche Begleitung; Gender (Mainstreaming) Expertin.

Karl Schörghuber, Mag. Dr., Gesellschafter von ARCO-Consulting. Berater, Trainer und Coach im Bereich der Personal- und Organisationsentwicklung. Sportwissenschafter am Institut für Sportwissenschaft der Universität Wien. Lehrtrainer der Akademie für Sozialmanagement, Ausbildung für TrainerInnen und BeraterInnen für Integrative Outdoor-Aktivitäten.

Susanne Schunter-Kleemann, o. Univ.Prof.[in] Dr.[in] an der Hochschule Bremen im Fachbereich Wirtschaft für die Fächer Sozial- und Politikwissenschaften. Forschungsschwerpunkte: Wohlfahrtsstaaten im internationalen Vergleich, Europäische Integration und Wandel der Geschlechterverhältnisse.

Frauen, Forschung und Wirtschaft

Herausgegeben von Regine Bendl, Karin Heitzmann
und Angelika Schmidt

Band 1-6 sind von 1991-1996 im Service Fachverlag, Wien erschienen.

Band 7 Ursula Marianne Ernst / Luise Gubitzer / Angelika Schmidt (Hg.): Ökonomie M(m)acht Angst. Zum Verhältnis von Ökonomie und Religion. 1997.

Band 8 Renate Buber / Ursula Marianne Ernst (Hrsg.): Frauenwege. An einer Wirtschaftsuniversität zwischen Politik und Wissenschaft. 1999.

Band 9 Johanna Hofbauer / Ursula Doleschal / Ludmila Damjanova (Hrsg.): Sosein – und anders. Geschlecht, Sprache und Identität. 1999.

Band 10 Erna Nairz-Wirth / Gabriele Michalitsch (Hrsg.): FrauenArbeitsLos. 2000.

Band 11 Karin Heitzmann / Angelika Schmidt (Hrsg.): Frauenarmut. Hintergründe, Facetten, Perspektiven. 2001. 2., durchgesehene Auflage 2002.

Band 12 Gabriele Michalitsch / Erna Nairz-Wirth (Hrsg.): Frauen – Außer Konkurrenz? 2002.

Band 13 Margit Appel / Luise Gubitzer / Birgit Sauer (Hrsg.): Zivilgesellschaft – ein Konzept für Frauen? 2003.

Band 14 Karin Heitzmann / Angelika Schmidt (Hrsg.): Wege aus der Frauenarmut. 2004.

Band 15 Luise Gubitzer / Birgit Trukeschitz (Hrsg.): Frauen und Budget. 2004.

Band 16 Evelyn Dawid: 6668 und eine Wirtschaftsakademikerin. Ein Einzelporträt in Worten, ein Gruppenporträt in Zahlen. 2005.

Band 17 Luise Gubitzer / Susanne Schunter-Kleemann (Hrsg.): Gender Mainstreaming – Durchbruch der Frauenpolitik oder deren Ende? Kritische Reflexion einer weltweiten Strategie. 2006.

www.peterlang.de

Peter Lang · Europäischer Verlag der Wissenschaften

Luise Gubitzer / Birgit Trukeschitz (Hrsg.)

Frauen und Budget

Frankfurt am Main, Berlin, Bern, Bruxelles, New York, Oxford, Wien, 2004.
209 S., zahlr. Tab.
Frauen, Forschung und Wirtschaft.
Herausgegeben von Regine Bendl, Karin Heitzmann und Angelika Schmidt. Bd. 15
ISBN 3-631-51290-2 · br. € 39.–*

Dieser Band bietet eine Auseinandersetzung mit einer bislang vernachlässigten Perspektive auf öffentliche Budgets: Ausgangspunkt ist die These, dass öffentliche Einnahmen und Ausgaben die Lebenssituation von Frauen und Männern unterschiedlich beeinflussen. Mit der Berücksichtigung geschlechterspezifischer Wirkungen der Budgetpolitik wird ein zentraler Bereich für die Gleichstellung erschlossen. Frauen steigen damit gerade in Zeiten der öffentlichen Sparpolitik in die Debatte um die Verteilung öffentlicher Ressourcen ein. Dazu finden sich in diesem Sammelband Beiträge mit ökonomischem, juristischem und politikwissenschaftlichem Hintergrund. Die Herausgeberinnen wollen Frauen und Männer anregen, sich geschlechtergerechter Budgetgestaltung in Forschung und Praxis zuzuwenden.

Aus dem Inhalt: Engendering Budgets – Eine Herausforderung für ÖkonomInnen · Einfluss nehmen auf die Budgetpolitik – Internationale Initiativen und Erfahrungen mit Engendering Budgets · *L'état c'est lui* – Budget-Entwürfe feministischer Theorie · Gender Mainstreaming – Ein doppelbödiges Konzept · Rahmenbedingungen für die nationale Fiskalpolitik in Europa – Bestimmungsgründe und Determinanten · Korsetts der Europäischen Zentralbank und eine geschlechtergerechte Budgetpolitik · Staatsausgaben aus der Geschlechterperspektive – Methodischer Ansatz und erste Ergebnisse für Österreich · Förder-Mittel-Politik – Zur aktuellen Budgetsituation von Frauenorganisationen

Frankfurt am Main · Berlin · Bern · Bruxelles · New York · Oxford · Wien
Auslieferung: Verlag Peter Lang AG
Moosstr. 1, CH-2542 Pieterlen
Telefax 00 41 (0) 32 / 376 17 27

*inklusive der in Deutschland gültigen Mehrwertsteuer
Preisänderungen vorbehalten
Homepage http://www.peterlang.de